●グラフィック[経済学]—2

Graphic

グラフィック
マクロ経済学

第3版

宮川　努
外木暁幸　共著
滝澤美帆

Textbook

新世社

第 3 版の刊行によせて

　今回 12 年ぶりにようやく第 3 版を出版することができました。前回本書第 2 版を出版したのは，東日本大震災が起きた 2011 年の 6 月でした。前回の改訂時は 100 年に一度といわれるような自然災害が起きた後でしたが，今回の改訂版も，新型コロナウイルスの感染拡大というやはり 100 年に一度のパンデミックがようやく収束した後の出版となりました。

　前回の改訂では，1990 年代における金融の変化と成長政策に関する記述を加えましたが，理論的な骨格は初版のものを踏襲していました。しかし今回の第 3 版では，その理論的な骨格そのものから見直すことにしました。

　マクロ経済学はミクロ経済学と並んで大学の経済学部では基本的な科目として位置づけられています。一方の基本科目であるミクロ経済学に関しては，その理論的な枠組みや内容に関して大きな変化はありません。逆にいえば，ミクロ経済学の純粋理論分野で革新的な業績というのは近年あまりなく，最近ではノーベル経済学賞の対象になることも少なくなっています。もっともミクロ経済学が依拠する完全競争の前提をはずし，経済主体が互いの行動を考慮しながら意思決定を行うゲーム論の分野はその領域を拡大し，多くの分野でノーベル経済学賞受賞者が出ています。

　これに対してマクロ経済学は，残念ながら軸が定まっているとはいえない状況です。もともと本書では，初版から新古典派のマクロ経済学とケインズ派のマクロ経済学という二つの立場からのマクロ経済の見方を紹介してきました。今回はこれを短期の経済と長期の経済とに分けて一貫性のある説明をしていますが，今後もさらにヴァージョンアップされる可能性が残されています。このように今回はかなり大きな改訂となったので，第 2 版と比べてどのような部分が変わったのかを説明しておきます。

レッスン0〈マクロ経済学への招待〉は，マクロ経済学の対象と枠組みを説明する部分ですが，ここは第2版と大きな違いはありません。ただマクロ的なデータの解説は**レッスン1**〈マクロ経済学と経済データ〉に移しています。これは，近年データサイエンスという分野が注目されており，新たな学部も作られていることからマクロデータに関する解説部分を独立させ，データ（証拠）に基づいた政策立案（EBPM）の意味なども加えるようにしました。この部分は滝澤美帆学習院大学教授の力を借りました。ただ専門のデータサイエンスというのは，集計されたマクロデータというよりも，ビッグデータのような膨大なミクロデータを分析対象とするものだということには注意が必要です。**レッスン2**〈GDPを知る〉は，**レッスン1**を独立させたために，第2版の**レッスン1**を，データを更新して書き直しました。

　レッスン3〈経済成長を考える〉からマクロ経済学の理論体系に入ります。マクロ経済学を大きく分ければ景気循環と経済成長に分かれ，第2版では景気循環から説明をしていました。しかしながら本書では第2版の**レッスン3**だった経済成長の説明から入るようにしました。第2版ではこの経済成長の部分と**レッスン12**の成長政策の部分に重複がみられましたが，第2版の**レッスン12**を，本書では**レッスン4**〈生産性向上策の考え方〉に移し，宮川と滝澤教授で生産性の向上に焦点をあてたレッスンへと書き換えました。

　レッスン5〈景気循環の考え方〉は，第2版の**レッスン2**に対応して景気循環を説明していますが，後の短期の景気循環モデルの導入部として，GDPギャップ，オークンの法則，フィリップス曲線など短期モデルの理解に不可欠な概念の紹介に重点を置いています。**レッスン6**〈雇用と失業〉は第2版の**レッスン4**にあたる労働市場の解説です。このレッスンではデータの更新を行うとともに，日本でなぜ賃金が上昇しないのかといった最近のトピックスも加えるようにしました。

　レッスン7〈消費と貯蓄の理論〉と**8**〈企業はなぜ投資をするのか〉は第2版の**レッスン5**と**6**に対応しています。これらはともに総需要の重要な構成項目です。ともにデータを更新するとともに，コラムなどに最近のトピックスを入れています。特に**レッスン8**ではデジタル化の進展に伴い無形資産投資に関する節を設けています。

レッスン9〈貨幣と金融市場・中央銀行の役割〉は，金融市場について解説した部分で第2版の**レッスン8**の部分にあたります。しかしここからのレッスンの内容は第2版とは全く異なっています。

　そもそもこの第3版を大幅に改定する要因の背景には1990年代以降の金融政策の大きな転換があります。第2版の**レッスン8**では，金融政策の中心を貨幣供給量の変化と捉え，その変化をもたらす金融政策について述べていました。しかし第2版でも少し触れていましたが1990年代に入ってからの金融政策は，短期金利を操作する政策へと大きく変更し，これが金融政策の標準的なモデルとなりました（伝統的金融政策）。さらに先進国でバブルが崩壊し，不況が大きくなると中央銀行が操作する金利は0％に近づき，金利の操作も難しくなってしまいました。このため金融政策の中心は，民間金融機関が中央銀行に預ける当座預金量を操作する量的緩和政策に移っていきました。これは非伝統的金融政策と呼ばれています。こうした金融市場や金融政策の新たな潮流に関しては，より若い方の知識を借りる必要があり，今回金融機関での勤務経験もある外木暁幸東洋大学准教授に執筆をお願いしました。

　金融政策の考え方が変わると，それに応じて短期のマクロモデルも変わってきます。金融政策が短期金利を変更させる要因としては，GDPギャップとインフレ率が重視されます。このため**レッスン10**〈GDPとインフレ率はどのように決まるのだろうか〉で描かれる短期の財・サービス市場では，**レッスン5**で学んだ様々なツールを利用して，GDPギャップとインフレ率が決定されるモデルが提示されます。財・サービス市場の均衡を扱うという点では第2版の**レッスン7**と同じですが，内容はかなり異なります。

　もっともこうしたアプローチは我々の独創ではなく，チャールズ・ジョーンズスタンフォード大学教授のマクロ経済学のテキスト『ジョーンズ　マクロ経済学Ⅰ・Ⅱ』（宮川努他訳，東洋経済新報社，2011年）や細野薫学習院大学教授の『いまこそ学ぼう　マクロ経済学　第2版』（日本評論社，2016年），白塚重典慶応義塾大学教授の『金融政策——理論と実践』（慶應義塾大学出版会，2023年）など2010年代以降に公刊されたマクロ経済学や金融論のテキストで使われているアプローチです。我々もこうしたテキストを参考にマクロ経済学の新たな骨組みを構築しています。

レッスン 12 〈財・サービスや金融資産を海外と取引した場合のマクロ経済学〉は，この枠組みを開放経済に拡張したものです。このレッスンでは，この新たな開放経済のモデルとともに，第 2 版の**レッスン 8，9，11** で解説した為替レートの決定方法をまとめて述べています。

　金融政策の考え方が大きく変化するとともに，もう一つの短期的なマクロ経済政策である財政政策の考え方も大きく変わってきました。特に量的緩和政策によって，中央銀行が民間銀行が保有する国債を大量に購入するようになると，中央銀行が実質的に政府の財政赤字をファイナンスするという状況が起き，財政政策と金融政策を一体になって論じる必要が出てきました。**レッスン 11** 〈政府の役割〉ではこうした新たな議論を含む財政支出のマクロ的な意義を，**レッスン 9** を担当していただいた外木准教授に解説してもらいました。

　最後の**レッスン 13** 〈所得分配と再分配政策を考える〉では，所得分配について述べています。これは第 2 版までにはなかった部分です。日本では長期停滞が長引くにつれ，所得が伸び悩み，雇用形態による所得の格差も固定しているようにみえます。経済学を学ぶ若い世代も所得の分配に大きな関心を寄せているのですが，どこからアプローチをしてよいか迷っているように感じました。恐らくは労働経済学からのアプローチがより適切なのかもしれませんが，ここではあえてマクロ的な観点から所得格差を説明する簡単な理論と指標について，宮川と滝澤教授で新たなレッスンを作成しました。外木准教授からも資料を提供してもらいました。

　第 2 版と共通の図表については，データを更新しています。このデータ更新では**レッスン 1** から **4** を中心に滝澤教授にお世話になりました。また一部のデータ更新については石川貴幸立正大学特任准教授にお手伝いいただきました。謝意を表します。本書は本文とその裏付けとなる図表が見開きで理解できるというアイデアのもとに作成されています。この考え方は魅力的ではありますが，実際に文章と図表を見開きのページに対応させることは容易ではありません。新世社編集部の御園生晴彦さんと菅野翔太さんには，そうした難しい作業を，図表の出所の確認も含めて，粘り強く担当していただきました。4 番目，5 番目の著者ともいえるお二人にはこの場を借りて厚くお礼を申し上げます。

新たに更新したデータからみえてくるのは，時間を追うごとにパフォーマンスが落ちていく日本経済の姿です。残念ながらこうした日本経済のパフォーマンスの低下の責任の多くは筆者（宮川）より上の世代の責任です。我々世代で経済運営に責任のある人達は，経済メカニズムがもたらす長期的な帰結を軽視していたと批判されてもやむを得ないと思います。すでに述べたようにマクロ経済学は完成されたものではありませんが，あまりにも基本的な経済メカニズムからかけ離れた政策が行われてきたように思います。また厳しい政策をとらざるを得ないときも温情主義的な政策が行われ，より将来へとツケが回されてきた結果が今日の日本経済です。

　SNSによる素早くコンパクトな情報発信が増え，経済に関する中途半端な理解が進んできたことも懸念材料の一つです。こうしたSNSを通した発信が一概に悪いわけではありませんが，コンパクトな情報で経済のすべてを理解できたと勘違いすることの問題点は，専門的な歴史学と歴史小説の関係を考えるとわかりやすいでしょう。たとえば坂本龍馬は，作家の司馬遼太郎氏によって明治維新の立役者のように祭り上げられましたが，歴史の専門家は彼の役割を限定的に捉えており，一時は日本史の教科書からその名前が消えることも議論されました。2010年代に議論された一部のマクロ政策にも，部分的には正しいのですが，それは自らの議論に都合の良い部分をつまみ食いしているようなところがみられます。たとえばアベノミクスの成果として雇用の増加が強調されますが，通常の労働市場を考えれば，生産性が上昇しない中で雇用が増加すれば賃金は低位にとどまります。つまみ食いというのは，こうした不都合な部分を削って，都合の良い部分だけにスポットをあてることを指しています。次の世代の方々は，こうした御都合主義のお手軽な経済学に惑わされないようにして下さい。

　また東日本大震災や新型コロナウイルスの感染拡大を通して，私たちは何でも政府に頼るくせがついてしまったように思います。もちろん上記のような100年に一度といわれる大災害の際には政府の役割は重要です。しかし，そうした災害が及んでいない部分や災害が過ぎ去った時期には，各自が自らの経済活動について責任をもって行動することが必要です。ミクロ経済学もマクロ経済学も，そうした自ら判断できる個人を前提とした上で，経済全体のパフォーマンスが向上することを考えているのです。

マクロ経済学を学ぶ皆さんに 400 頁近いテキストを学んでもらう理由は，まさに経済に関わる人々の行動とその帰結を，一貫性をもって理解してもらうことにあります。そうした教える側の思いをハイエク（F.A. Hayek）が簡潔に表現しているので，最後にその言葉を記しておきます。

> 「残念ながら，私たちの先輩にあたる世代の経済学者たちは，現在の状況の責任の一端を負わなければならないと思う。もし多くを望むことが出来ないのであれば，大学教員たちが次の世代の考えに影響を及ぼす事で，先輩たちが犯した大きな過ちの少なくとも一部を埋め合わせることができることが，残された唯一の希望である。」

F. A. Hayek (1936) "Technical Progress and Excess Capacity" より

2023 年 10 月

著者を代表して　宮川　努

目　次

＊演習問題の解答は，新世社ホームページ（https://www.saiensu.co.jp）の
　本書サポート情報に掲載されています。

マクロ経済学への招待

0

マクロ経済学とミクロ経済学

　マクロという言葉は，ギリシャ語の makros という言葉に由来しています。makros は，大きいという意味で，英語でいえば large に相当します。こうした語源からもわかるように，マクロ経済学は，経済を大きな視点から体系づけた学問であるといえます。

　標準的な経済学では，ミクロ経済学とマクロ経済学が車の両輪のように，経済理論を支えています（図0.1）。ミクロ経済学が，経済社会における個々の家計や企業の経済行動と，その結果生じるミカンやリンゴといった個別の財の価格の決まり方を分析の対象とするのに対し，マクロ経済学は，経済を大きな視点から捉えて，1国全体の生産量や消費，投資，物価，失業者数などを扱います。これがマクロといわれるゆえんです。ところで1国全体の生産量や消費量は，個々の企業の生産量や家計の消費量を足し合わせた結果ですから，こうした経済変量を集計量と呼んでいます。

　マクロ経済学はミクロ経済学に比べて身近に感じやすい学問です。それは上に述べた集計された経済変量の動きが，日々の新聞や雑誌などで取り上げられるからです。新聞や雑誌では，隣の綾瀬さんや吉岡さんが昨日どれだけ消費をしたかといったような記事は載っていませんが，日本全体で昨年どれだけの消費をしたか，物価が上がっているのか，下がっているのか，失業者は増えているのか，減っているのかをしばしば目にします。私たちは，こうした記事を読んで，わが国の生産量が増えたときには景気が良くなり，自分の給料も上がるのではないかと喜びに胸を膨らませたり，物価が上がったときには家計を切り詰めなければと考え込んでしまいます。

　しかし，新聞や雑誌の記事だけでは，一体なぜわが国の生産量が増えたのか，物価が上昇したのかという原因を，筋道を立てて知ることはできません。マクロ経済学は，このような1国全体の経済の動きの背景に，どのような要因が働いているかを体系的に説明してくれるのです。

　とはいえ，マクロ経済学とミクロ経済学とは全くの別物ではありません。1国

図 0.1　経済学の構成

経済学には財政学，金融論，国際経済学など，いろいろな分野がありますが，これらはマクロ経済学やミクロ経済学の分析を基礎として，それを応用または拡張する形で，より特定の分野の理解を深めるようになっています。

コラム 0.1	マクロ経済学を学ぶ前に

　近年では高等学校での学びから大学での学びへスムーズに移行するための教育も盛んです。本書を読む前に，経済学とはどのような学問なのかを知っておくことも大事です。猪木武徳『経済社会の学び方』中公新書，2021 年は，最新の議論にも目配りしながら，バランスの取れた視点で経済学と社会との関係性を解説しています。浅子和美『経済学入門 15 講』新世社，2021 年は猪木氏の本よりもより詳しく，経済学の様々な分野をコンパクトに解説しています。

全体の経済変数も，個々の家計や企業の経済活動の結果生じるものです。したがって，最近では経済全体の動きも，個々の家計や企業の経済行動に遡って理解しようという流れが主流になっています。こうしたミクロ経済学の成果を取り入れたマクロ経済学を，「ミクロ的基礎付けのあるマクロ経済学」と呼んでいます（図0.2）。

レッスン 0.2　理論と実証

経済現象の数値化と経済モデル

　前節でみたように，マクロ経済学の対象は，ふだん私たちが目にすることが多いものです。これは他の社会科学にみられない経済学の特徴として，様々な経済変数を数値化できるという利点があるからです。この数値化によって，私たちは手軽に経済の動きを読み取ることができます。しかし，新聞や雑誌が必ずしも一貫した説明を与えてくれないように，ただ数値化された経済変数をみているだけでは，全体の経済が良い方向に向かっているのか，悪い方向に向かっているのか，また悪い方向に向かっているとすれば，どのようにすれば，経済を良い方向へ向けさせることができるのかを判断することはできません。こうした判断の羅針盤には，経済理論が必要です（図0.3）。

　近年の経済学では，経済理論を構築する際，数学的なツールを多用します。これは，複雑な経済現象から本質的な事象を取り出して，単純化または抽象化するには，数学的なツールが便利だからです。こうして数学的なツールを使って単純化された経済体系を，経済モデルと呼んでいます。さらに数学的なツールを利用することによって，グラフによる説明も可能となり，視覚的な理解も一段と進みます。本書は，すでに述べた数値化に加えてグラフによる理解という経済学の特質を最大限に利用しています。

経済モデルと現実経済との距離感

　もちろん，現実の経済は複雑で，数学的に単純化された経済モデルが，現実の

図 0.2　マクロ経済学のミクロ的基礎

最近のマクロ経済学は，ミクロ経済学の道具を借りてマクロ経済現象を分析しています。

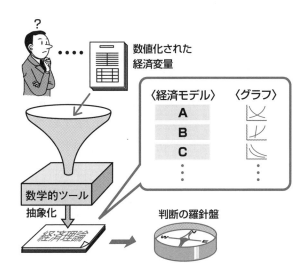

図 0.3　経 済 理 論

数値化された経済変量をみているだけでは，それをどのように判断してよいのかわかりません。
このような判断のために経済理論を組み立てます。

経済を説明できるとは思えないという人もたくさんいるでしょう。そういう方のために，米国の経済学者ロバート・ソロー（Robert M. Solow）が，1987年のノーベル経済学賞を受賞したときに，彼が教授を務めていたMIT（Massachusetts Institute of Technology）で記念講演をしたときのエピソードを紹介しましょう（過去のノーベル経済学賞受賞者は表0.1を参照して下さい）。

　講演に参加した学生から，経済モデルは現実を説明しうるのかという質問を受けたとき，彼は，地図の例を出して説明をしました。地図は，現実の地形を何万分の1かに縮小して，私たちが1国または世界全体の地形や主要都市の場所を知るのに便利なように描かれています。しかし，もし現実を忠実に描写しろということになると，結局，国全体または世界全体と同スケールの地図を作成するしかありません。しかしそれでは地図としての役割を果たしません。私たちが東京から大阪へ行きたいと思うとき，名古屋市昭和区の細かい路地の情報を必要とするでしょうか。道路地図であれば，主要都市を結ぶ高速道路や幹線道路と，東京と大阪でその高速道路にアクセスする道さえわかればよいのです。

　経済モデルも同じです。私たちが知りたい，必要だと思う経済情報が，整合的に説明されていればよいのです。しかし，経済学が地図と異なるところは，モデル化の前提や抽象化の仕方によって異なるモデルが構築され，それに伴い経済現象と理解についても異なった見方が生じることです。もちろん，社会科学において，同一の社会現象について異なる見方が生じるのは珍しいことではありません。こうしたときに，経済学の場合は，経済現象が数値化されうるというメリットを利用して，実際の経済データを利用して，どの経済理論が正しいかということを検証する作業を行います。このような作業を理論分析に対して実証分析と呼んでいます。

　実証分析は，単に理論を検証するにとどまりません。現実の経済が大きく変化し，どの理論を使ってもうまく説明できない実証結果が出てきた場合，その実証結果をうまく説明するような新しい理論が構築されていくこともあります。本書では，これまでマクロ経済学で蓄積された標準的な理論を紹介するとともに，現実の経済情報を多く利用することによって，その理論が現実をうまく説明しているかどうかということを確かめるという作業も紹介しています。

表 0.1　過去のノーベル経済学賞受賞者 (1)

受賞年	受賞者	受賞理由
1969	フリッシュ, R.（ノルウェー） ティンバーゲン, J.（蘭）	計量経済学
1970	サミュエルソン, P.A.（米）	経済理論の科学的分析
1971	クズネッツ, S.（米）	経済成長理論
1972	ヒックス, J.（英） アロー, K.J.（米）	一般均衡理論と厚生経済学
1973	レオンティエフ, W.（米）	投入産出分析
1974	ミュルダール, G.（スウェーデン） ハイエク, F.V.（英）	経済，社会，制度の相互関係に関する分析
1975	カントロビッチ, L.V.（露） クープマンス, T.（米）	資源の最適配分
1976	フリードマン, M.（米）	消費理論，貨幣経済理論，経済安定化
1977	オーリン, B.（スウェーデン） ミード, J.（英）	国際貿易理論
1978	サイモン, H.A.（米）	経済組織における決定
1979	ルイス, W.A.（英） シュルツ, T.W.（米）	発展途上国における経済過程
1980	クライン, L.（米）	景気循環の計量モデル
1981	トービン, J.（米）	投資のポートフォリオ
1982	スティグラー, G.（米）	政府規制の経済効果
1983	ドゥブリュー, G.（米）	需給理論の数理的証明
1984	ストーン, R.（英）	国民経済計算の開発
1985	モディリアーニ, F.（米）	家計貯蓄と資産市場の分析
1986	ブキャナン, J.M.（米）	公共選択の理論
1987	ソロー, R.M.（米）	経済成長理論
1988	アレー, M.（仏）	市場と資源配分の理論
1989	ハーベルモ, T.（ノルウェー）	経済予測の計量手法
1990	マーコビッツ, H.M.（米） ミラー, M.H.（米） シャープ, W.F.（米）	資産市場と投資決定理論
1991	コース, R.H.（米）	法制度の経済分析
1992	ベッカー, G.S.（米）	社会科学への経済学の応用
1993	フォーゲル, R.W.（米） ノース, D.C.（米）	経済史
1994	ハルサニ, J.C.（米） ナッシュ, J.F.（米） ゼルテン, R.（独）	ゲーム理論
1995	ルーカス, R.E.（米）	マクロ経済学への合理的期待の導入
1996	マーリーズ, J.A.（英） ビックリー, W.（加）	情報の非対称性下のインセンティブに関する理論
1997	マートン, R.C.（米） ショールズ, M.（米）	金融派生商品の価格理論
1998	セン, A.（印）	厚生経済学
1999	マンデル, R.（加）	国際金融，国際通貨制度

（⇒ 11 頁に続く）

マクロ経済学の舞台

マクロ経済の役者たち：家計・企業・政府

　それではマクロ経済学の舞台には，どのような役者が登場するのでしょうか。まず国内の取引をみてみましょう（図0.4）。マクロ経済学では，3つの重要な経済主体，すなわち経済行為の担い手が登場します。それは家計，企業，そして政府です。家計は，家族と解釈することもできます。世の中にはいろいろな家族がいますが，マクロ経済学では基本的に，働いた収入で，モノ（または財）やサービスを購入する単位を家計と呼んでいます。したがって，家計の役割は，働くこと，すなわち労働力を供給することと，その働いて得たお金で財やサービスを購入することです。財やサービスを購入する行為は消費と呼ばれます。そして，働いて得た収入から消費しない部分は，貯蓄すると考えます。マクロ経済学では，貯蓄は，預金や株式の購入を通して，銀行や企業に資金を与える（供給する）行為であるとみなしています。

　企業は，財やサービスを生産し，それを家計や政府に販売します。これは財やサービスの供給にあたります。ときには企業同士で生産した財やサービスを購入するため，企業が財やサービスの需要側に回ることもあります。たとえば銀行や証券会社は，自らの取引を管理するため，大型のコンピュータを電機メーカーから購入します。このような場合，企業は設備投資のために，財やサービスを購入すると考えることができます。それでは，企業はこの機械設備の購入資金を，どのように調達しているのでしょうか。一つは，財やサービスを販売した収入を購入費にあてるということが考えられます。しかしそうした収入だけでは，巨額の設備購入費を賄えない場合が出てきます。このとき，企業は銀行から資金を借り入れたり，株式を家計に購入してもらったりして，不足資金を調達します。これは企業が資金の需要者となっていることを意味します。企業は財やサービスの生産のために，コンピュータのような機械に投資するだけではありません。労働者も雇わなくてはなりません。したがって，企業は労働力の需要主体ともなっています。

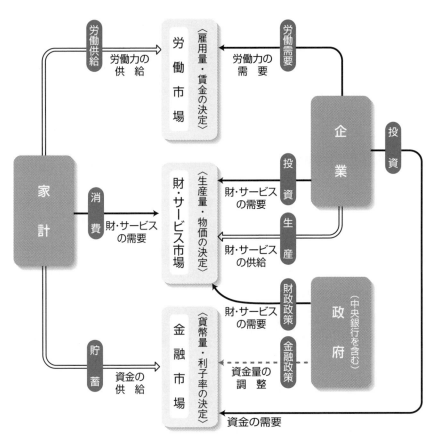

図0.4　マクロ経済学の枠組み

最後に政府はどのような役割を担っているのでしょうか。政府は，家計や企業から集めた税金で，橋や道路などを作ります。橋や道路を作るためには，様々な財やサービスを必要とするため，政府もまた財やサービスの需要者となります。ただ政府も企業と同じく，集めた税金だけで支出が賄えない場合があります。その場合は，借入れに頼らざるを得ません。政府は借入れの証文として国債または地方債を発行して，これを家計に購入してもらうことで資金を調達します。したがって政府は，資金の需要者です。もっとも政府ではありませんが，中央銀行（日本では日本銀行が中央銀行に相当します）は，自らの信用で資金を供給することもできます。その意味で中央銀行まで含めた政府は，資金の需要者であると同時に資金の供給者でもあります。

ヒト・モノ・カネの取引：「市場の役割」

　経済学では，様々な商品が取引される場所を「市場」と呼んでいます。「市場」では需要と供給が交錯し，通常は，商品の価格が需給を一致させるように動きます。マクロ経済学では，すべての商品の市場を描くのではなく，主にヒト，モノ，カネという，経済全体の取引を代表する市場を取り上げます。市場というと，大抵の人は，あるモノを売りたい人と買いたい人が一つの場所に集まって，モノの値段を交渉しながら取引を成立させていく風景を想像するかもしれません。確かに，日本やヨーロッパの中世時代には，そうした特定の時期にモノの集積する場所で集中した取引が行われていて，それを「市」とか「市場」と呼んでいました。しかし，流通機構が発達した現代では，市場は至るところに存在します。私たちは近くのスーパー・マーケットでも，少し離れたショッピング・モールでも，好きなときに好きなものを買うことができます。そうした日常の一つひとつの取引が市場なのです。さらに電子媒体と通信手段が発達した今日では，私たちはスマートフォンやパソコンによって商取引を成立させることができます。したがって市場は電子端末やインターネット上にも存在するといえます。その意味で現実の市場の場はどんどんと広がっているのです。図0.4では，このように発達した市場のうち，ヒト，モノ，カネの取引に対応した3つの市場が描かれています。

表 0.1　過去のノーベル経済学賞受賞者（2）

受賞年	受賞者	受賞理由
2000	マックファデン, D.（米） ヘックマン, J.（米）	ミクロデータを利用した計量経済学手法の開発
2001	アカロフ, J.A.（米） スペンス, M.A.（米） スティグリッツ, J.E.（米）	情報の経済学
2002	カーネマン, D.（イスラエル） スミス, V.L.（米）	実験経済学
2003	エングル, R.F.（米） グレンジャー, C.W.J.（英）	経済の時系列分析手法の確立と発展
2004	キッドランド, F.E.（ノルウェー） プレスコット, E.C.（米）	動学的マクロ経済学の発展（実物的景気循環理論）
2005	オーマン, R.J.（米）（イスラエル） シェリング, T.C.（米）	対立と協力に関するゲーム理論
2006	フェルプス, E.S.（米）	マクロ経済政策におけるインフレ率と失業率との関係についての分析
2007	ハーヴィッツ, L.（米） マスキン, E.S.（米） マイヤーソン, R.B.（米）	メカニズムデザイン理論の確立
2008	クルーグマン, P.（米）	貿易パターンと経済活動の地理についての分析
2009	オストロム, E.（米） ウィリアムソン, O.E.（米）	共有資源の経済統治に関する分析
2010	ダイヤモンド, P.（米） モルテンセン, D.（米） ピサリデス, C.（英）（キプロス）	労働市場の理論構築
2011	サージェント, T.J.（米） シムズ, C.A.（米）	マクロ経済における因果関係の実証研究
2012	ロス, A.E.（米） シャープレー, L.S.（米）	安定配分の理論と市場設計の実践
2013	ファーマ, E.F.（米） ハンセン, L.P.（米） シラー, R.J.（米）	資産価格の実証分析
2014	ティロール, J.（仏）	市場支配力と規制の分析
2015	ディートン, A.（英）	消費，貧困，福祉の分析
2016	ハート, O.（英） ホルムストローム, B.（フィンランド）	契約理論
2017	セイラー, R.H.（米）	行動経済学
2018	ノードハウス, W.D.（米）	気候変動の長期マクロ経済分析への組み込み
	ローマー, P.M.（米）	技術革新の長期マクロ経済分析への組み込み
2019	バナジー, A.（印） デュフロ, E.（仏） クレーマー, M.（米）	世界の貧困の緩和のための実験的取り組み
2020	ミルグロム, P.R.（米） ウィルソン, R.B.（米）	オークション理論の改善と新たなオークション形式の発明
2021	カード, D.（加）	労働経済学の実証分析
	アングリスト, J.D.（米） インベンス, G.W.（蘭）	因果分析についての方法論
2022	バーナンキ, B.（米） ダイアモンド, D.（米） ディブヴィグ, P.（米）	金融危機における銀行の役割
2023	ゴールディン, C.D.（米）	男女の賃金格差の分析

（出所）　岩本・大竹・齊藤・二神『経済政策とマクロ経済学』日本経済新聞社，1999 年所収の表を参照し，The Nobel Prize（https://www.nobelprize.org/）を利用して作成。

一つ目は，財・サービスの需要と供給が交錯する財・サービス市場です。世の中には，多数の財・サービスがありますが，マクロ経済学では，単純化のため，通常1種類か2種類の財・サービスしか扱いません。財・サービス市場では，その財またはサービスの価格が決まります。財・サービスの需要が供給を上回れば，価格が上昇し，逆の場合は下落します（図0.5）。この財・サービス市場については，**レッスン10**で詳しく説明します。

　二つ目は労働市場です。労働市場は，労働の需給を調整する場です。労働力に対する需要が供給を上回れば賃金が上昇し，逆の場合は下落します。このように労働市場では，労働力の需要と供給が一致するように賃金が決定されるのです。労働市場の詳しい説明は**レッスン6**にあります。

　最後は，金融市場です。金融市場は資金の需要と供給の調整が行われる場です。資金の供給主体である家計は，現金，銀行預金や株式などいろいろな金融資産の保有を通じて，資金を供給しています。したがって，金融市場では，貨幣を含む様々な金融資産の需給が調整されます。この金融資産の需給を調整する役目を果たすのは，それぞれの金融資産に対する収益率です。たとえば銀行預金の場合は，預金金利の変化によって預金に対する需給が調整されることになります。金融市場の詳しい説明は**レッスン9**で行います。

フロー量とストック量

　市場で需要と供給が一致することを経済学では，需給の均衡と呼んでいます。この需給均衡には，取引の性格によって2つのタイプがあります。それはフロー均衡とストック均衡と呼ばれます。フロー均衡とは，ある一定の期間に生じた数量の取引によって生じた均衡であり，ストック均衡とは，過去から蓄積された数量の取引によって生じた均衡です。

　いま銀行預金を例にとると，フロー量とはある一定期間における家計の預金額に相当します。図0.6のように，いま1年間の預金額を100万円としましょう。その家計がその年までに300万円の預金をしていたとすると，その年の預金残高は400万円となります。この過去から現在までの積み重ねられた預金残高がストック量です。家計がその年の預金量だけで，取引をする場合をフロー取引といい，預金残高全体でいろいろな取引をする場合を，ストック取引といいます。

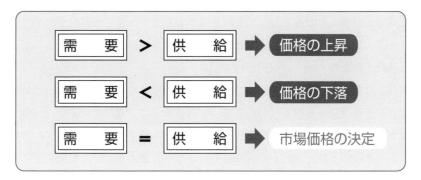

図 0.5 需要と供給，価格の決定

財やサービスの需要と供給が一致して財・サービス市場の価格が決定されます。需給が一致しない場合には価格が変化して需給が調整される，という考え方は経済学の基本です。

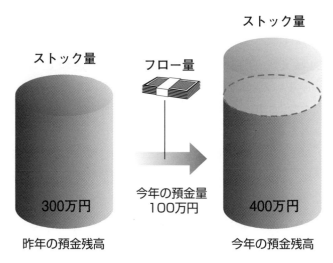

図 0.6 フロー量とストック量

このように考えると，ストック取引が可能な商品は，時間を通じて貯蔵が可能なものに限られます。一定の期間が過ぎると滅失してしまうか，商品としての価値を失うものはフロー量でしか取引できません。たとえば新鮮な魚や生菓子は，一定期間を過ぎると食品としての価値を失うからフロー量での取引しかできません。一方，先にあげた銀行預金などの金融資産や土地は，長期間商品としての価値を持続するためストック取引が可能です。

　こうした概念をいままで説明してきた市場にあてはめると，財・サービス市場ではおおむねフロー取引が行われます。労働市場では，期間を定めて，労働量を提供する契約を結ぶと考えるので，フロー取引とみなすことができます。労働力のストック取引とは，現在から将来にわたっての労働力を一括して売買することですが，それは奴隷市場であり，現在の状況にはふさわしくありません。一方，金融市場は，フロー取引もストック取引も想定することが可能な市場です。

　さて，これまで述べてきたマクロ経済学の舞台は，国内での取引だけに限定されていました。しかし，現在では世界中でモノやお金の取引が行われています。したがって国内の取引だけを考えたマクロ経済学だけでは不十分です。そこで海外との取引も含めたマクロ経済学の構造を考えてみましょう。

海外取引への拡張

　図0.7は，海外との取引も含めたマクロ経済学の構図です。この舞台には，海外部門が新たな経済主体として登場します。いま労働力は容易に国境を越えて移動できないと考えると，海外との取引が行われるのは，財・サービスおよび資金の取引，いわばモノとお金の取引です。モノの取引に関しては，海外部門は国内で生産される財・サービスを需要したり，海外部門が生産した財・サービスを国内の家計や企業に供給したりします。国内の生産物が，海外部門に売られていくことを輸出といい，逆に海外部門の生産物が，国内の家計や企業に購入されることを輸入と呼びます。こうした海外部門と国内の経済主体との財・サービスの取引で，輸出量や輸入量，そしてその差額である財・サービス収支や経常収支が決まります。

　こうした財・サービスに関する海外との取引では，必ずしも国内の通貨（日本でいえば円）が使われるとは限りません。海外の通貨（たとえば米ドル）が使わ

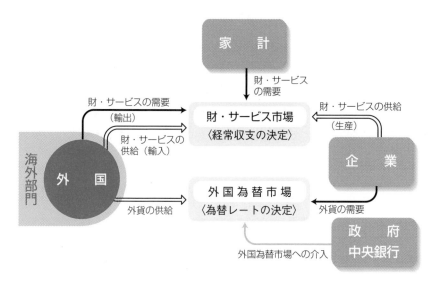

図 0.7　マクロ経済学の舞台（海外部門を含めたヴァージョン）

コラム 0.2　経済のグローバル化について

　長い間，マクロ経済学の体系は 1 国全体の経済変量の動きを中心に構築されてきました。輸出や輸入といった海外との経済取引の問題は，主に国際経済学という分野の担当でした。しかし，第 2 次世界大戦後 25 年近くにわたって続いてきた，米ドルを中心とした固定相場制度（これをブレトン・ウッズ体制と呼んでいます）が，1970 年代初めに崩壊し，為替レートが日々変動する変動相場制度へと移行してから，単に輸出や輸入の動きだけでなく，為替レートや国際間の資金の動きが重要性を増すようになっています。またある国の経済政策が，別の国の経済に影響を与えるということも生じています。

　このように各国の経済変量の相互依存性が増すと，自国と外国の生産量の関係や，その媒介となる為替レートや国際収支の動きを論理的に説明するための分析が進められるようになります。こうした分析が蓄積された結果，1980 年代頃から「国際マクロ経済学」という分野が新たに成立しています。

　さらに「グローバル化」という言葉に代表されるように，経済的な国境はどんどん垣根が低くなっています。このためマクロ経済学も，内外の区別なく語られるべき時代に入っています。高校で学ぶ経済の見方と大学で学ぶ経済学の内容をグローバル化という観点から整理したものとして，齊藤誠『教養としてのグローバル経済』有斐閣，2021 年をあげておきます。

れることもあります。そのために海外との取引に備えてあらかじめ国内の通貨を海外の通貨に交換しておく必要があります。これは私たちが，海外へ旅行する際，成田空港で円をドル（または他の外貨）に交換することを想像してもらえばよいと思います。この国内の通貨と海外の通貨を交換する取引が，海外部門とのお金の取引です。この海外部門とお金の取引をする場所を外国為替市場と呼びます。外国為替市場では，海外部門は外貨を供給し，国内の家計，企業部門は外貨を需要することになります。海外取引を含むマクロ経済学の特徴については**レッスン12** で詳しく説明します。

■■■■ レッスン0　演習問題 ■■■■

1. マクロ経済学が対象とする経済主体の役割について説明しなさい（国内経済における経済主体に限る）。

2. フロー量とストック量の違いについて例をあげて説明しなさい。

1

マクロ経済学と経済データ

レッスン

マクロ経済と経済統計

レッスン0では，経済学には経済変量を数値化できるという利点があり，この数値化によって，私たちはデータを通して客観的に経済の動きを読み取ることが可能であると述べました。経済学では最近このデータの重要性が増しているので，マクロ経済の対象とする主な経済指標の推移を簡単にみておきましょう。わが国の場合，政府は様々な統計調査を行って，経済全体の状況を把握しています。このような経済変量に関する調査をいろいろな目的のために整理したものを経済統計といいますが，この経済統計を使ってマクロ経済の概要を知ることができます。

母集団と標本

マクロ経済は1国や1地域にわたる人や企業の動向を対象とします。しかしながらこれらの動向をすべてデータで把握するのは容易ではありません。そこで実際の統計では，「母集団」と「標本」に分けて調査を行っています（図1.1）。たとえば，日本に存在するすべての企業について，全体でどれくらいの売上があるのか，去年と比べてどれくらい売上が変化したのかを知りたいとします。この場合，日本に存在するすべての企業を調べれば正確に知りたいこと（ここでは売上の水準や変化など）がわかるかもしれません。すべてを調べる調査のことを全数調査（センサス）と呼び，すべての調査対象（この場合はすべての日本企業）のことを母集団と呼びます。一方で，日本の全企業を調べるには時間もコストもかかってしまいます。そのため，全調査対象から一部を何らかの方法で取り出して調査をすることがあります。調査対象の一部を抽出して調査を行うものを「標本調査」または「抽出調査」といい，抽出された一部の調査対象を標本と呼びます。標本を選ぶ際には，それが全体の動向を反映しているかどうか，属性毎の標本数にも注意して選ばなくてはいけません。しかし全数調査は費用と時間がかかるため，より早く調査対象の動向を知るために「標本調査」が活用されています。

全数調査（センサス）と呼ばれるもので，企業や事業所を対象にした調査では，「経済センサス」があります（表1.1）。「経済センサス」を調査している総務省

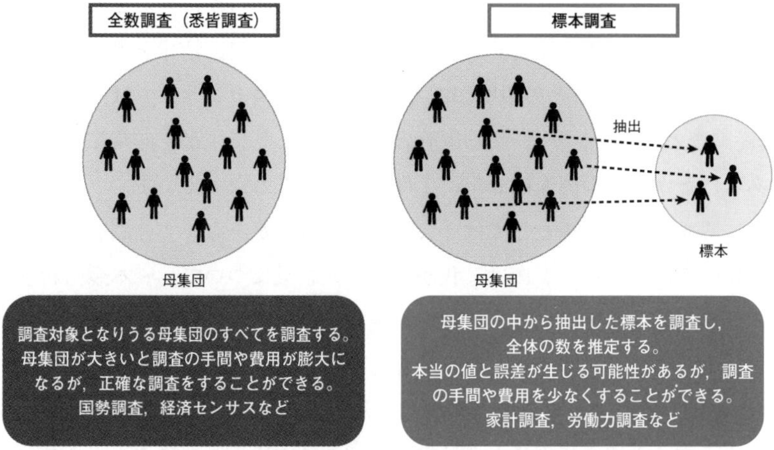

全数調査（悉皆調査）	標本調査
調査対象となりうる母集団のすべてを調査する。母集団が大きいと調査の手間や費用が膨大になるが，正確な調査をすることができる。国勢調査，経済センサスなど	母集団の中から抽出した標本を調査し，全体の数を推定する。本当の値と誤差が生じる可能性があるが，調査の手間や費用を少なくすることができる。家計調査，労働力調査など

図1.1　母集団と標本の概念図

（出所）　総務省統計局「なるほど統計学園　全数調査・標本調査」
https://www.stat.go.jp/naruhodo/7_shurui/zensu.html

表1.1　令和元年経済センサスの調査結果例：
産業大分類別事業所数および従業者数

産業大分類	事業所数	合計に占める割合（％）	従業者数（人）	合計に占める割合（％）
合計	538,900	100.0	5,196,142	100.0
農林漁業（個人経営を除く）	8,456	1.6	94,381	1.8
鉱業，採石業，砂利採取業	154	0.0	1,495	0.0
建設業	57,554	10.7	442,057	8.5
製造業	23,333	4.3	374,395	7.2
電気・ガス・熱供給・水道業	3,218	0.6	11,825	0.2
情報通信業	23,039	4.3	333,781	6.4
運輸業，郵便業	11,824	2.2	262,673	5.1
卸売業，小売業	93,243	17.3	875,456	16.8
金融業，保険業	9,020	1.7	100,913	1.9
不動産業，物品賃貸業	72,818	13.5	265,490	5.1
学術研究，専門・技術サービス業	51,495	9.6	288,496	5.6
宿泊業，飲食サービス業	39,146	7.3	412,277	7.9
生活関連サービス業，娯楽業	28,567	5.3	204,746	3.9
教育，学習支援業	17,310	3.2	131,827	2.5
医療，福祉	40,338	7.5	593,670	11.4
複合サービス事業	501	0.1	10,830	0.2
サービス業（他に分類されないもの）	58,884	10.9	791,830	15.2

（出所）　総務省統計局「令和元年経済センサス－基礎調査（甲調査確報）　結果の概要」
（注1）　新規把握事業所に関する集計
（注2）　必要な事項の数値が得られた事業所を対象に集計

統計局のホームページに，「経済センサスは，事業所及び企業の経済活動の状態を明らかにし，我が国における包括的な産業構造を明らかにするとともに，事業所・企業を対象とする各種統計調査の実施のための母集団情報を整備することを目的とした調査です。」との説明があるように，「経済センサス」は，経済センサス-基礎調査と経済センサス-活動調査の2種類がありますが，非常に大規模な調査であることから，両調査は5年に1度程度の実施となっています。

　企業に関する標本調査としては「会社標本調査」があります。調査を実施している国税庁のホームページには「我が国の法人企業について，資本金階級別や業種別にその実態を明らかにし，併せて租税収入の見積り，税制改正及び税務行政の運営等の基礎資料とすることを目的としている。」との記載があります。また，「この調査は，標本調査であり，調査対象法人（母集団）から資本金階級別・業種別等に一定の方法で標本法人を抽出し，その標本法人の基礎データを基に，母集団全体の計数を推計したものである。」とあるように，母集団から一部の企業を巧みに抽出することで，経済全体の有様を再現できるような工夫が施されています。

　家計を対象に行われる全数調査としては5年ごとに実施される「国勢調査」があります。「国勢調査」は，日本に居住しているすべての人と世帯を対象とする国の最も重要な統計調査といわれています。日本の人口はこの国勢調査が基礎になっています。また，家計を対象に行われる抽出調査としては「家計調査」があります。「家計調査」は，一定の統計上の抽出方法に基づき選定された全国約9,000世帯を対象として，家計の収入・支出，貯蓄・負債などを毎月調査しています。

レッスン 1.2　統計データでみる日本経済の全体像

GDP の推移と日本経済

　統計調査，ここからは，マクロ経済を理解する上で重要な指標（データ）を紹介していきましょう。その代表は国内総生産です。この国内総生産は，Gross Domestic Product の頭文字をとって，GDP と呼ばれます。GDP はマクロ経済

表1.2　日本における様々な公的統計調査

分類	統計調査名	特徴
人口・世帯に関する統計	国勢調査	日本に住むすべての人を対象として，5年ごとに行われる。国内の人口や世帯の実態を明らかにする。
	人口推計	国勢調査による人口をもとに，その後における各月の人口の動きを他の人口関連資料から得て，毎月1日現在の人口を算出。
家計に関する統計	家計調査	一定の統計上の抽出方法に基づき選定された全国約9,000世帯の方々を対象に収入・支出，貯蓄・負債などを毎月調査。
	全国家計構造調査	家計における「消費」，「所得」，「資産および負債」を総合的に把握し，世帯の所得分布および消費の水準，構造等を5年ごとに調査。
物価に関する統計	小売物価統計調査	消費生活において重要な，商品の小売価格やサービスの料金を全国規模で毎月調査し，消費者物価指数を作成する。
	消費者物価指数（CPI）	家計の消費構造を一定のものに固定し，これに要する費用が物価の変動によってどう変化するかを指数値で示す。毎月作成。
労働に関する統計	労働力調査	就業・不就業の状況を把握するため，一定の統計上の抽出方法に基づき選定された全国約4万世帯の方々を対象に毎月調査。
	就業構造基本調査	全国および地域別の就業構造に関する基礎資料を得ることを目的に就業および不就業の状態を調査。（1982年以降は5年ごと。）
企業活動・経済に関する統計	経済センサス	事業所・企業の基本的構造を明らかにする「基礎調査」とそれらの経済活動状況を明らかにする「活動調査」から成る。5年ごと。
	経済構造実態調査	日本のすべての産業の付加価値等の構造を明らかにし，国民経済計算の精度向上等に資することを目的に，毎年実施される。

（出所）　総務省統計局ホームページを参照して作成。

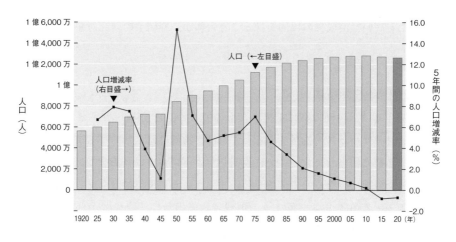

図1.2　令和2年国勢調査の結果例：人口および人口増減率の推移（1920年〜2020年）
（出所）　総務省統計局「令和2年国勢調査 人口等基本集計　結果の要約」

にとって重要な統計指標ですが，この指標は政府の統計部門が直接調査した統計（これを1次統計と呼びます）をそのまま公表しているわけではありません。先ほど紹介した「経済センサス」などの1次統計の結果をもとに推計を行った2次統計になります。

図1.3は，国内総生産の推移です。国内総生産の定義は**レッスン2**で詳しく述べますが，簡単にいえば，経済全体で取引された財・サービスの供給量の中から価値の増加分を取り出したものです。財・サービス市場に供給された製品は，国内の家計であれ，企業であれ，政府であれ，海外部門であれ，誰かに購入されているため，国内総生産は国内での総支出に等しくなります。このGDPの伸びを経済成長と呼んでいます。

日本のGDPの推移をみると，戦後の1950年代からほぼ一貫して増加していることがわかります。図は物価水準を調整した実質GDPの推移を示していますが，1955年に40兆円台であった日本経済は，1989年には400兆円台に達するなど実に10倍にまで大きくなりました。1990年にバブル経済が崩壊して以降，GDP成長率は小さくなりましたが，2004年には500兆円に達し，2008年の世界金融危機（リーマン・ショック）後，2020年のコロナショック後にはGDPの落ち込みはみられたものの，2021年は540兆円程度となっています。こうした長期にわたる高い経済成長の原因を探ること自体が，経済学の研究対象となっています。

物価の推移と日本経済

次に図1.4は，物価の推移を描いたものです。GDPが財・サービス市場で決定される財・サービスの総量であるとすれば，物価は財・サービス市場の需給を調整する価格に相当します。すでに説明したようにマクロ経済学では，財・サービスの数を極端に少なくして分析を行います。しかし現実には，財・サービスの種類は何万と存在します。図1.4の消費者物価指数は，消費者が日常消費する財・サービスの価格を消費の割合に応じて加重平均し，さらにそれを一定の基準年を100（図1.4では2020年を100としています）として指数化したものです。こうした変換を施すことによって，いろいろな財・サービスの価格を一本化して把握することできます。

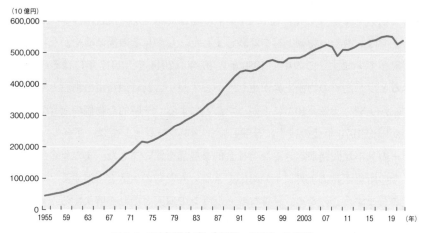

（10億円）

図1.3　**国内総生産（実質，暦年）の推移**

（出所）　内閣府経済社会総合研究所『国民経済計算確報』
（注）　1980年から1993年までは『（参考）2015年（平成27年）基準支出側GDP系列簡易
遡及』の値を，1994年以降は『2021年度国民経済計算（2015年基準・2008SNA）』
の値を利用している。1979年以前は，『1998年度国民経済計算（1990基準・68SNA）』
の値を使って各年の伸び率を計算し遡及推計している。

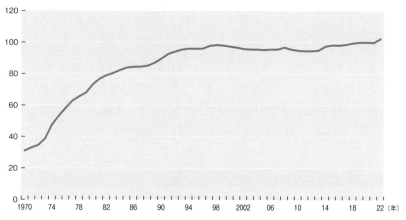

図1.4　**消費者物価指数の推移**

（出所）　総務省統計局『消費者物価指数（CPI）』
（注）　消費者物価指数は，年平均全国の2020＝100とした場合の値を利用している。

物価が継続的に上昇する現象をインフレーション，逆に継続的に下落する現象をデフレーションと呼んでいますが，戦後のわが国の場合，消費者物価はほぼ一貫して上昇してきました。特に1974年に起きた第1次石油危機以降1980年くらいまでは，激しい物価上昇を経験しました。しかしその後は緩やかな物価上昇へと戻っています。この中で1989年と97年，2014年，2017年にはその前後と比べると少し高めの物価上昇が生じていますが，これは消費税の創設とその税率が3%から5%，8%，10%に上がったことによる，一時的な物価の上昇です。

　わが国が1970年代の後半に経験したインフレーションでは，トイレット・ペーパーの品不足問題が起きるなど社会的な混乱を伴いました。また年金生活者など，その所得が物価上昇に十分対応できない人たちの生活を圧迫するという問題も起こします。このため，インフレーションの原因とそれを解決するための方策を考察することは，マクロ経済学の重要なテーマとなっています。

　一方，物価が継続的に下落するデフレーションが続くことも経済に悪影響を与えています。1990年代後半からの日本経済は物価が緩やかに下落するデフレーションの状態が続いています。物価が下落すると，企業の売上高が減りますから，その企業で雇用されている労働者の賃金が抑えられたり，雇用そのものが減らされたりする可能性があります。そうすると家計は，収入の減少からますます消費を抑えることになり，さらに企業の売上が低下するという悪循環になる可能性があります。

　長らくデフレーションの状態が続いていた日本経済ですが，2021年から22年にかけては物価が大きく上昇しています。これは新型コロナウイルス感染症による供給網の混乱や2022年2月にロシアがウクライナに侵略し，その後の原材料やエネルギーの価格上昇の影響を受けているものと考えられます。

失業率の推移と日本経済

　図1.5は，失業率の推移を示しています。失業率とは，その時点で働きたいと思っている人（これを労働力人口と呼んでいます）のうち，働く意欲があるにもかかわらず職に就いていない人の割合を示す指標です。図0.4でみた労働市場では，雇用される人数が決定されますが，労働の供給が需要を上回った場合，雇用されない失業者も生まれます。2023年2月現在，労働力人口は，6,840万人程度

　本レッスンでは，政府や日本銀行で公表している統計を中心にマクロのデータの動きを解説しています。これらのデータは，調査範囲も広く信頼性も高いのですが，一方で速報性に欠けたり，最近では調査の回答率が低下している統計調査もあります。またデジタル化が進んだことにより従来型の統計調査が把握できない領域も増えています。

　こうした政府統計が持つ課題を補完するデータとして，最近オルタナティブ・データが注目されています。オルタナティブ・データというのは，政府統計だけでなく，企業が公表する財務情報以外のデータで，経済や投資判断のために利用するデータのことです。マクロ経済との関連でいえば，商品のバーコードをスキャナーして得られた商品価格のデータがあります。これらのデータを集めることにより，消費者物価指数と同様の物価データを作成することができるのです。実際，東京大学の渡辺努教授は，これらのデータを東大日次物価指数として発表していました（現在は（株）ナウキャストから日経 CPI Now という名称で提供されています）。総務省が発表する消費者物価指数は月次ですので，オルタナティブ・データを使うことで，日本の消費者物価に関してより詳細な知見が得られるようになっています。興味のある方は，渡辺努『物価とは何か』講談社選書メチエ，2022 年をお読み下さい。

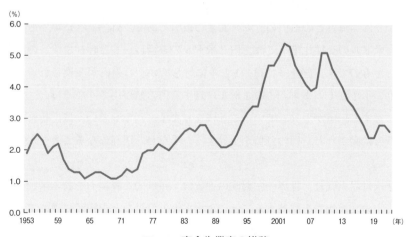

図 1.5　**完全失業率の推移**
（出所）総務省統計局『労働力調査』

存在し，失業者は174万人で失業率は2.5%でした。これは働ける人の40人に1人が，職がないという状況です。ただ，わが国の失業率は，昔からそれほど高かったわけではありません。1950年代は2%前後，1960年代には1%台前半でした。その後やや上昇傾向にあったものの，1990年代の前半までは，2%台で推移しており，先進国の中でも低い失業率を誇っていました。しかし1990年代に入ってわが国が長い停滞期に入るとともに，失業率は急速に上昇し，95年には3%を超え，2001年からは5%を越えて推移しています。その後，2002年からの景気回復で一時的に4%台へと低下しましたが，2008年9月のリーマン・ショック以降の世界的不況の影響を受け，再び5%台に上昇しています。このような高い失業率を記録した際にこれをどのように低下させるかは，ジョン・メイナード・ケインズ（John M. Keynes）が『一般理論』を書く動機でもあり，マクロ経済学の重要な課題です。

ただ，近年の日本においては，少子高齢化による人手不足の影響が大きく，2010年以降，失業率は低下し，2018年には2.4%と2%台前半まで落ちました。2020年以降は新型コロナウイルス感染症の影響でやや失業率は上昇したものの，2%台を維持しています。

為替レートの変動と日本経済

図1.6は，海外との取引のうち，お金の取引である，外国為替市場で取引される円と米ドルの交換比率（これを円と米ドルの為替レートと呼びます）の推移を図示したものです。図1.6では，1ドルに対していくらの円が交換されるかという単位で示されています。この1ドルに対する円の値が小さくなるほど，円の米ドルに対する価値が上昇していることになります。図1.6でいえば，折れ線グラフが下方に向かうと，円の価値が上昇する，すなわち円高になることを示しています。

第2次世界大戦後，世界の主要国の通貨は，圧倒的な経済力を誇る米国の通貨と，一定の交換比率を維持することによって海外貿易などを円滑に進めてきました。これをドル本位による固定相場制と呼んでいます。しかしながら，1960年代の後半から米国の相対的な経済力が低下し，日本やドイツ（当時は西ドイツ）のような，第2次世界大戦で破れた国が急速に復興し，経済的な力をつけてきま

　最近では日本の政府統計データは，統計作成部局のホームページから取得することができます。政府統計の窓口になっているのは総務省統計局で，ここの e-Stat（https://www.e-stat.go.jp/）から，各種の統計を調べることができます。

　本レッスンで紹介したデータについては，国民経済計算（GDP 統計）が内閣府の『国民経済計算（GDP 統計）』（https://www.esri.cao.go.jp/jp/sna/menu.html）から，失業率は，総務省統計局の『労働力調査』（https://www.stat.go.jp/data/roudou/index.html）から，消費者物価指数は，総務省統計局の『消費者物価指数（CPI）』（https://www.stat.go.jp/data/cpi/）から，為替レートは，日本銀行のホームページ（https://www.stat-search.boj.or.jp/index.html# の為替タブ）から取得することができます。

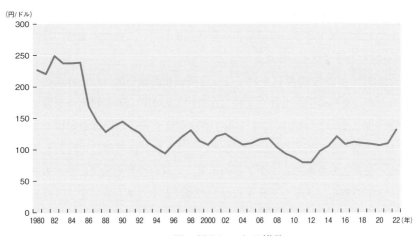

図1.6　**円・ドルレートの推移**

（出所）　日本銀行『各種マーケット関連統計（ST）』
（注）　外国為替相場状況（月次）インターバンク相場の東京市場 ドル・円 スポット 17 時点 / 月中平均を暦年に変換し，平均値をとっている。

した。このため，各国の通貨の交換比率を第 2 次世界大戦後と同様の水準で維持することが不可能になったのです。

1971 年に米国が，自ら一方的に固定相場制を破棄すると宣言して以降，しばらくは新たな固定相場制を模索する動きが続きましたが，結局成功せず，73 年からは毎日の取引で各国通貨の交換比率が変動する変動相場制へと移行しています。

図 1.6 をみると，円の価値は 1980 年から 2011 年頃にかけての 30 年ほどはおおむね上昇し続けてきたといえます。2011 年の平均的な為替レートは 1 ドル 80 円程度ですから，固定相場制時の 1 ドル 360 円と比べると，円の価値は実に 4.5 倍に上昇した（360 円を持っていれば，約 4.5 ドルと交換できるのです）ことになります。円高のメリットは，海外の製品を安く買えることです。

もちろん円高はメリットだけをもたらすわけではありません。円高になるということは，日本で生産された製品が海外では高く売らざるを得ないということを意味します。したがって輸出製品に依存した産業は，円高によって輸出が減少し大きな打撃を受けます。1985 年から 86 年にかけて生じた急激な円高（1 ドル 250 円からわずか 1 年で 1 ドル 140 円にまで上昇しました）は，日本の輸出産業の売上を急速に減少させ，経済全体も低迷しました。このため当時の経済不況は，「円高不況」と呼ばれています。

また，2021 年から 22 年にかけては，金融緩和路線を維持した日本と，物価の安定のために金利の引き上げを実施した米国との間の金利差拡大の影響で，急激な円安が生じました（図 1.7。1 ドル 110 円程度から一時期は最安値で 150 円程度にまで下落しました）。円安になるということは，海外製品を購入する際の代金が高くなることを意味します。その結果，原材料費等の輸入にかかる費用も増大し，企業の製造コストも上昇するなどの混乱が生じました。図 1.8 は輸入物価指数と輸出物価指数の推移が示されていますが，この時期の急激な円安の影響で，輸入物価指数の上昇が著しいことがわかります。

このように為替レートの急激な変動は，経済にマイナスの副作用をもたらすことがあります。このため，政府やエコノミストは，為替レートがどのような要因で変動するのか，為替レートを安定化させるためにはどのような手段をとればよいのかということを考察しています。

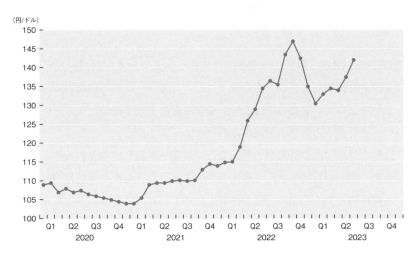

図1.7　**2020年から2023年第2四半期にかけての円・ドル為替レートの変化**
（出所）　日本銀行『各種マーケット関連統計（ST）』

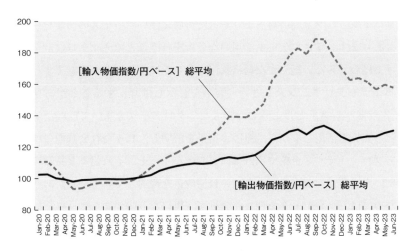

図1.8　**輸入物価指数と輸出物価指数**
（出所）　日本銀行『各種マーケット関連統計（ST）』

ミクロデータを使った分析の進展

　ここまで，GDP，物価，失業率，為替レートといったマクロ経済に関連する重要な統計を概観してきました。近年は，コンピュータの処理能力の向上もあり，こうしたマクロデータだけではなく，企業や家計などを単位とする，いわゆるミクロデータを使った分析の進展がみられます（図1.9）。

　これから学ぶマクロ経済学の理論では，議論を単純化するためにどのような家計も企業も同一の行動をとると仮定しています。こうしたマクロ経済学で想定している家計の行動や企業の行動が多数を占めていれば問題はありませんが，近年必ずしもそうではないことが知られています。その場合家計や企業の個々のデータをもとに年齢，所得，企業規模などの属性毎の特徴を調べ，それがマクロ経済にどのような影響を及ぼすかを検討する必要があります。

　たとえば，新型コロナウイルス感染症の流行は経済活動に影響を与えましたが，影響を強く受けた産業や企業とそうでない産業や企業があると思います。あるいは，コロナショックは高所得層よりも低所得層に強いマイナスの影響を与えた可能性もあります。ミクロデータを用いた分析を行うことで，マクロ統計を観察するだけではわからない細やかな経済状況を明らかにすることができます。

　近年「データサイエンス」という言葉をしばしば耳にすることがあります。「データサイエンス」とはこうした膨大なミクロデータを用いて，経済学や統計学などの知見を活用しながら，原因と結果を解明し，様々な社会課題の解決を試みるアプローチです。企業や家計は同質ではなく，それぞれ色々な特徴を持っているという異質性を前提に，マクロの経済政策を検討していく必要がありますが，そのためにはミクロデータを使った分析が有用になります。

EBPM

　日本は財政赤字が大きいことはよく知られています。そのため，政府がお金を費やして政策を行う際にも，近年はその真の効果を検証し，無駄のない支出を心がけるべきとの考えが強まってきています。証拠に基づく政策立案，いわゆる

コラム1.3　統計データからどのように現実経済をみるのか

　統計データを使って現実の経済の動きをみる方法としては2つの方向があります。一つは，統計データの特質を詳しく調べ，どの時点のどのデータが経済主体の意思決定に影響を与えているかを調べて経済の動きを分析する方法です。たとえばGDP統計は，対象とする時期が終了して約1ヶ月半後に公表される速報だけでなく，それから追加的な統計が発表されるたびにさらに3回同じ時期のGDPの改定値が公表されます。しかし世間で最も注目されるのは，最初の速報値ですから，当時の株価の変化との関係を考えると，この速報値との関係が重要で，その後の改定値はたとえ統計の精度が上昇しているとはいえ，経済主体の意思決定に与える影響は小さくなります。こうした経済主体の意思決定に影響を与えるデータをリアルタイムデータと呼び，このリアルタイムデータと経済主体の行動および政策主体の意思決定の関係を調べたものが，小巻泰之『経済データと政策決定』日本経済新聞出版社，2015年です。

　二つ目は計量経済学的手法を使って，経済行動の妥当性を検証しようとするものです。一般的に専門的な経済学ではこの手法が多く使われます。経済データをいかに計量的な分析に載せていくかについては，小巻泰之・山澤成康『計量経済学15講』新世社，2018年をお読み下さい。

　最後に多少専門的にはなりますが，日本の統計が社会の中でどのように役立ってきたかを知る書籍として，国友直人・山本拓『統計と日本社会』東京大学出版会，2019年を紹介しておきます。

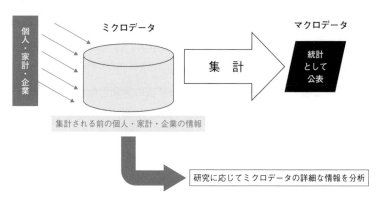

図1.9　マクロデータとミクロデータ

EBPM（Evidence-Based Policy Making）の重要性が指摘されています。

　勘や経験のみに基づき政策を立案し，関連するデータも収集しない場合，どういった効果があったのか，また，その政策に意味があったのかを検証することは不可能です。国の予算が限られている中で，まずは何が課題となっているのかを把握し，それに対応する詳細なミクロデータを整備し，適切な手法により政策の効果を測り，次の政策につなげることが求められています。

　政策を考える際に注意しなくてはならないのは，因果関係と相関関係の区別です（図1.10）。因果関係とは，ある結果Yに対してその結果に影響されない原因Xがわかっているケースを指します。つまりXが生じたことによってYが導かれる現象を指しています。一方，相関関係の場合はXのデータとYのデータを並べた場合，XもYも同方向に動いている現象を指しています。たとえばXが増加するとYも一定程度増加するといったケースです。この場合はXがYの原因になっているか，YがXの原因になっているかわからないので，因果関係とは呼ばず相関関係と呼んでいます。

　たとえばGDPと財政支出に関して毎年のデータを集めて1つの図に示すと，財政支出が増加すればGDPも増加しているという関係を見出すことができます。しかしこのことから財政支出の増加がGDPを増加させるという因果関係を導きだすことはできません。後に述べるように財政支出は経済全体の支出の一部ですから財政支出が増えればGDPの定義に従ってGDPの値が増えるのです。またGDPが増えたから税収が増え財政支出を増やすことができるという逆の関係も想定できます。したがって，GDPと財政支出が同じ方向に動いているということから特定の関係を述べることはできません。

　政府が実施する様々な政策は，多くの場合経済の動向とは独立に行われるもので，経済活動の変化の原因になることが多いのですが，その場合でも因果関係について十分注意を払う必要があります。

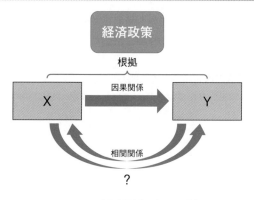

図1.10　因果関係と相関関係

コラム1.4	証拠に基づく政策立案（EBPM）のために

　以下では（独）経済産業研究所の伊藤公一朗研究員（シカゴ大学公共政策大学院准教授（当時））の EBPM に関する解説（RIETI コラム，April 2017）を紹介します。

　上司から，省エネ補助金の効果を検証するように指示され，データを整備した結果，以下の図が得られたとします。あなたが部下であった場合，以下の図から，省エネ補助金の効果があったと報告するでしょうか。

　この図の結果のみでは，補助金の効果があったかどうかは実はわかりません。なぜ因果関係があるといえないのでしょうか。その理由を各自考えてみて下さい。（その理由について知りたい読者は，図の下の出典を参照して下さい。）

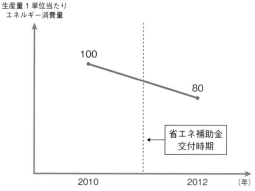

（出所）　伊藤公一朗「エビデンスに基づく政策形成に必要な「データ分析の力」とは？」，2017年
https://www.rieti.go.jp/jp/columns/a01_0473.html

1. 経済統計によってマクロの経済動向を把握しようとする際に，なぜ全数調査ではなく標本調査にするのだろうか。その理由を述べなさい。

2. 因果関係と相関関係の違いについて説明しなさい。

GDP を知る 2

：国や地域の経済規模を測る

国民経済計算とは何か

　レッスン0でみたように，マクロ的な経済活動は，家計，企業，政府といった代表的な経済主体が，様々な財・サービスを需要したり，供給することによって成り立っています。国民経済計算とは，一定期間（1年または3ヶ月毎）における，1国全体の経済活動を数量的に記述した体系です。

　国民経済計算は，家計，企業，政府という代表的な経済主体毎の活動を，生産面，分配面，支出面から把握しています。1国全体の経済活動をすべて網羅した統計は存在しないため，調査対象が部分的な統計（1次統計）を基礎にして，全体を推計する方法で1国の経済活動を把握しています。この国民経済計算の計算方法を SNA（System of National Accounts）といいます。最初の SNA は 1953 年に国際連合によって定められ，それは 1968 年に改定されました。そして 2000 年の国民経済計算からは，1993 年に新しく定められた SNA に従って国民経済計算が作成されるようになっています。さらに 2008 年からは，新たな国民経済計算の作成方法に関する基準（2008 年国民経済計算体系（08SNA））が策定され，その後は各国とも 08SNA への移行が進みました。

国内総生産の定義

　国民経済計算のうち，1国全体の経済活動を生産面から把握したものが，国内総生産です。国内総生産は，Gross Domestic Product といい，頭文字をとって，GDP と略称しています。国内総生産とは，その生産にたずさわった人の国籍を問わず，1国の中で生産されたものの総和を指します。

　ただし，国内総生産は，国内の全生産物を単純に足したものではありません。いま図 2.1 にあるように，国内がゴム産業，タイヤ産業，自転車産業だけで構成されているとしましょう。各産業間の関係は，ゴム産業がゴムをタイヤ産業に供

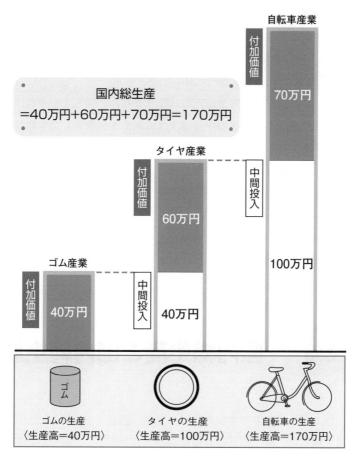

図2.1　国内総生産の仕組み

タイヤ産業の生産高には，中間投入としてゴムの生産額40万円が含まれています。もしタイヤ産業の生産額とゴム産業の生産額とを単純に足すと，その合計額にはゴム産業の生産額が二重に含まれてしまうことになります。タイヤ産業の生産額と自転車産業の生産額を単純に合計した場合も，同じようにタイヤ産業の生産額が二重に計算されてしまいます。したがって国内総生産額の計算では全体の生産額の総計額から二重計算の部分を除きます。

給し，タイヤ産業は生産したタイヤを自転車産業に供給しています。すなわち，タイヤ産業にとってのゴムや自転車産業にとってのタイヤは，それぞれの産業の原材料になっています。このように他の産業の原材料となる財やサービスのことを中間投入物と呼んでいます。

　さて，いまゴム産業，タイヤ産業，自転車産業の生産高がそれぞれ，40万円，100万円，170万円であるとしましょう。これらの生産額の合計は，

　　　40万円＋100万円＋170万円＝310万円

になりますが，この合計は国内生産額にはなりません。図2.1をみればわかるように，実はタイヤ産業の生産額の中には，ゴム産業から購入した中間投入物の金額が含まれています。したがって，国内総生産を計算する際には，この二重計算の部分を除く必要があります。そうすると，ゴム産業とタイヤ産業と自転車産業で構成された国の国内総生産は，

　　　40万円＋60万円＋70万円＝170万円

となります。ある産業の生産額から中間投入額を引いたものを付加価値額といいます。上記の計算は，各産業の付加価値額を合計していますから，国内総生産とは，1国の付加価値額の総和と定義することができます。

レッスン2.3　国内総生産と国内純生産

　生産は，様々な生産要素を使って行われます。図2.1で説明したように，生産のためには，中間投入財，すなわち原材料が必要ですが，さらに付加価値を生み出すためには，労働力と資本が必要とされます。資本というのは，工場や機械など生産のための建物や設備の総称です。

　さて，建物や機械を生産のために利用すると，建物や機械の生産能力が徐々に落ちていきます。経済学では，このように生産活動によって建物や機械などの生産能力が劣化し，それに伴ってその設備の経済的な価値が低下した分を固定資本減耗と呼んでいます。ちょうど私たちが新車を乗り回していくうちに，車の走行能力が落ちるとともに，その車の中古価格が低下していくのと同じ現象です。多

図2.2　国内総生産と国内純生産の考え方

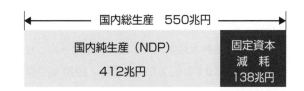

図2.3　国内総生産と国内純生産（2021年）
（出所）　内閣府『2021年度国民経済計算（2015年基準・2008SNA）』

くの設備は中古車のように売買できませんが，あたかも売買できるかのごとく考えて，新しく購入したときから経済的価値を下げていくのです。

　国内総生産は，ある一定期間における経済活動によって生み出された付加価値の総和ですが，一方で，過去の製品が劣化した部分や使用できなくなって廃棄した部分を考慮していません。この生産活動に伴う，設備の消耗分を控除したものを国内純生産といいます（図2.2）。すなわち，国内純生産は，

国内純生産＝国内総生産－固定資本減耗

で求められます。これによって，国内の経済活動でどれだけが純粋に付加価値として増加したかを把握することができます。その時点の価格で評価した名目値での2021年の国内純生産額は，国内総生産額550兆円から固定資本減耗額138兆円を控除した412兆円となります（図2.3）。

レッスン 2.4　産業別国内総生産と産業構造の変化

　図2.1でみたように，国内総生産は，様々な産業の付加価値を足し合わせたものです。したがって国内総生産をいろいろな産業に分けてみることも可能です。図2.4は，国内総生産のうち，生産を9産業に分けてその構成比をとったものです。

　戦後まもない頃は，まだ農林水産業の生産シェアが大きかった日本ですが，図2.4をみると，1970年には5.9％に低下しています。1970年で最もシェアが大きかったのは高度成長期に生産を拡大した製造業で，35％程度でした。しかし1973年，1979年の二度にわたる石油危機を契機に，安定成長時代へと移行するとともに，製造業の比率は徐々に低下し，代わって不動産業やサービス業の比率が上昇してきました。この点はその産業で働く労働者の構成比をとっても同じです（図2.5）。特に，1990年以降は運輸・通信業の生産および雇用のシェアが増加しました。

　ペティ＝クラークの法則は，経済が発展するにつれて，産業構造の中心は第1次産業（農林水産業）から第2次産業（鉱業＋製造業＋建設業），そして第3次

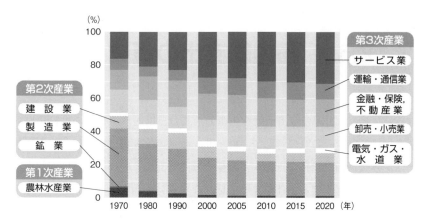

図2.4　日本の産業構造の変化

（出所）　1970年から1990年は内閣府『1998年度国民経済計算（1990基準・68SNA）』
　　　　2000年以降は『2021年度国民経済計算（2015年基準・2008SNA）』より抜粋

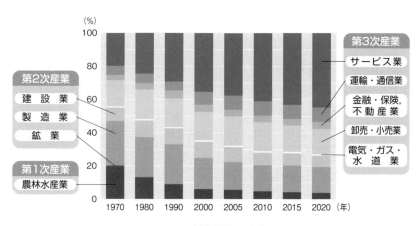

図2.5　就業構造の変化

（出所）　1970年から1990年は内閣府『1998年度国民経済計算（1990基準・68SNA）』
　　　　2000年以降は『2021年度国民経済計算（2015年基準・2008SNA）』より抜粋

産業（その他の産業）へと移行していくと述べていますが，戦後日本の経済発展は，まさにこの法則通りの経緯をたどってきました。

国内総支出の構成

国内総生産は，1国の経済活動を生産側，または財・サービスの供給側から把握する指標でした。これに対して，財・サービスの需要側，または各経済主体の支出側から経済活動全体を把握する指標を国内総支出と呼びます。国内総支出は，支出の項目や支出をする主体によって様々な項目に分類できます。

消費支出：最大の支出項目

支出は，大きく消費支出と投資支出に分けることができます（図2.6）。消費支出中最大の項目は，民間最終消費支出で，国内総支出の項目の中でも最大です。民間最終消費支出は，主に家計が最終消費財の購入にあてた金額で占められています。日本では2021年の民間最終消費支出は，国内総支出の54％を占めており，ほとんどすべての財・サービスの消費を含んでいます。しかし住宅の購入だけは，民間住宅投資として投資支出にまとめられています。

また，民間最終消費支出には，実際に支出されていない項目も含まれています。たとえば，住宅を所有している人が自らに住宅サービスの対価として家賃（帰属家賃）を払っていると想定し，それを民間消費額に含めています。この他農家における自家消費なども現実に支出は生じていませんが，民間最終消費の中に含まれています。

消費は，家計部門だけでなく政府分についても計上されています。この政府の消費分は，政府サービスの提供に対する費用の計上という側面が強いのですが，これを政府最終消費支出と呼んでいます。

投資支出：生産手段への支出

消費支出が主に個人の満足を高めるためになされるのに対し，投資支出は，生

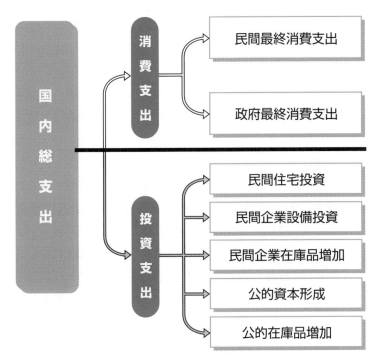

図2.6　国内総支出の構成（支出の種類による分類）

産を行うための設備を購入することを目的としています。ただし，先ほど述べたように家計が購入する住宅については，特に生産とは関係がありませんが，住宅投資として計上されています。この他の投資支出は，企業部門と政府部門によって行われています。

企業部門の投資は，民間企業設備投資と民間企業在庫品増加（民間企業在庫投資）に分かれています。このうち民間企業設備投資は，企業が財・サービスの生産のために，工場やビルを建てたり，機械設備を購入したりした金額の総計です。ただし土地の購入は除外されています。日本では民間企業設備投資は国内総支出の 15 ～ 16％程度を占め，民間最終消費支出とともに，日本の GDP の変動に大きな影響を与えています。

政府部門の投資は，公的資本形成と呼ばれています。これは政府が道路や橋など公共の施設を建設するために支出する金額です。一般に公共投資と呼ばれる概念が，ほぼこれに相当しますが，公的資本形成でも他の投資と同様，公共投資に含まれている土地の購入は除外されています。これまで述べてきた民間住宅投資と民間企業設備投資と公的資本形成を合わせて，総固定資本形成と呼んでいます。

総固定資本形成＝民間住宅投資＋民間企業設備投資＋公的資本形成

以上，投資項目の中でも，使用期間が比較的長い設備に対する投資を対象にしてきましたが，投資の中にはより短い寿命しかない財・サービスに対するものがあります。それを在庫投資と呼んでいます。民間企業在庫投資は，製品在庫，仕掛品在庫，原材料在庫，流通在庫の 4 つの種類を含んでいます。製品在庫は，その製品に対する需要の増加に備えてあらかじめ企業が準備して保有しておく在庫です。一方，予想していたほど製品に対する需要がなく売れ残ってしまって保有せざるを得ない在庫もあります。前者を意図した在庫，後者を意図せざる在庫と呼んでいます。また仕掛品在庫は，まだ完成していない製品の在庫保有を指しています。そして原材料在庫は，鉄鋼業における鉄鋼石やコークスなど鉄鋼製品の原材料を，生産が途切れないようにあらかじめ一定量保有しておくことを指しています。最後の流通在庫は，百貨店やスーパーなどの小売店や問屋などの卸売段階で保有されている製品の在庫を指しています。こうした在庫保有の変動を在庫投資と呼んでいます。

企業部門だけでなく政府部門も在庫を保有することがあります。政府が買い上

コラム2.1　　貿易構造の変化

　先ほど産業構造と就業構造の変化をみましたが，近年最も大きく変化したのは，貿易構造の変化です。20世紀における日本の主要な貿易相手国は，米国とヨーロッパでしたが，21世紀に入って中国が高成長を続けた結果，米国を抜いて，日本の最大の貿易相手国になりました。日本が輸出する品目も変化しています。1980年代には，日本の自動車製品や電気製品は，世界の市場で大きなシェアを占めていましたが，1990年代に入って韓国や中国のメーカーが世界市場に参入すると日本の製品輸出は少なくなってきました。トヨタやホンダは，世界の自動車市場で大きなシェアを有していますが，電気製品や電子部品の市場では，サムスン電子やLG電子などの韓国メーカーやハイアールなどの中国メーカーが世界的な生産者となっています。このため，日本から輸出されるのは完成品ではなく，部品が多くなっており，生産段階に応じて日本と海外との間で部品をやりとりしています。

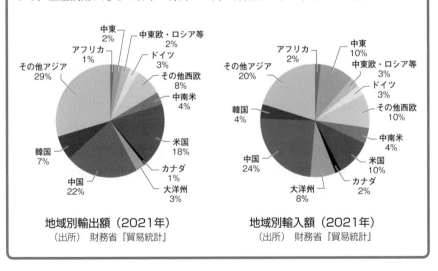

地域別輸出額（2021年）
（出所）財務省『貿易統計』

地域別輸入額（2021年）
（出所）財務省『貿易統計』

げた米の在庫や備蓄のための原油の在庫がそれにあたります。こうした在庫の変動は，公的在庫品増加と呼んでいます。

需要主体別の分類：誰が支出をしているのか

以上の支出の合計は国内部門の支出合計となるため，国内需要（内需）と呼んでいます。このうち家計部門と企業部門の支出を民間需要，政府部門の支出を公的需要と呼んでいます。それぞれ以下のような式で表されます（図2.7）。

民間需要＝民間最終消費支出＋民間住宅投資
　　　　　　　＋民間企業設備投資＋民間企業在庫品増加
公的需要＝政府最終消費支出＋公的資本形成＋公的在庫品増加
国内需要＝民間需要＋公的需要

これまでは，国内の経済主体の支出について解説してきました。しかし**レッスン1**でもみたように，国内の経済活動は国内の経済取引に限られてはいません。図2.8にみられるように，日本が生産する自動車や電気製品は，海外からも多くの需要があります。こうした海外部門の需要は，日本経済全体の活動に大きな影響を与えます。したがって国内総支出には，海外部門からの日本製品への支出も含み，これを財貨・サービスの輸出と呼んでいます。

一方，民間最終消費支出の中には，海外で生産された財・サービスも含まれています。エルメスやグッチなど海外の有名ブランド品の購入はその典型でしょう。こうした海外製品に対する支出は，国内で生産された財・サービスへの需要とは無関係です。したがって国内総支出の計算では，海外で生産される財・サービスに対する需要，すなわち財貨・サービスの輸入を除きます。以上の海外からの需要と海外製品に対する需要の差を海外需要（外需）と呼んでいます。

海外需要＝財貨・サービスの純輸出
　　　　＝財貨・サービスの輸出－財貨・サービスの輸入

国内総支出は，以上の民間需要，公的需要，海外需要を合計したもので表すことができます。

国内総支出＝民間需要＋公的需要＋海外需要

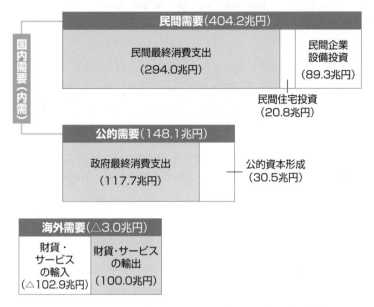

図 2.7　わが国の国内総支出の構成（2021 年：名目値）

（出所）　内閣府経済社会総合研究所『2021 年度国民経済計算（2015 年基準・2008SNA）』
（注）　民間企業在庫品増加と公的在庫品増加については，2021年の金額が微小すぎる（0.1兆円）ため図示していない。

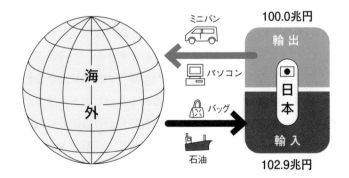

図2.8　わが国の海外取引（2021 年：名目値）

国民所得の概念

　国民所得は，1国の経済活動を分配面から捉えた概念です。すでにみたように，生産の過程で生み出された企業部門の所得が，生産に使われた生産要素に分配されます。生産要素は，大きく労働力と資本に分けることができますから，付加価値は労働力と資本に分配されることになります（図2.9）。

　まず労働者に対する分配は，雇用者所得（国民経済計算では雇用者報酬）と呼ばれます。具体的には，多くのサラリーマンが毎月支給される給与がこれに含まれます。この他企業が負担している保険料などの社会保障費などもこれに含まれます。

　この雇用者所得が国民所得全体のどれくらいの割合を占めているかを，労働分配率と呼びます。図2.10は，わが国の労働分配率の推移をみたものです。これをみると，1980年代から90年代にかけて労働分配率が上昇しています。90年代の労働分配率上昇の原因としては，給与水準の高い中・高年齢層の割合が高まっているためであると考えられています。近年（2019年や2020年）の労働分配率の上昇は分子の雇用者所得の増加というよりも，分母の国民所得の減少の影響が大きいようです。

　一方，資本に対する分配はどのようになっているでしょうか。付加価値から雇用者所得を引いたものの中には，固定資本減耗があります。これは資本を生産に使用することによって減失した部分とみなされますから，どの経済主体に分配されるものでもありません。次に間接税（製品の購入のときにかかる税金）−補助金（特定の経済主体の補助に政府から移転されるお金）がありますが，これは政府部門に吸収されるものです。したがって付加価値から雇用者所得，固定資本減耗と間接税−補助金を控除した残りが，資本に対する報酬分となります。この資本に対する報酬分を営業余剰と呼んでいます。

> 営業余剰＝付加価値額の総和
> 　　　　−雇用者所得−固定資本減耗−（間接税−補助金）

　それでは営業余剰とは具体的には何に使われるのでしょうか。企業は生産に利

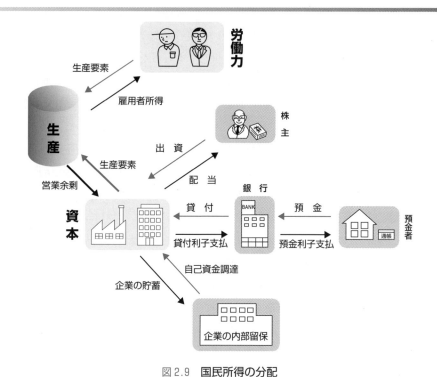

図 2.9　国民所得の分配

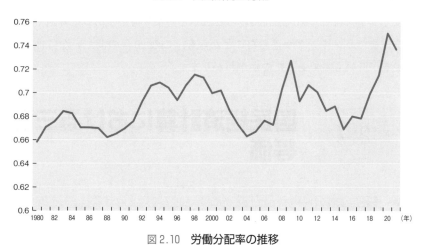

図 2.10　**労働分配率の推移**

(出所)　1980 年から 1993 年は内閣府『2009 年度国民経済計算（2000 年基準・93SNA）』
　　　　1994 年以降は『2021 年度国民経済計算（2015 年基準・2008SNA）』
　　　　雇用者報酬 ÷ 国民所得（要素費用表示）で労働分配率を求めている。

用する設備を購入する際，株式を発行したり，銀行から資金を借り入れたり，会社の中にある資金（内部留保と呼びます）を使って資金を調達します。営業余剰は，これら設備を購入する際に資金を提供してもらった報酬として分配されます。すなわち，株式を保有する株主に対しては配当として，銀行に対しては利子の支払として，そして会社内部の資金に対しては，企業内に貯蓄される形で営業余剰の分配が行われます。

この営業余剰と雇用者所得を合わせた分を，要素費用表示の国民所得と呼んでいます。先ほどの労働分配率は，雇用者所得をこの要素費用表示の国民所得で割った値です。そして，この要素費用表示の国民所得に間接税−補助金を加えたものを市場価格表示の国民所得と呼んでいます。

図 2.11 は，この市場価格表示の国民所得を米ドルに換算した後，世界各国と比較したものです。これをみると，日本の１人当たりの国民所得は，1980 年には世界で 24 位でした。しかし 90 年代に入ってから，ドル換算した日本の国民所得は，円のドルに対する価値が上昇したこともあって，飛躍的に上昇し，1990 年には世界第 8 位，2000 年には第 2 位となりました。しかし，バブル崩壊後，日本経済が長期低迷する一方で，他の先進諸国や新興国が日本以上に成長をしたために，2021 年には世界 27 位と 80 年のランクを下回ってしまいました。2000 年時点では１人当たり国民所得でみると日本とかなり格差のあった韓国や台湾と近い位置までランキングが落ちたことからも，この 20 年の間，いかに日本の経済成長率が低いものであったのかがわかります。

レッスン 2.7 国民経済計算における三面等価

生産・支出・分配の一致

これまで説明してきた国内総生産，国内総支出，国民所得は，いずれも１国の経済活動を生産，支出，分配という別の側面からみたものですから，基本的には三者は一致するはずです。以下ではこの点を説明しましょう。

すでにみたように，国内で生産された付加価値は，固定資本減耗も含めて，広

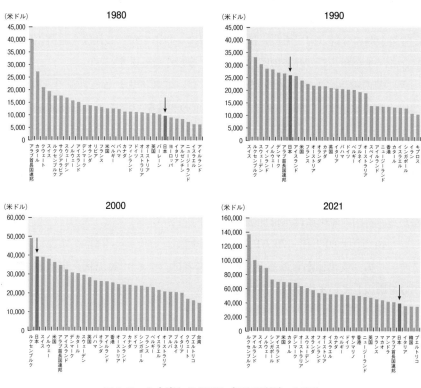

図 2.11　1人当たりGDP（国民所得）の変化
（出所）　IMF　*World Economic Outlook*

い意味で生産要素にすべて分配されることになります。これを先ほどのゴム，タイヤ，自転車の生産で構成される簡単な経済で説明してみましょう。図 2.12 では単純化のために固定資本減耗も間接税，補助金もない世界を考えています。そうすると，各産業における付加価値はそれぞれ，雇用者所得と営業余剰に分配されます。ゴム，タイヤ，自転車それぞれの産業における雇用者所得がそれぞれ 30 万円，40 万円，50 万円で，残りは営業余剰であるとします。そうすると，雇用者所得の合計は 120 万円で，営業余剰の合計は 50 万円です。この雇用者所得と営業余剰の合計（国民所得）は 170 万円になりますが，これは 3 産業の付加価値合計，すなわちこの経済の国内総生産に等しくなります。

　次に国内総生産と国内総支出の関係について考えましょう。図 2.13 は，図 2.12 と同じように，ゴム，タイヤ，自転車の 3 産業で構成される経済を描いています。そこでまずこの経済では，支出側として，タイヤと自転車に対する消費だけがあるものとしましょう。すなわち，タイヤの生産額 100 万円のうち 50 万円は最終消費者が購入し，残りの 50 万円は自転車産業の中間投入となります。そして最終消費者は，生産された自転車を 120 万円分購入します。このとき生産面からみた国内総生産は，付加価値の合計ですから

$$40 \text{万円} + 60 \text{万円} + 70 \text{万円} = 170 \text{万円}$$

です。一方，支出側からみると，最終消費者は，タイヤ 50 万円，自転車 120 万円分を購入していますから，国内総支出は，

$$50 \text{万円} + 120 \text{万円} = 170 \text{万円}$$

となって，国内総生産と国内総支出は一致します。

事後的な三面等価

　この単純化された図では，生産された財は必ず消費されるという意味で，必ず供給と需要が一致しています。しかし現実には生産された財・サービスが必ず消費されるわけではありません。

　たとえば先ほどの数値例で，消費者の自転車に対する需要が 100 万円しかなかった場合を考えてみましょう。そうすると，20 万円分売れ残りが出てしまいます。その場合，その財は製品在庫となって企業の手元に残ってしまいますが，国民経済計算では，これを企業の在庫投資とみなして，事後的には生産と支出が一致す

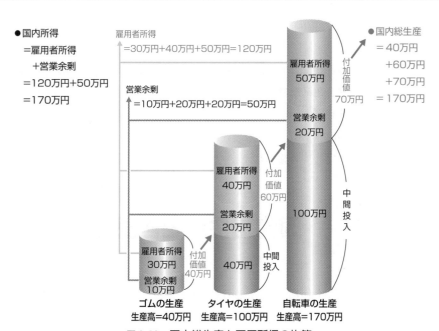

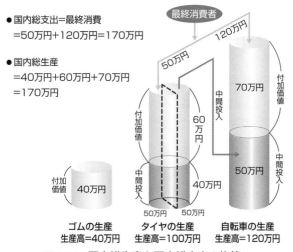

● 国内所得
　＝雇用者所得
　　＋営業余剰
　＝120万円＋50万円
　＝170万円

雇用者所得
＝30万円＋40万円＋50万円＝120万円

営業余剰
＝10万円＋20万円＋20万円＝50万円

●国内総生産
＝40万円
　＋60万円
　＋70万円
＝170万円

雇用者所得
50万円

営業余剰
20万円

付加価値
70万円

100万円

中間投入

雇用者所得
40万円

営業余剰
20万円

付加価値60万円

40万円

中間投入

雇用者所得
30万円

営業余剰
10万円

付加価値40万円

ゴムの生産
生産高=40万円

タイヤの生産
生産高=100万円

自転車の生産
生産高=170万円

図 2.12　国内総生産と国民所得の均等

（注）　固定資産減耗，間接税，補助金は単純化のため無視している。

● 国内総支出＝最終消費
　＝50万円＋120万円＝170万円

● 国内総生産
　＝40万円＋60万円＋70万円
　＝170万円

最終消費者

120万円

50万円

付加価値

70万円

中間投入

60万円

中間投入

付加価値

40万円

付加価値

40万円

中間投入

50万円

50万円

中間投入

50万円

ゴムの生産
生産高=40万円

タイヤの生産
生産高=100万円

自転車の生産
生産高=120万円

図 2.13　国内総生産と国内総支出の均等

るようにしています。すなわち，国内総支出は，

$$50万円（タイヤ消費）＋100万円（自転車消費）$$
$$＋20万円（自転車在庫品増加）＝170万円$$

となります。このように，事前には国内総生産と国内総支出が一致しない場合でも，売れ残った財を在庫投資支出とみなすことにより，事後的には国内総生産と国内総支出は一致します。

このように，国内総生産，国内総支出，国民所得の三者は事後的には等しくなります。これを国民経済計算における三面等価と呼んでいます（図2.14）。

レッスン 2.8　国内総生産と国民総所得

1国全体の経済活動を生産面から把握する概念としては，国内総生産の他に国民総所得（Gross National Income，略してGNI）という概念があります。国内総生産は，国内という場所で生産された財・サービスの総和ですが，国民総所得は国内に居住する「居住者」（必ずしもその国の国籍を持った国民とは限りません）が生産した財・サービスの総和として定義されます。

たとえば，日本の自動車メーカーと考えられている日産の株式は，フランスの自動車会社であるルノーを筆頭に60％以上の株式が海外企業によって保有されています。日産が国内の工場で自動車生産を行う場合，その生産は国内総生産に含まれます。しかし，日産の収益の一部は，ルノーなどの海外企業への配当（株式を保有することに対する収益）として国外へと出ていきます。この海外への配当支払分は，日本の「居住者」としての日産の生産分からは除外しなくてはならないので，国内総生産には含まれていますが，国民総所得からは除外されます。逆にトヨタが，海外で現地生産を行い，その収益の一部を配当の形で日本へ受け入れている場合は，その配当分は，国内総生産には含まれませんが，国民総所得には含まれることになります。

このように「居住者」が海外から所得を得たり，海外へ所得を支払ったりすることを海外からの要素所得の受取，海外への要素所得の支払といいます。そして，

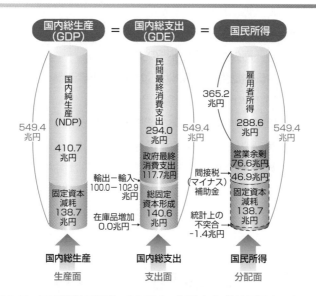

図2.14 三面等価の原則：2021年（暦年）における日本のケース
（出所）内閣府『2021年度国民経済計算（2015年基準・2008SNA）』

コラム2.2　　国民総所得の定義

　2000年に導入された国民経済計算の推計体系（93SNA）では，それまで国民全体の総生産概念として使われてきたGNP（国内総生産）が廃止され，代わって所得面から全体像を把握する概念であるGNI（国民総所得：Gross National Income）が使用されています。

　GNIも概念的にはGNPと同じですが，計算上は，国内総生産＝国内総支出を利用して，
　　　国民総所得＝国内総支出＋海外からの（純）要素所得
として計算されています。

　ちなみに2021年の国民経済計算では，国内総生産は，549.38兆円で，これに海外からの（純）要素所得26.67兆円が加わり，国民総所得は576.05兆円となっています（下図）。

国内総生産（GDP）と国民総所得（GNI）（2021年）
（出所）内閣府経済社会総合研究所『国民経済計算（GDP統計）』

この差を海外からの（純）要素所得と呼んでいます。したがって，国民総所得は，

> 国民総所得＝国内総生産＋海外からの要素所得受取
> 　　　　　－海外への要素所得の支払
> 　　　　　＝国内総生産＋海外からの（純）要素所得

と定義されます（図2.15）。

　1995年時点で国民総所得は，国内総生産を 4.6 兆円上回っていました。これは海外からの要素所得受取が海外への要素所得の支払を 4.6 兆円上回ったことを意味しています。この差を 2021 年でみると，国民総所得は国内総生産を 26.7 兆円上回るようになっています。つまりこの四半世紀の間に，日本企業の海外進出が進み，かつてよりも海外での生産活動から得られる収益が増えたのです。

レッスン 2.9　国際収支表の見方

国際収支表とは

　レッスン 2.8 で，国民経済計算の中に海外との取引を導入しましたが，この海外との取引額を詳しく包括的に記述した表が，国際収支表です。また先ほど，「居住者」という概念が出てきましたが，国際収支表というのは，一定期間における1国の「居住者」と「非居住者」の取引を記述したものといえます。

　海外との取引は，財・サービスの輸出や輸入に限りません。海外の株式を購入するような証券投資もありますし，海外で工場を建設するための資金の移動もあります。国際収支表は，こうした対外取引の種類に分けて整理されています。

経 常 収 支

　表2.1は，この国際収支表をまとめたものですが，まずモノ（または財）についての海外の取引は，貿易収支の項目に含められます。たとえば，自動車を米国やアジア諸国に輸出した場合の売上金額は，貿易収支の輸出項目に計上されます。一方，アラブ諸国から原油を購入した金額は，輸入項目に計上されます。2021年の場合，輸出金額が輸入金額を上回っていますから，その差額の貿易収支は，

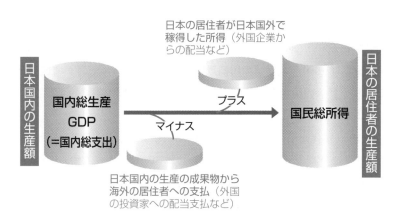

図2.15　国内総生産と国民総所得の違い

表2.1　国際収支統計（2021年）

（単位：億円）

経常収支(a+b+c)　Current account(a+b+c)	215,910		**金融収支**　Financial account	168,560
(a)貿易・サービス収支	-25,615		直接投資	195,076
貿易収支	16,701		証券投資	-220,234
輸出	822,837		金融派生商品	24,141
輸入	806,136		その他投資	100,677
サービス収支	-42,316		外貨準備	68,899
(b)第一次所得収支	265,814		**誤差脱漏**　Net errors & omissions	-43,153
(c)第二次所得収支	-24,289			
資本移転等収支　Capital account	-4,197			

（出所）　財務省『国際収支状況』
（注）　「誤差脱漏」は経常収支＋資本移転等収支－金融収支＋誤差脱漏＝0が成り立つように計算される。

約1.7兆円の黒字となります。

　海外とはモノの取引をしているだけではありません。サービスの取引もしています。たとえば，私たちが海外旅行をする際，外国の航空会社を利用したとすると，それは私たちが外国の航空サービスを購入したことになります。逆に外国人が日本に来てホテルに宿泊したとすると，日本がホテルサービスを海外へ売却したことになります。このサービスの売却と購入の差し引きがサービス収支になりますが，日本は1980年代半ばの円高以来，爆発的に海外渡航者が増加したため，海外でのサービスの購入が増加し，サービス収支は2021年で約4.2兆円の赤字となっています。

　同じく1980年代後半以降，日本は積極的に海外で会社を設立したり，株式などを購入するようになりました。こうした日本の居住者が保有する海外の会社の利益や，株式などの配当の一部は，日本に還流します。逆に海外の人たちが保有する日本の会社の収益の一部は海外に流出していきますから，その差し引きが第一次所得収支となります。すでに述べたように，日本の場合，1980年代後半以降，積極的な海外への直接投資（図2.16）や証券投資をしているため，その収益が還流し，2021年の第一次所得収支は，約26.6兆円の黒字です。

　そして，第二次所得収支には，開発途上国への無償の経済援助額が含まれます。日本から海外への援助額が増えれば，この項目は赤字になります。日本は世界でも有数の援助大国ですから，この収支は約2.4兆円の赤字となります。

　以上は，主にモノやサービスの海外取引に対応した収支で，この貿易・サービス収支（財貨・サービスの純輸出），第一次所得収支，第二次所得収支を合計した収支を経常収支と呼んでいます。2021年の経常収支額は約21.6兆円の黒字です。

金融収支

　経常収支は，主に財やサービスの取引を計上したものですが，金融収支は，その名の通り海外との金融資産の取引を記録したものです。家計のお金の流れにたとえてみると，経常収支とは，日々の労働による収入や食費や衣料費などの支出を記録したものといえましょう。これに対して，金融収支は，銀行に預金したり，株式を購入したりする金融資産への投資や住宅ローンの借入などを記述したものです。基本的には資産の増加から負債の増加を引いて収支を計算します。

これまで学んだ三面等価では，経済全体の分配面からみた国民所得や支出面からみた国内総支出をみてきましたが，どういった産業でどのような財やサービスを投入し，生産活動が行われているのかといった中間投入の関係を示した産業連関表という重要な統計があります。

以下は総務省の『産業連関表の仕組み』（https://www.soumu.go.jp/toukei_toukatsu/data/io/system.htm）に掲載されている図1および説明の抜粋です。

産業連関表の構造

産業連関表の列（縦方向）では，その産業（部門）の財・サービスの生産にあたって用いられた原材料，燃料，労働力などへの支払の内訳（費用構成）が示されていて，産業連関表では，これを「投入」（input）といいます。

一方，行（横方向）では，その部門で生産された財・サービスの販売先の内訳（販路構成）が示されていて，産業連関表では，これを「産出」（output）といいます。

なお国民経済計算はこの産業連関表など重要な統計が5年ごとに整備されるのに合わせて，基準年の改定が行われています。

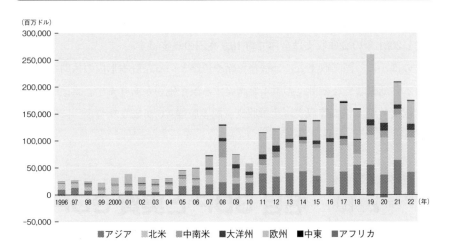

図 2.16　日本の国・地域別対外直接投資（国際収支ベース，ネット，フロー）
（出所）　日本貿易振興機構（JETRO）『直接投資統計』

金融収支は，直接投資，証券投資，金融派生商品，その他の投資および外貨準備の合計となります。直接投資は，海外で事業を行うために，海外で企業を設立してその株を保有したり，海外企業を直接買収することです。日本の国際収支統計では，議決権の割合が 10% 以上の企業を「直接投資企業」として扱っています。トヨタ自動車が北米に工場を建設した場合は資産の増加とみなし，フランスのルノーが日産自動車の経営権を保有したような場合は負債の増加とみなします。このほか，居住者と非居住者の不動産の売買も直接投資に計上します。2021 年の直接投資は約 19.5 兆円の黒字です。

　一方，証券投資は，海外で発行されている債券（国や自治体，企業が借入れをするために発行する証券のこと）や株式を日本の「居住者」が購入する場合が資産の増加で，逆に「非居住者」が日本で発行されている債券（国債や，電力債などです）や株式を購入する場合は負債の増加となります。2021 年は海外への証券投資が国内での証券投資を下回っているために約 22 兆円の赤字（資産の増加＜負債の増加）となっています。

　このほか，金融収支には他の金融商品や指数，商品に連動する金融商品である金融派生商品の取引を計上する金融派生商品，直接投資，証券投資，および外貨準備のいずれにも該当しない金融取引をすべて計上するその他投資，および政府が保有し，為替介入などのために利用できる対外資産を計上する外貨準備があります。2021 年の金融収支は全体で約 16.9 兆円の黒字です。

　このほかに，国際収支表には債務免除や道路といった資本形成の援助などを含む資本移転等収支と統計上の誤差を調整する誤差脱漏があります。誤差脱漏は，経常収支＋資本移転等収支－金融収支＋誤差脱漏＝0 が成り立つように計算されます。

レッスン2.10　名目 GDP と実質 GDP

名目 GDP と実質 GDP の考え方

　国民経済計算の表示の仕方には 2 つの方法があります。すなわち名目表示と実

コラム2.4	日本の対内直接投資

　日本の対内直接投資は，かつては対外直接投資と比べてはるかに低い額でした。この低さは海外から日本の閉鎖性の象徴と映り，対日批判につながっていました。しかし，1990年代後半から，不況の長期化により経営難に陥った企業が外国資本を受け入れたことなどにより，徐々に対内直接投資は増加しました。また，政府も「対内直接投資の拡大は，経営ノウハウや技術，人材などの外国企業の高度な経営資源が流入することにより，生産性の向上や雇用の創出に資するもの」との考えから，対内直接投資の推進に向ける取り組みを行うなどしていますが，リーマンショック後はやや減少傾向にあったものの，近年にかけては対内直接投資は増加しています。

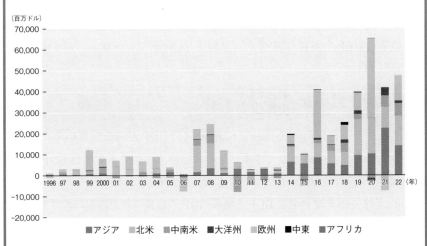

日本の国・地域別対内直接投資（国際収支ベース，ネット，フロー）
（出所）　日本貿易振興機構（JETRO）『直接投資統計』

質表示です。たとえば GDP についてみると，名目 GDP と実質 GDP の 2 つの表示方法があります。

名目 GDP というのは，一定時期における 1 国全体の総生産額を，その時点の市場価格で評価したものです。たとえば 1970 年の名目 GDP は約 73 兆円であるのに対し，2021 年の名目 GDP は約 550 兆円と，37 年間で 7.5 倍になっています。しかし，この 51 年間にわが国の生産量が実質的に 7.5 倍になったかというと必ずしもそうではありません。

名目 GDP は，価格×数量で表示されていますから，価格が上昇しただけでも増加することがあります。つまりこのような名目 GDP の増加は，必ずしも経済全体の生産活動の上昇を意味しません。このため経済の実質的な生産活動を示すものとして実質 GDP という概念があります。これは，ある特定の時点における価格で評価した GDP です。表 2.2 では，名目値と実質値について例を用いて説明しています。

GDP デフレータ

この名目 GDP を実質 GDP で割った値を GDP デフレータといいます。GDP デフレータは，

$$GDP \, デフレータ = \frac{名目 \, GDP}{実質 \, GDP} \times 100$$

で表されます。基準時点では名目 GDP と実質 GDP が一致しているために，GDP デフレータは 100 となります。その後物価上昇によって名目 GDP が実質 GDP より上昇すれば GDP デフレータも上昇します。

図 2.17 は，65 年間の名目 GDP と実質 GDP の成長率（対前年の伸び率）をとったものです。これをみると，1990 年頃までは名目 GDP の伸び率が実質 GDP の伸び率を上回っていることがわかるでしょう。これは物価が上昇したため（これをインフレーションと呼びます），数量的な増加以上に名目価額が上昇したことを意味しています。

たとえば 1974 年は，石油危機により石油価格だけでなく多くの財・サービス価格が激しく上昇したため，名目 GDP 成長率は 20％以上になりましたが，物価上昇分を除いた実質 GDP 成長率でみると，第 2 次世界大戦後初のマイナス成長

表2.2　名目値と実質値の例

暦　年	生産台数	価　額	名 目 額	実 質 額
2015 年	100 台	100 万円	1 億円	1 億円
2020 年	100 台	150 万円	1 億 5,000 万円	1 億円

　たとえば 2015 年に 1 台 100 万円であった自動車の価格が 2020 年には 1 台 150 万円に上昇したとします。2020 年における自動車の生産台数は 2015 年と同じく 100 台とすると，2020 年の名目的な自動車生産額は 1 億 5,000 万円ですが，2015 年価格で評価した 2020 年の自動車の実質生産額は 1 億円になります。

　2015 年から 2020 年にかけて，名目の自動車生産額は 50％増加しますが，実質ではまったく増加していないことになります。実際自動車の生産台数は増加していないので，実質の生産額が生産活動の実態をよく表していることになります。

　実質 GDP もこれと同様の計算を行います。基準となる時点は，2015 年，2020 年と 5 年ごとに改訂されます。

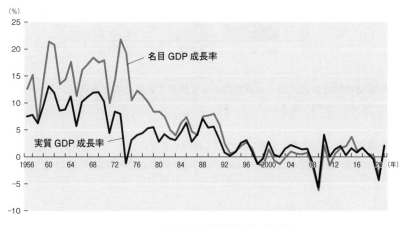

図 2.17　名目および実質 GDP 成長率

（出所）　内閣府経済社会総合研究所『国民経済計算年報』
（注）　1955 年から 1979 年までは『1998 年度国民経済計算（1990 基準・68SNA）』の値を，
　　　　1980 年から 1994 年までは『2009 年度国民経済計算（2000 年基準・93SNA）』の値を，
　　　　1995 年以降は『2021 年度国民経済計算（2015 年基準・2008SNA）』の値を利用している。

となっているのです。また 1990 年以降は，これまでとは逆に，円高によって安価な輸入品が増えたり，不況でモノが売れなくなったりして物価が持続的に低下（これをデフレーションと呼びます）しています。このため，実質 GDP 成長率が名目 GDP 成長率を上回る現象が起きています。

■■■■ レッスン 2 演習問題 ■■■■

1. 下図をみて，国内総生産がいくらになるかを計算しなさい。

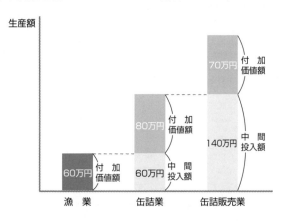

2. 総固定資本形成がどのような項目によって構成されているかを示し，それぞれの項目について，説明しなさい。

3. 国民経済計算の三面等価の意味について説明しなさい。

経済成長を考える **3**

：何が経済規模を大きくするのか

マクロ経済学の課題：経済成長論と景気循環論

　レッスン2では，マクロ経済学が扱う重要な変数であるGDPが，どのように計測されるかについて詳しくみました。そこでわかるように，GDPは常に一定の水準に止まっているわけではなく，時間とともに絶えず変化しています。図3.1のように，GDPの時間の変化をみると，GDPは波のような形を描きながら徐々にその規模を大きくさせていくのが普通です。マクロ経済学の中心的な課題は，このGDPの時間を通じた変化を理解し，その要因について考察することにあります。通常，マクロ経済学では，GDPの時間的変化を波の形をした趨勢的な傾向と循環的な変化の方向とに分けて分析します。そして前者を経済成長，後者を景気循環と呼んでいます。本レッスンでは，まず経済成長について説明し，景気循環についてはレッスン5以降で詳しく説明します。

長い歴史を持つ経済成長論

　経済成長論は，古くから多くの著名な経済学者の研究対象でした。経済学の祖アダム・スミス（Adam Smith）の『国富論』は，どのように経済システムを作れば国を豊かにすることができるのかという問題意識から書かれています。またスミスと同時代（18世紀後半）のマルサス（Thomas R. Malthus）という経済学者も人口の増加に対して，十分な経済成長が達成できるかどうかという問題を考えました。

　1940年代には，シュンペーター（Joseph A. Schumpeter）が，経済成長における技術革新の重要性を強調しました。そして1960年代には，第2次世界大戦後における先進国の経済成長を受けて，様々な経済成長のモデルが発表されました。一方，開発途上国が貧しい状態から脱して，豊かな経済状況へと転換するためにどのような方策が必要かということが，経済発展論として論じられました。1980年代半ばから最近まで起きている，経済成長論への関心は，こうした過去の研究蓄積に基づいて，経済環境の変化に対応した新しい問題を解明することに向けら

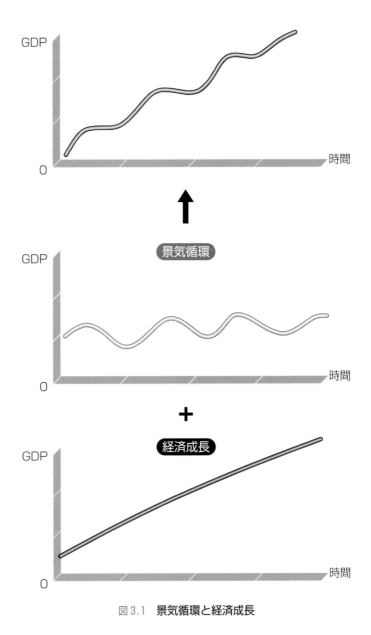

図3.1　景気循環と経済成長

れています。

20 世紀の日本の経済成長

　経済成長論の分析対象の第一は，長期にわたる国の経済規模の趨勢的な変化です。景気循環論が，比較的短期間（2，3 年から 10 年程度）の実質 GDP の増減を対象とするのに対し，経済成長論は，より長期間（10 年から 100 年程度）における実質 GDP の趨勢的な増加または減少を取り扱います。

　たとえば，日本の長期にわたる経済成長を考えてみましょう。図3.2 は，明治時代からの日本の経済成長です。19 世紀の終わりにあたる 1900 年の日本のGDP は，24.1 億円で，一方，図中にはありませんが，20 世紀も終わりに近づいた 1999 年の GDP は，528 兆円です。したがって約 1 世紀の間に，日本経済の規模は，22 万倍に増加したことになります。もっとも，この 1 世紀の間に物価も相当上昇しています。したがって物価の上昇を除いた実質の経済規模は，46 倍（年率 3.9％増）になっています。

　しかし経済規模が大きくなるだけで，本当に人々の生活が豊かになっているといえるでしょうか。たとえば中国は 2010 年に日本の GDP 水準を抜き，今や世界第 2 位の経済大国となっていますが，現在（2023 年 9 月時点）の中国の人口は約 14 億人ですから，1 人当たりの GDP（国民所得）は，日本を 100 とすると30 程度で，**レッスン 2** でみた 1 人当たりの国民所得の上位に顔を出すことはありません（図3.3）。したがって国の豊かさということを考える場合は，その国の 1 人当たり国民所得がどれだけ増えているか，また，どれだけの水準に達したかということも考える必要があります。このため，経済成長論では**レッスン 2** で学んだ三面等価を使って 1 人当たりの GDP の長期的変化ということにも着目します。ちなみに日本の場合，1 人当たりの実質 GDP は，1900 年から 1999 年までの 100 年間で約 15.5 倍（年率 2.8％増）になっています。

　一方，米国の経済成長をみると，1899 年から 1999 年までの 100 年間にわたる米国の実質経済成長率は，年率 3.2％で，約 24 倍に増加したことがわかります。また 1 人当たりの所得も 1899 年がわずか 4,200 ドル弱であったのに対し，1999年は 33,740 ドルと，実に 8 倍（年率 2.1％増）となっています。

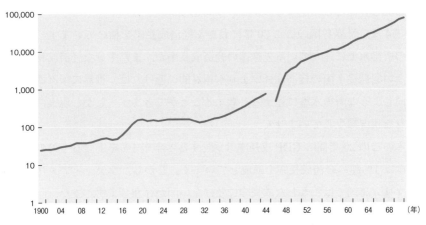

図 3.2　**日本の名目GDPの推移（対数表示）**

（出所）　長期経済統計データベース（LTES）
　　　　　LTES は，近代日本経済の歴史統計を，国民経済の計算体系に即しつつ経済活動の諸分
　　　　　野にわたって推計，加工して体系的に集成した『長期経済統計』（大川一司・篠原三代平
　　　　　・梅村又次監修，東洋経済新報社，1965-1988 年）のデータベースである。

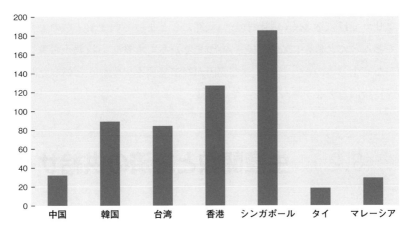

図 3.3　**2021 年の 1 人当たり GDP（国民所得）（名目・US ドル，日本＝100）**
（出所）　IMF *World Economic Outlook*

経済成長の格差

経済成長論の分析対象の第二は，なぜ世界の国々で経済成長率が異なり，豊かな国と貧しい国との差がつくのかという問題です。

図3.4は，世界各国のここ20年にわたる経済成長率を描いています。すでに一定の所得水準に達している先進国の経済成長率が，まだ十分な経済成長を遂げていない開発途上国の経済成長率よりも相対的に低ければ，世界の国々はいずれほぼ同じような所得水準に達すると考えることができます。しかし現実には，そのような状況は生じていません。

日本のこの20年間のGDP成長率は平均すると年率1％を下回るものの，他の先進国は1％超の経済成長率を達成しています。しかし，ラテン・アメリカ諸国やアフリカ諸国ではこうした成長率に及ばない国が存在します。また，同じ開発途上国の中でも，1980年代の後半からシンガポールや韓国など多くのアジア諸国は飛躍的な成長を遂げ，韓国は1996年に先進国経済の国々で構成されているOECD（Organization for Economic Co-operation and Development）に加盟し，名実ともに先進国の仲間入りをしています。図3.3の1人当たりGDP（国民所得）でみるとシンガポールや香港はすでに日本の水準を超え，台湾や韓国も日本の水準に迫るなど，成長のスピードが著しい状態です。しかしラテン・アメリカやアフリカでは依然多くの国が貧しい状態にとどまっています。このように国によってどんどんと豊かになる国と，いつまでたっても貧しい状態から脱しきれない国がなぜ生じるのか，どのような要因が経済発展を促すのかといった問題は，経済成長論の重要なテーマとなっています。

レッスン 3.2　生産関数と経済の供給サイド

生産関数の考え方

実質GDPが持続的に成長するということは，経済全体の生産活動が時間を経るに従って増加することを意味します。したがって経済成長の要因を探るためには，まず経済学で生産活動をどのように捉えているかを理解する必要があります。

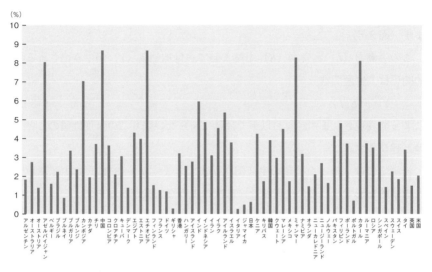

図3.4 **2000-2021年 GDP成長率（年率）**
（出所）世界銀行 *World Development Indicators*

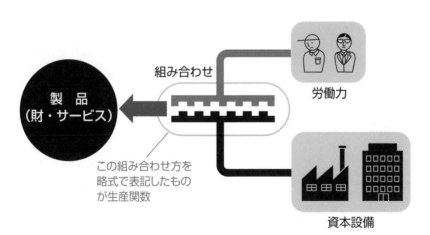

図3.5 **生産関数の考え方**

経済全体の生産活動は，個別の企業の生産活動の集積として捉えることができます。経済学では，生産から中間投入を除いた付加価値は，労働力と資本（機械や建物などの資本設備）という2つの生産要素によって生み出されると考えています（図3.5）。

　この労働力（L）と資本（K）を投入して，付加価値（Y）が生み出される技術的関係は，生産関数

$$Y = F(K, L) \tag{3-1}$$

によって表現されます。なお以下では特に断らない限りこの付加価値のことを生産と呼びます。

　経済学では，様々な種類の生産関数が出てきますが，(3-1)式の生産関数が最も標準的な形です。この生産関数には次のような特徴があります。

生産関数の特徴

　第一に，労働力と資本，いずれかの生産要素を増加させると，生産も増加します。また両方の生産要素を同じ倍率だけ増加させると，生産も等倍増加します。つまり，労働力と資本をそれぞれ従来の2倍ずつ投入すると，生産も2倍になるのです。これを生産関数の1次同次性と呼びます。1次同次性は，

$$aY = F(aK, aL) \tag{3-2}$$

と表現できます。第二に，一方の生産要素をそのままにして，もう一方の生産要素を増加させても，生産は増加します。これは，いま労働力の増分をΔL，それに対応する生産の増加分をΔYとすると，

$$\frac{\Delta Y}{\Delta L} > 0 \tag{3-3}$$

と表すことができます。(3-3)式の左辺は，労働の限界生産力といい，(3-3)式は労働の限界生産力が正になることを示しています。

　第三に，この労働の限界生産力は，労働力の投入量を増加させる毎に，徐々に減少していきます。これは資本量が一定であるため，労働量を増加させたとしても生産効率が落ちてしまい，生産が十分に増加しないためです。たとえば表3.1のように，いま100台の機械と1,000人の労働力で，月に1万台の自動車を生産しているとしましょう。このとき，機械の台数は一定で，労働力を1,000人増や

表3.1　労働力，資本の投入と生産量

1 労働力が増加するケース

生産量	労働力	機械一定	1,000人当たりの生産量の増加	1人当たりの生産量の増加
1万台	1,000人	100台	1万台	10台
1万8,000台	2,000人	100台	8,000台	8台
2万3,000台	3,000人	100台	5,000台	5台

2 機械が増加するケース

生産量	労働力一定	機械	100台当たりの生産量の増加	1台当たりの生産量の増加
1万台	1,000人	100台	1万台	100台
1万8,000台	1,000人	200台	8,000台	80台
2万3,000台	1,000人	300台	5,000台	50台

した場合，自動車の生産台数は8,000台増加します。つまり，労働者は2倍になったのですが，生産量は1.8倍の増加に止まります。さらに労働者を1,000人増やした場合を考えてみましょう。このとき自動車の生産台数は5,000台しか増加しません。つまり労働者1,000人の増加に対する自動車生産台数の増加は8,000台から5,000台に減少しているのです。これが労働者の増加に伴う労働の限界生産力の減少です。標準的な生産関数は，労働の限界生産力の低下を想定しています。これを労働の限界生産力逓減または労働の収穫逓減の法則と呼んでいます。

いま，労働投入量を横軸に，生産量を縦軸に書くと，資本量一定の下で，労働投入量を増やしていったときの生産量の増加の軌跡は，図3.6のように描くことができます。この軌跡は，資本量一定の下での生産関数（労働投入量と生産量の技術的関係）になります。労働投入量の増加に伴い生産量は増加しますから，生産関数は右上方へと伸びていきますが，その伸び具合は徐々に減少していきます。これは労働の限界生産力逓減によるものです。このような生産関数を上方に凸な生産関数と呼びます。

なお，労働力に関する上記の特徴は，そのまま，資本についてもあてはまります。すなわち，労働力が一定で，資本が増加する場合，資本の限界生産力は正ですが，資本が増加するにつれて，その限界生産力は逓減していきます。

第四に，同一の生産量を達成する労働力と資本の組み合わせは，一通りではなく，多数あります。先ほどの表3.1の例でいえば，1万台の生産を達成する労働力と資本の組み合わせは，労働者1,000人と機械100台だけではなく，労働者500人と機械250台でもよく，また労働者2,500人と機械50台でもよいという考え方です。すなわち労働力が少なくて資本が多い生産方法と，労働力が多くて資本が少ない生産方法のどちらを選んでもよいことになります。このように，一定の生産量を達成するために複数の生産要素の組み合わせがあることを生産要素の代替性といいます。

等量曲線の形状

図3.7は，一定の生産量を達成する労働力と資本の組み合わせを，1つの曲線で表したものです。この曲線は，等量曲線と呼びます。等量曲線は，原点に対して凸の形状をしています。これはそれぞれの限界生産力が逓減するために，一方

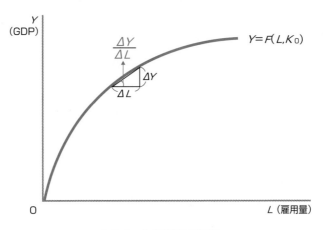

図3.6　生産関数の形状

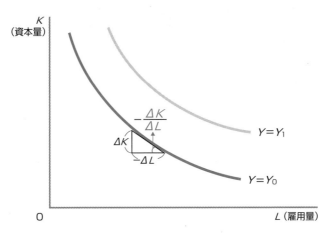

図3.7　等量曲線の形状

の生産要素をどんどん減らしていくと，生産を維持するために必要なもう一方の生産要素の増加分が，どんどんと多くなることを意味しています。いま労働力の減少分（$-\Delta L$）に対する資本の増加分（ΔK）は，$-\Delta K/\Delta L$で表されますが，等量曲線が原点に対して凸になるということは，この$-\Delta K/\Delta L$が，労働力が減少していくたびに小さくなることを意味します。

　それでは，多数の労働力と資本の組み合わせの中から，どの組み合わせが選ばれるのでしょうか。この問題は，労働者を雇用する際の賃金と，資本を利用する際の費用（これを資本の使用者費用（**レッスン8**の資本コストと同じ概念です）と呼びます）との比率に依存します。資本の使用者費用は，資本を購入する際に，銀行等から借り入れた借入金の利子率を実質化した実質利子率と，資本の減耗分に対応する減価償却費の和で構成されます。この賃金と資本の使用者費用の比率をとり，賃金の方が上昇すれば，労働者の採用を抑制し，よりコストの低い資本を生産のために利用することになります。逆に資本の使用者費用が高くなれば，より労働者を雇用して，資本の利用を抑制します。

レッスン3.3　経済成長論の基本形

ソローの経済成長モデル

　現在議論されている様々な経済成長論は，MITのロバート・ソロー教授が1956年に発表した経済成長モデルを起点としています。そこで，まずこのソローの経済成長モデルをみていきましょう。

　ソローの経済成長モデルは，1人当たりGDPの成長がどのようになるかを考えます。先ほどの生産関数の1次同次性を利用すると，1人当たりGDP（y）は，

$$y = \frac{Y}{L} = F\left(\frac{K}{L}, 1\right) = f(k) \tag{3-4}$$

と表すことができます。(3-4)式は，(3-1)式の両辺を$1/L$倍した（または(3-2)式のaを$1/L$と置き換えた）と考えることができます。ここで，kは1人当たりの資本量（資本・労働比率）です。kとyの関係も先ほどの労働力と生産の関係

　ソローの経済成長モデルについて，本文では人口の成長を明示的に考えることはしませんでした。しかし，経済が成長するような長い期間では，人口も成長します。そのような場合は，人口の増加分だけ1人当たりの設備台数は少なくなります。どれだけ少なくなるかというと人口の成長分に見合った設備分が1人当たりの貯蓄から控除されることになります。

　たとえば，人口が1万人の国で，1人当たり3台エアコンを保有しており，その国の住民は皆等しいだけのエアコンを保有するとしましょう。いま，1人当たりさらに3台分のエアコンを購入できる資金があります。もし人口が増えなければ1人当たり6台エアコンを保有できますが，もし人口が1,000人増えたとすると，まず3,000台は増加した人口が保有するエアコン分にあてられます。そして残りの2万7,000台（=3台×1万人-3,000台）を1万1,000人で割った台数が1人当たりのエアコンの増加分になるのです。

　このエアコンを機械に置き換えて考えて下さい。人口増に対応する機械の増加分は，

$$\Delta L(人口増) \times \frac{K}{L}(1人当たりの機械の台数)$$

ですから，機械の純増分は

$$sf(k)L - \Delta L \frac{K}{L} = \Delta K \tag{1}$$

となります。(1)式を人口 L で割って1人当たりに直すと，

$$sf(k)L - nk = \Delta k \tag{2}$$

となります（$n = \Delta L/L$（労働力の増加率），$k = K/L$（資本・労働比率））。(2)式は，78頁の（3-5）式に，人口増に伴う機械保有分を調整した式です。この（2）式が，ソローの経済成長モデルにおける基本的な式となります。

と同様，k が増加すれば y も増えますが，その増え方は徐々に減少していきます。

　さて，人々は所得の一部を消費に回すと考えます。すなわち1人当たりGDPが400万円であれば，そのうちの何割かを消費して残りを貯蓄に回すのです。この所得の中から貯蓄に回す比率（すなわち貯蓄率）を s としましょう。貯蓄・投資バランスのところで学んだように，貯蓄は，国内の投資に使われた後は，海外へと流出します。しかしここでは海外部門は考えないことにして，貯蓄資金はすべて国内の投資に使われると考えましょう。国内の投資は，設備の増加を意味しますから，ここでは資本の増加 ΔK と捉えることができます。そしてもし人口が一定であれば，ΔK は Δk と置き換えることができます。したがって，

$$sy = sf(k) = \Delta k \tag{3-5}$$

となります。

経済成長の長期的状態（定常状態）

　以上の設定の下で，ソローの経済成長モデルは，図3.8のように表すことができます。もし貯蓄が人口増に対応する設備の増加分を上回って余りあるならば，1国全体の1人当たりの設備保有数は増加していきます。図3.8からわかるように，1人当たりの設備保有数の増加（nk）は，1人当たりのGDP（または所得）の増加をもたらします。簡単にいえば，資本の増加は，所得の増加をもたらし，その所得の増加が，貯蓄を経て資本の増加をもたらすのです。

　こうして1国全体が豊かになっていくわけですが，この好循環は永遠に続くわけではありません。生産関数のところで議論したように資本の増加に伴う生産（すなわち所得）の増分は，資本量が増加するに伴って減少していきます。したがって資本の増加による所得（$f(k)$），ひいては貯蓄の増加（$sf(k)$）も徐々に少なくなり，人口増に対応する設備分の貯蓄しか生み出されない状況が起きてきます。最終的には，$\Delta k = 0$ となって，それ以上に1人当たりの資本は増加しないことになります。こうした状態を定常状態と呼んでいます。図3.9で示す E 点がこの定常状態にあたります。

　逆に貯蓄が少ない場合も経済は E 点に行き着きます。いま経済が E 点より右側にあった場合を考えてみましょう。そうすると，当期の貯蓄だけでは，人口増に対応した設備を賄うことができません。したがって，既存の設備を新たな人々

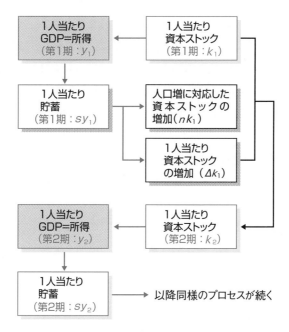

図 3.8　経済成長の仕組み

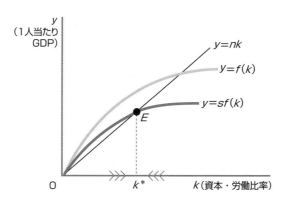

図 3.9　ソローの経済成長モデルにおける定常状態

に譲り，経済全体としては1人当たりの設備を減らしています。そうすると，設備の収益性は増加し，人々の貯蓄も増え，徐々に1人当たりの設備の減少に歯止めがかかります。そして最後には経済は E 点に行き着きます。

このように経済はどこから出発しても，E 点に収束することになります。これは1人当たりの資本量が一定になるというだけではありません。1人当たりの資本量と1人当たりの GDP も1対1で対応していますから，長い時間をかければ，1人当たりの所得もある一定の水準に落ち着くことを意味しています。

ソローの経済成長モデルの現実妥当性

このソローの経済成長モデルを現実の経済成長にあてはめて考えるとどのようになるでしょうか。最初に k が少ない状況を考えると，これは人口が多いにもかかわらず十分な設備がない状態を示しています。このときは，設備投資をして収益をあげる機会も多いため，資本の蓄積が所得の増加を生み，そしてまた資本が増加するという状況が生じます。このため，資本の増加率は高く，それとともに経済成長率も高くなります。しかし徐々に資本の増加率および経済成長率は低下し，最後には人口成長率と同じだけの経済成長率となります（この状態で，1人当たりの GDP は一定となります）。

第2次世界大戦後の日本を考えると，戦後まもなくの 1950 年代から 70 年代初めまでは 10% 前後の高度成長が続きました。これは第2次世界大戦によって設備のほとんどを失い，6,000 万人の人口を抱える経済から出発したからです。そして石油危機後は，4% 台の成長へと低下し，さらに 90 年代に入ってからは平均して 1% 台，2000 年以降は 1% 未満の成長率へと落ちています。こうした日本経済の経緯をみると，ソローの経済成長モデルは妥当しているようにみえます。

レッスン3.4　成長会計

経済成長の要因分解

それでは，先進国のように長く資本蓄積を続けた国は，必然的に経済成長が低

コラム 3.2　世界全体ではソローの経済成長モデルは妥当するか

　開発途上国も含めた多数の国で，ソローの経済成長モデルが妥当しているのでしょうか。下図は，先進国および開発途上国を合わせた 89 ヶ国の 1980 年から 97 年までの経済成長率を描いたものです。横軸に 1 人当たりの GDP をとり，縦軸に 1 人当たりの GDP 成長率（1980 年から 97 年までの平均年率）をとっています。

　もしソローの経済成長モデルが正しければ，1 人当たりの GDP が低い国ほどその後の成長率が高くなるはずです。そして，1 人当たりの GDP が高い国は，その後の成長率が低くなるはずですから，下図の中の点は，ほぼ右下がりの直線のまわりに位置していなくてはなりません。

　しかしながら，一見してわかるように，1980 年の GDP が低く貧しい国でも，その後の成長率が高い国もあれば，マイナス成長を続けた国もあります。こうしたことから，世界中のすべての国が長期間を経れば一定所得水準に収束するというソローの議論は成立していないとみられます。

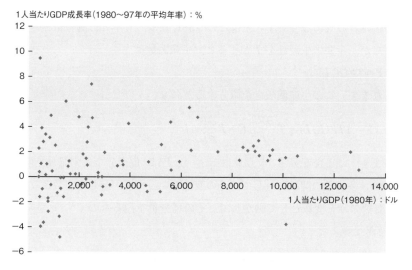

1人当たりGDP（1980年）と1人当たり経済成長率
（出所）　世界銀行　*World Development Indicators*

下していくのでしょうか。米国や英国の例をみると，そうともいえないようです。表3.2をみると，1980年から95年までの米国の経済成長率は3％でしたが，その後も2005年までは3％程度の成長を維持しています。また英国やフランスでは1996年から2005年までの方が，経済成長率が上昇しています。このような現象を説明する要因として，一般には，90年代に入ってから起きた情報通信技術（Information and Communication Technology，ICT技術と呼ばれる）を中心とした技術革新が挙げられます（図3.10）。

　ソローの経済成長モデルを説明する際は，労働力と資本によって経済全体の成長力を考えていましたが，さらに技術進歩を経済成長の要因として考えることができます。技術進歩は，後に詳しく説明する全要素生産性（Total Factor Productivity，略してTFP）の向上という形で経済成長に貢献します。

全要素生産性と先進国の成長会計

　レッスン4で詳しく説明しますが，生産性というのは産出量と投入量の比率で表されます。全要素生産性の場合は，投入量が複数ある生産要素の生産過程への投入の組み合わせになります。先ほどの（3-1）式は，資本と労働の組み合わせだけでしたが，全要素生産性を T とすると，生産関数は，

$$Y = TF(K, L) \tag{3-6}$$

で表されます。この生産関数を全微分すると，

$$\Delta Y = \Delta TF(K, L) + T\frac{\partial F}{\partial K}\Delta K + T\frac{\partial F}{\partial L}\Delta L \tag{3-7}$$

となります。ここで記号 ∂（ラウンドディー）とは，偏微分を表す記号です。（偏微分とは，多変数の関数に対して，その変数をいったん固定して定数とみなし，1つの変数のみを変数として動かして，その増分量を測るものです。）さらに（3-7）式を Y で割ると，

$$\frac{\Delta Y}{Y} = \frac{\Delta TF(K, L)}{Y} + T\frac{\partial F}{\partial K}\frac{\Delta K}{Y} + T\frac{\partial F}{\partial L}\frac{\Delta L}{Y} = \frac{\Delta T}{T} + \frac{RK}{PY}\frac{\Delta K}{K} + \frac{WL}{PY}\frac{\Delta L}{L} \tag{3-8}$$

となります。完全競争，1次同次の生産関数，生産者の利潤最大化を仮定すると，企業は，生産要素（資本と労働）の限界生産物の価値が，その生産要素に対する支払いと等しくなるところまで，その生産要素を需要します。すなわち，生産関

表3.2 先進諸国の成長会計

(%)

国 名	GDP成長率	労働投入の寄与	資本投入の寄与	技術進歩の寄与
1980-95				
日本	3.8	0.4	1.9	1.5
ドイツ	1.9	−0.2	1.2	0.8
フランス	1.8	−0.1	0.7	1.2
英国	2.5	−0.2	1.2	1.5
イタリア	1.9	0.2	0.9	0.9
米国	3.3	1.1	1.4	0.8
1996-2005				
日本	1.12	0.11	0.65	0.36
ドイツ	1.38	−0.08	0.55	0.91
フランス	2.28	0.72	0.48	1.08
英国	2.61	0.84	1.16	0.61
イタリア	1.45	0.75	0.80	−0.10
米国	3.35	0.83	1.24	1.28
2006-2018				
日本	0.47	0.16	0.09	0.28
ドイツ	1.57	0.54	0.41	0.74
フランス	1.15	0.79	0.29	0.51
英国	1.46	0.76	0.57	0.34
イタリア	0.01	0.33	0.14	−0.31
米国	1.58	0.63	0.77	0.66

（出所）EU KLEMS & INTANProd - Release 2023

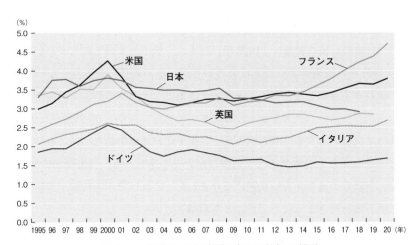

図3.10 先進国のICT投資（GDP比）の推移
（注）ここでのICT投資は以下を含む。
　　I_IT　Computing equipment
　　I_CT　Communications equipment
　　I_Soft_DB　Computer software and databases

数 (3-6)式の下で，P を生産量 Y の価格，R を資本コスト，W を賃金率とすると，R/P および W/P は，資本，労働の限界生産力に等しくなります。このように変形した (3-8)式の最右辺の第 2 項の RK/PY，第 3 項の WL/PY は，それぞれ資本分配率（分母の付加価値 PY に対する資本の対価の支払い分 RK が占める比率），労働分配率（分母の付加価値 PY に対する賃金支払い分 WL が占める比率）になりますから，結果的に (3-8)式は，

> 経済成長率＝技術進歩率
> 　　　　　　＋労働力の貢献度（労働力の伸び率×労働分配率）
> 　　　　　　＋資本の貢献度（資本の伸び率×資本分配率）

で表されます。このように経済成長率を要因分解して，どの要因が最も経済成長に貢献したかを考える分析を成長会計と呼んでいます。成長会計の詳しい考え方は，**レッスン 4** で説明します。

先進国の成長会計

　それでは実際に先進国の成長会計をみてみましょう。表 3.2 は 1980 年から 2018 年までの先進国の経済成長率を，1995 年，2005 年を境とした 3 つの期間に分けて，労働投入，資本投入，そして技術進歩の寄与で分解しています。これをみると，日本の経済成長率は，1995 年以降大きく低下していることがわかります。80 年代の日本は技術進歩や資本投入の寄与が，経済成長の牽引役となって比較的高い成長率を達成しました。ちょうどこの頃は，半導体の製造が活発化し，マイクロ・エレクトロニクス革命と呼ばれていました。しかし 90 年代から 2000 年代にかけて成長率は大きく落ち込みます。少子化が進み労働力の伸びも低下しましたが，それよりも資本ストックの伸びが大きく落ち込み，技術進歩率は 0.3％とほとんど技術の進歩がない状態になりました。これは日本の技術が世界の先進国から引き離されるようになったことを示唆しています。

　一方，日本以外の先進国は，イタリアを除いて日本ほど大きな経済成長率の低下はみられません。この背景としては，労働力が一定の増加を示していることもありますが，技術進歩率が日本を上回っていることが大きな要因として考えられます。また米国は先進国の中では 2006 年以降も比較的高い GDP 成長率を維持していますが，技術進歩率と同程度に，旺盛な設備投資による資本の蓄積が経済

コラム 3.3　経済成長論と経済発展論

　GDP の長期的な動向を対象とする分野は，経済成長論の他に経済発展論という分野があります。両者は，分析ツールはさほど異ならないにもかかわらず，1970年代までは異なった分野であるとみなされていました。すなわち，経済成長論は，先進国の持続的な経済成長を対象とし，マクロ経済学の一分野とみなされていました。一方，経済発展論は開発途上国の経済発展を対象としていました。そこでは経済成長論があまり取り扱わない工業化の問題などが重視されていました。現在でも経済発展論（または開発経済論）を独立した講座として開講している大学は多くありますし，独立した教科書が刊行されています。

　しかし 1980 年代以降両者の差は，急速に薄れてきました。一つには東アジア諸国のように急速な経済成長を遂げて，開発途上国から先進国入り，または先進国並みの経済水準に達する国や地域が多く出てきたことです。これによって先進国と開発途上国の境界線が曖昧になってしまいました。

　いま一つは経済データの整備です。1960 年代には独立したばかりの開発途上国が多く，先進国と同種の経済データをそろえて分析することは不可能でした。しかし，80 年代になると，十分な経済データがそろうようになり，開発途上国を含めた上で，共通の経済成長の要因を分析することが可能になったのです。

　このため，現在のマクロ経済学では，かつては経済成長論で議論していた事柄も含めて経済成長の問題を扱っています。一方，経済発展論の分野では，より詳細な調査によりミクロレベルのデータを収集し，教育や医療を受け，貧困状態から脱することができるかという研究が進んでいます。こうした問題について興味がある方は，2019 年にノーベル経済学賞を受賞したアヴィジット・バナジー MIT 教授とエスター・デュフロ MIT 教授の『貧乏人の経済学——もういちど貧困問題を根っこから考える』山形浩生訳，みすず書房，2012 年を読んでみて下さい。

成長を支えてきました。2006年以降の米国における資本の成長が経済全体の成長に及ぼす割合は，5割程度ありますが，日本は2割程度と設備投資の停滞による資本の寄与の低下が目立っています。

レッスン3.5　内生的経済成長理論

人的資本の役割

　さてレッスン3.4で，経済成長率は技術進歩によって変化するということを学びました。それでは，技術進歩率自身は，どのような要因によって決まるのでしょうか。この問題は，1980年代半ばからの経済成長論の大きなテーマとなりました。それまでの経済成長論が技術進歩を経済の体系外から与えられる，いわば外生的なものと考えていたのに対し，新しい経済成長論は，技術進歩の決定要因も経済内の変数によって決まると考えるため，内生的経済成長理論と呼ばれています。

　内生的経済成長理論のポイントは，労働力や資本以外の何が経済成長の要因となるかを探ることにありますが，理論面では，宇沢弘文教授（Hirohumi Uzawa），ルーカス教授（Robert E. Lucas），ポール・ローマー教授（Paul Romer）らが人的資本の役割を強調した成長理論モデルを提示しました。これまでは，どの労働者も生産に対する能力は皆等しいと考えられてきました。しかし個々の労働者は，それまでに習得した教育内容や技能内容によって，生産への貢献度が違っているはずです。通常，高度な専門教育を受けた人が多いほど，先端技術を取り入れやすくなり，また新しい技術革新を起こしやすいと考えられます。このため1国の労働者の知的水準や技能水準を表す指標を人的資本と呼んでいます。1990年代に入ってから，バロー教授（Robert J. Barro），マンキュー教授（N. Gregory Mankiw），デビッド・ローマー教授（David Romer），ワイル教授（David N. Weil）らによって，この教育水準を考慮した経済変数が，どの程度各国の経済成長率に影響するかという研究が進められました。

　さらに最近では，この人的資本に影響を与える要因を探る研究もなされています。たとえば，政府教育支出のGDP比率や貿易，所得分配，民族の多様性など

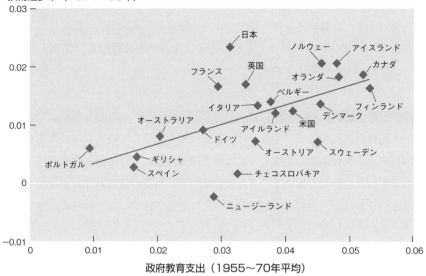

技術進歩率（1971〜90年）

図 3.11　**各段階ごとの政府教育支出と技術進歩**
（出所）　外谷英樹「高等教育は経済成長を促進させるか──OECD 諸国のケース」『オイコノミカ』名古屋市立大学経済学会，1997 年

| コラム 3.4 | 国際的な経済データの取得方法について |

　世界各国の経済成長に興味があったときに，どこから経済データをとってくればよいのでしょうか。

　まず米国の主要な統計データは，毎年 1 月に大統領経済諮問委員会が，最近の経済動向を報告する『大統領経済報告』（Economic Report of the President，日本の『経済財政白書』に相当します）の巻末についている統計集が便利です。それより最近の経済データを知りたい場合は，商務省が毎月出している Survey of Current Business に主要データが載っています（これは商務省のホームページからでもとることができます）。

　先進諸国の経済データは，OECD が主要経済データだけでなく各分野にわたる経済統計集を出しています。また金融を中心としたデータを集めたい場合は，国際通貨基金（International Monetary Fund：IMF）が出している International Financial Statistics が便利です。

　またアジア諸国の経済状況と経済データを知りたければ，内閣府が毎年報告している『アジア経済白書』が便利です。

が，人的資本に影響を与える要因としてあげられています。図3.11は，先進国の政府教育支出の GDP 比率（横軸）と全要素生産性上昇率（縦軸）との関係を描いています。これをみると，緩やかながら政府教育支出が高い国では，全要素生産性の上昇率（TFP 上昇率）も高くなる（すなわち技術進歩率が高くなる）という関係がみられるようです。

技術知識の蓄積：AK モデル

内生的経済成長理論で，もう一つ大きな役割を果たしているのは技術進歩です。この技術進歩を促進する要素としては研究開発投資による技術知識の蓄積があげられます。また新しく投資を行った設備に，その時期の最新の知識が反映されているという意味で，技術進歩が設備量（K）に依存しているという考え方もできます。このように考えると，(3-6)式は，

$$Y = T(K)F(K, L) \tag{3-9}$$

と変形することができます。ここで，労働力（L）は一定とし，設備投資による技術進歩が，その設備の増加に伴う生産力の逓減を補完すると考えると，(3-9)式は，

$$Y = AK \tag{3-10}$$

のように書くことができます。ここで A は資本の限界生産性ですが，逓減しない一定の値をとります。(3-10)式で表される生産関数は，AK モデルといわれ，資本の増加と比例的に GDP が増加することになります。このため，ソローの経済成長モデルのような，資本の増加に伴う経済成長率の減少は生じません。

さて技術知識の源泉となる研究開発投資ですが，日本の研究費は，1971年の1.3兆円から2019年には18兆円へと，10倍以上に増加しています。GDP 比でみると3.5％で，主要先進国中で韓国に次ぐ2番目の比率となっています（図3.12）。

また近年，情報通信技術投資（ICT 投資）が，生産性上昇の要因になるという議論が行われています。繰り返しになりますが，2000年の米国大統領経済報告は，ICT 投資が90年代後半の経済成長を促進したと述べています。ICT 投資とは，複写機やコンピュータ，プリンタなどのコンピュータ周辺機器，光ファイバーや携帯電話の基地局などの通信機器，そしてソフトウエアなどを指します。米国で

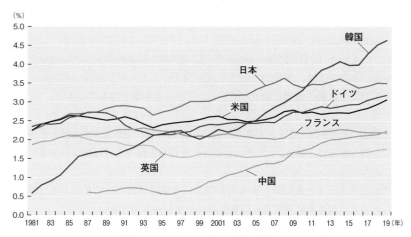

図3.12　**主要国における研究開発費の対GDP比の推移**
（出所）　EU KLEMS & INTANPROD

<table>
<tr><td>コラム3.5</td><td>経済成長と生産性に関する参考文献</td></tr>
</table>

　ここでは**レッスン3**と**レッスン4**の理解を深めるための参考文献をまとめてあげておきます。経済成長に関しては，多くのマクロ経済学の教科書に書かれているので，読み比べていただければよいと思います。経済成長論は**レッスン3.5**で紹介した内生的経済成長理論の登場で，より技術革新の役割を重要視するようになりました。この内生的経済成長理論の発展に寄与したフィリップ・アギヨンコレージュ・ド・フランス教授が書いた『創造的破壊の力：資本主義を改革する22世紀の国富論』（セリーヌ・アントニンとサイモン・ブネルとの共著，村井章子訳，東洋経済新報社，2022年）は，内生的経済成長理論の経済的意味の技術革新の重要性をわかりやすく説明しています。

　米国経済の歴史は，生産性向上の歴史ともいえます。南北戦争以降ほぼ1世紀以上にわたって，生産性の上昇率は1.5％以上を記録し，20世紀の半ばには3％近くに達しています。ノースウエスタン大学のロバート・ゴードン教授は，『アメリカ経済　成長の終焉　上・下』（訳書の書名には成長の終焉と書かれていますが，原題を正確に訳すと勃興と低迷のアメリカ経済になります）（高遠裕子・山岡由美訳，日経BP社，2018年）で，この1世紀以上にわたる期間における米国経済の成長の過程を生き生きと描いています。**レッスン4**では，生産性の概念を簡単に説明しますが，生産性向上の要因も含めてより詳しく理解したい方には，宮川努『生産性とは何か──日本経済の活力を問いなおす』ちくま新書，2018年をお読み下さい。

は 90 年代末に，これらの投資が全体の半分近くにまで増加しました。

▓▓▓▓▓ レッスン 3　演習問題 ▓▓▓▓▓

1. 資本量が一定のとき，労働力の投入を増やしていくと，本レッスンで学んだ生産関数の下では生産量の増加は減少していく。このことを何と呼んでいるか。

2. いま GDP 成長率が 1.5％とする。労働力投入の伸びが 0.5％，資本投入の伸びが 2％で労働分配率が 70％になっているとき，全要素生産性の伸び率はいくらになるか。

3. 経済を成長させるためには，資本と労働という生産要素の他にどのような要因が考えられるか。内生的経済成長理論を参考にしながら答えなさい。

生産性向上策の考え方

：経済的な豊かさを伸ばしていく

4

経済成長は追求できるのか

　レッスン 3 では，日本の GDP 成長率が 1990 年以降停滞していることを学びました。また，GDP 成長率を資本の寄与，労働の寄与，技術進歩率に分解する成長会計という手法を用いて確認してみると，日本は設備投資が停滞したことによる資本の寄与の低下と同時に，技術進歩率の低迷が，低成長の要因であることがわかりました。

　さらに今後は人口が急速に減少することが予想され，このような国で経済成長ができるのかという疑問がわいてきます。実際レッスン 3 の（3-1)式や（3-6)式に従えば，労働投入量が減少すればマクロの付加価値の総量である GDP の減少は避けられません。図 4.1 をみてもわかるように，日本の人口は今後間違いなく減少していきます。一方で私たちは，レッスン 3 の最初で経済的豊かさと経済規模は必ずしも同じではないということを学びました。レッスン 3 で説明したソローの経済成長モデルは 1 人当たりの GDP を経済的豊かさの指標として，それがどれだけ伸びるかということを説明したものです。レッスン 2 の図 2.11 の 1 人当たり GDP をみると 2021 年時点で，日本より 1 人当たり GDP が多くて，人口の多い国は米国ただ 1 つです。第 3 版の執筆時点（2023 年）では 2023 年にもドイツが日本の（一人当たりではなく，国全体の）GDP を抜くといわれていますが，2021 年のドイツの人口は 8,000 万人台で，日本の 2/3 に過ぎません。こう考えると，日本はまだまだ工夫次第では 1 人当たりの GDP を増加させることが可能です。

　それでは，どのような方法で 1 人当たりの GDP を増加させていけばよいのでしょうか。そのヒントは，レッスン 3 で学んだ成長会計にあります。成長会計は，労働，資本，技術の 3 つの要素が長期的な経済成長を実現するというものでしたが，人口減少により労働は増えませんので，労働を除いた要素を伸ばしていけばよいことになります。本レッスンでは，この労働以外の要素で 1 人当たりの GDP をどのようにして伸ばしていくということを考えたいと思います。なお，以下では人口の動きと労働者の動きはほぼ同じと考えて労働者 1 人当たり GDP

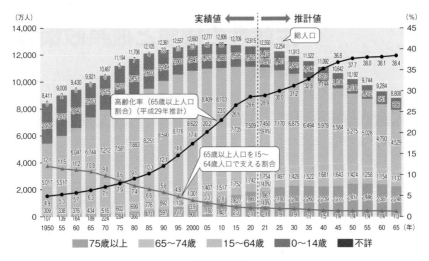

図 4.1　**生産年齢人口の図**
（出所）内閣府『令和 4 年版高齢社会白書』

コラム 4.1　　生産性データベース

　レッスン 1 では，主要なマクロ変数のデータをどのように取得するかについて説明しましたが，生産性については，本レッスンで説明したように，産出物（または付加価値）と資本，労働などの生産要素のデータを集めなくては計算できません。こうしたデータを集めて，1 つのデータベースにしたものが生産性データベースです。こうしたデータベースは，政府や中央銀行の生産性向上策の検討に用いられるだけでなく，大学院生や学生の論文作成にも広く活用されています。

　そのような生産性データベースとして，日本についての JIP データベースと EU 諸国についての EU KLEMS データベースがあります。次の**コラム 4.2** では，この 2 つのデータベースについて紹介します。

を1人当たりGDPと考えていきます。これは後に述べる労働生産性と同じ概念です。

レッスン4.2　生産性の概念と成長政策の目標

1人当たりGDPの上昇要因

　レッスン3でも学んだマクロの生産関数を思い出して下さい。図4.2は縦軸にGDP，横軸に労働投入量をとった生産関数です。いまY_1で生産が行われているとすると，労働者1人当たりGDPというのは，原点からAまでを結んだ直線の傾きになります。労働投入量を増やすことでもY（GDP）を増やすことができます。（たとえば，Y_1からY_2への変化で示されます。）しかし，労働の限界生産性は逓減していくので，GDPの増分は労働が増加するにつれて減少していきます。このため1人当たりのGDP（原点とBを結んだ直線の傾き）は低下してしまいます。

　したがって1人当たりのGDPをY_1の点以上に増やすためには，生産関数が上方にシフトする必要があります。いまたとえば，生産関数がシフトして，生産量がY_1からY_3へシフトしたとしましょう。このとき，原点からCを結んだ直線の傾きはY_1だけ生産している場合より急になりますので，1人当たりGDPは上昇していることになります。それでは，生産関数のシフトはどのようにして起きるのでしょうか。これには2つのケースが考えられます。一つは図4.2では一定としていた資本が増加したケース（KからK'への変化）です。もう一つは，レッスン3で学んだ全要素生産性，すなわち技術水準の変化（TからT'への変化）です。つまり1人当たりのGDPの増加のためには資本や技術水準の増加，上昇が必要なのです。

　このことは，レッスン3で学んだ生産関数を使うことでも示すことができます。レッスン3の（3-6）式は1次同次の生産関数ですから，この両辺をLで割っても等式は成り立ちます。つまり

$$\frac{Y}{L} = T\left(\frac{K}{L}\right) \tag{4-1}$$

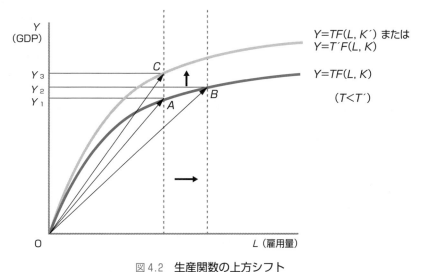

図 4.2　生産関数の上方シフト

> ### コラム 4.2　JIP データベースと EU KLEMS データベース
>
> **〈JIP データベース（URL: https://www.rieti.go.jp/jp/database/jip.html）〉**
>
> 　経済産業研究所（RIETI）の「産業・企業生産性」プロジェクトと一橋大学のグローバル COE プログラム「社会科学の高度統計・実証分析拠点構築」により，日本の経済成長と産業構造変化を分析するための基礎資料である，日本産業生産性データベース（Japan Industrial Productivity Database，以下では JIP と略記）の改訂と更新が進められています。JIP データベースは，各部門別に全要素生産性（TFP）を推計するために必要な，資本サービス投入指数と資本コスト，質を考慮した労働投入指数と労働コスト，名目および実質の生産・中間投入，TFP の上昇率を計算した成長会計の結果，などの年次データから構成されています。
>
> **〈EU KLEMS データベース（URL: https://euklems-intanprod-llee.luiss.it/）〉**
>
> 　EU 諸国の産業別 TFP を計測するためのデータベースを整備しています。JIP データベースのデータを再編加工して EU KLEMS プロジェクトにデータを提供しています。JIP と EU KLEMS で部門分類が異なる場合，適宜統合したり，産業連関表による産出額比率で按分したり，アクティビティーベースを産業ベースに変換したりして，部門分類を調整しています。また，EU KLEMS では，各国から提出された投資フローをベースに資本ストックを独自に推計しています。

となります（右辺の（ ）内には1が入りますが，定数ですので右辺には影響を与えないと考え省略しています）。この（4-1）式の左辺は1人当たりのGDPですから，1人当たりのGDPを増やすためには，右辺の全要素生産性（T）または1人当たりの資本量（K/L）が増えなくてはならないということがわかります。

成長政策の目標の一つとしての生産性向上策

　生産関数を上方にシフトさせ，1人当たりGDPを伸ばす政策を成長政策と呼びます。成長政策の目標の一つは，生産性向上策です。ここで，生産性とは何か，生産性を向上させるための手段は何があるのかについて考えていきます。

　生産性とは，アウトプット（産出）÷インプット（投入）の関係を表す指標であり，効率性を測る指標として利用されています。生産性指標としては，労働生産性（Labor Productivity）や全要素生産性（Total Factor Productivity: TFP）があります。一般に生産性というと，指標を作成する際の簡便性から，労働生産性が多く利用されます。労働生産性とは，労働者1人当たりで生み出す成果，あるいは労働者が1時間で生み出す成果を指標化したもので，

> 労働生産性＝（アウトプット（付加価値額または生産量など））
> 　　　　　　÷（インプット（労働投入量（労働者数または労働者数
> 　　　　　　　×労働時間）））

として表されます。つまり，労働者がどれだけ効率的に成果を生み出したかを示す指標であり，労働者の能力，技術の向上やそうした技術改善への努力，経営効率の改善などによって向上します。この概念は，企業レベルや産業レベルだけでなく1国や1地域全体の集計レベルでも計算できます。したがって1国または1地域のGDPを労働投入量で割った1人当たりGDPは，1国または1地域当たりの労働生産性と同じになります。

　また，労働生産性には主として2つの種類があり，アウトプットに付加価値（一国レベルではGDP）をおく「付加価値労働生産性」と，アウトプットに生産量や実質売上高などをおく「物的労働生産性」があります。国レベルの労働生産性を測る場合などは，GDPをアウトプットとするために付加価値労働生産性が多く用いられています。

　1980 年代後半のバブルが崩壊して以降，日本の生産性上昇率が低迷したといわれてきました が，実は欧米の先進国も 2010 年代に入って生産性が低迷しています。下表は，Ian Goldin, Panteris Koutroumpis, Francois Lafond and Julian Winkler (2022) "Why is Productivity Slowdown?" *Institute for New Economic Thinking* の表 1 に示された労働生産性の動きです。 これをみると，欧米先進国は 1990 年代後半から 2000 年代前半の期間に比べ，2000 年代後 半から 2010 年代にかけての労働生産性上昇率が大きく低下していることがわかります。日 本の低下幅は，欧米先進国よりも小さいくらいです。もっともこれは，日本がすでに 1990 年代に労働生産性を低下させていたことも影響しています。下表の最後の列には，2000 年 代後半から 2010 年代にかけて労働生産性が低下したことによる，1 人当たり所得がどれだ け失われたか（つまりそれまでの 10 年間と同じだけ労働生産性が増えなかったために起き た所得の損失分）が書かれています。これをみると，2010 年代の所得の 10%から 20%が失 われたことがわかります。よく日本では「失われた 30 年」といったような言葉が使われま すが，この最後の列に示された値が，労働生産性の低下によって具体的に失われた金額にな るのです。

　なぜ労働生産性が変化するかは左頁本文を読んでいただきたいのですが，こうした労働生 産性の低下は，2010 年代に大きく進歩した AI や Uber などのプラットフォーム・ビジネス の勃興からみて，統計がこうした最先端の技術革新をうまく捉えられていないのではないか との批判もあります。実際，ICT 革命が起きる前の 1980 年代後半には，米国で PC はすで に普及していたのですが，米国の生産性上昇率は鈍いままでした。1987 年にノーベル経済 学賞を受賞したロバート・ソロー教授は，同年のニューヨーク・タイムズに寄稿して，PC は至るところでみられるのに，経済統計にはその効果が反映されていないと述べました。こ うした技術革新が生産性に反映されるまでのラグがあることを「生産性パラドックス」と呼 んでいます。

先進国における労働生産性の低下

	労働生産性上昇率（年率）		低下幅	1 人当たり GDP（2017 年）	失われた 1 人 当たり GDP（国民所得）
	1996-2005	2006-2017			
フランス	1.65%	0.66%	0.99%	€ 30,512	€ 3,836
ドイツ	1.85	0.91	0.94	€ 35,217	€ 4,203
日本	1.68	0.85	0.83	¥4,155,243	¥356,944
英国	2.21	0.45	1.76	£27,487	£6,443
米国	2.62	1.00	1.62	$59,015	$12,610

（出所）　Goldin, Koutroumpis, Lafond and Winkler (2022)
（注）　日本だけは 2015 年までの値

労働生産性の要因分解

表4.1には，日本の労働生産性成長率と資本・労働比率成長率の推移（年率平均）が示されています。日本の労働生産性成長率は1975年からバブル経済が崩壊する1990年までは3%程度で上昇していました。1990年以降は平均すると1.5%程度と成長率が鈍化していることがわかります。一方，資本・労働比率の推移はどうでしょうか。資本・労働比率の水準自体は，データを確認すると1970年レベルと比べると2012年では5.5倍程度になっています。これは，生産のための要素投入が，労働から機械に代替されていることを示しています。また，資本・労働比率の成長率も，1995年ごろまでは高い伸びを示していますが，1995年以降は労働生産性同様に成長率が鈍化しています。

全要素生産性の伸び

先ほど，労働生産性，あるいは国の豊かさの指標である1人当たりGDPを成長させるためには，技術進歩（T）の増加，つまりはTFPの上昇が重要であることを示しました。ここで，日本のTFP成長率の推移をみてみましょう。**レッスン3**の表3.2には，1980年以降の日本のマクロの成長会計の結果が示されています。TFP成長率の寄与をみてみると，1980年から2018年の間で最も高かったのは1980年から15年の間で1.5%でした。1996年以降は1%を下回る低成長であったことがわかります。

こうした，TFPは何によって影響されるのでしょうか。**レッスン3.5**では，新しい経済成長理論として，技術の成長要因を経済内の変数によって説明しようとする内生的経済成長理論を学びました。そこでは，労働者の技能や知識を表す人的資本の蓄積や研究開発投資による技術の蓄積，情報化投資の増大が技術進歩に重要であることが説明されています。

TFPに影響を与えるその他の要因としては，市場の競争環境があげられます。様々な規制を撤廃し，自由な競争が保持される高質な市場を形成すること，具体的には小さくても新しい技術を持った企業が市場に参入することや，効率性の悪い企業が市場から退出することも，国全体の生産性成長に寄与すると考えられます。図4.3は規制指標と産業別のTFP成長率の関係が示されています。横軸の規制指標が小さいほど，市場が競争的な状態と考えられます。この図からも，規

表4.1　日本における労働生産性成長率と資本・労働比率成長率の関係

	1975〜1980	1980〜1985	1985〜1990	1990〜1995	1995〜2000	2000〜2005	2005〜2012 (%)
労働生産性成長率	3.31	2.61	3.72	1.64	2.03	2.42	0.75
資本・労働比率成長率	5.28	4.26	4.51	4.55	3.39	1.62	0.50

（出所）　JIP2015データベース

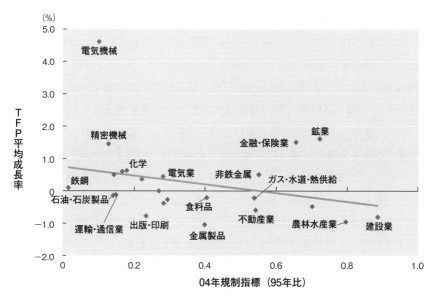

図4.3　産業別規制指標とTFP成長率の関係
（出所）　内閣府『構造改革評価報告書6』
（注）　規制指標の値が0の分野を除いた（95年時点および04年時点）。

制が強い産業ほど TFP 成長率の伸びが小さくなっていることがわかります。

　機械化といった労働から資本への代替は，経済が高度化している国々にとっては，限界があります。そのため，1 人当たり GDP を成長させるためには，TFP の向上が必要不可欠です。このような場合，政府の政策としては規制撤廃の他，新規産業の育成（参入の促進）や，教育制度の改革，技術を促進させるような企業に対する税制改革などが，技術向上のための政策として期待されます。

レッスン 4.3　成長政策の歴史

　それでは，ここからは具体的にどのような生産性向上策があるかをみていきましょう。まず過去の日本の成長政策についてみていきましょう。本レッスンでは 1 人当たりの GDP の伸びまたは生産性の向上を考えていますが，1980 年代くらいまでの日本は経済規模の拡大を主眼としていました。表 4.2 には日本の経済計画一覧が示されています。1955（昭和 30）年の鳩山一郎内閣での経済自立 5 カ年計画や，1960（昭和 35）年の池田勇人内閣での所得倍増計画，近年では 2002（平成 14）年の小泉純一郎内閣における構造改革がよく知られています。

　計画の目的をみると，戦後の日本の経済計画では，生活水準の向上や完全雇用といった目的が掲げられていました。当時は企業やそこで働く従業員も売上拡大，規模拡大を目的として生産活動を行っていました。その後，日本が堅調な成長を遂げると，福祉や環境への配慮を目的とした安心できる社会を目指す政策にかわってきました。経済が発展していくにつれ，企業も規模拡大から効率性向上へ目的を変えていったと考えられます。バブル経済崩壊以降，日本は失われた 10 年，15 年と呼ばれる経済停滞に突入しました。その後の経済計画では，経済の活力を取り戻すための経済構造改革を柱とした長期安定的成長を目指す政策が掲げられています。

　それでは，他国はどのような成長戦略をとってきているのでしょうか。先進諸国で安定的な経済成長を維持している米国と，近年急成長を遂げた中国について考察します。米国では 1970 年代後半以降，規制緩和政策，税制改革（キャピタ

表4.2 日本の経済計画一覧

名　称	策定年月	策定時内閣	計画期間（年度）	計画の目的
経済自立5ヵ年計画	昭30.12	鳩山	昭和31〜35	経済の自立
				完全雇用
新長期経済計画	昭32.12	岸	昭和33〜37	極大成長
				生活水準向上
				完全雇用
所得倍増計画	昭35.12	池田	昭和36〜45	極大成長
				生活水準向上
				完全雇用
中期経済計画	昭40.1	佐藤	昭和39〜43	ひずみ是正
経済社会発展計画：40年代への挑戦	昭42.3	佐藤	昭和42〜46	均衡がとれ充実した経済社会への発展
新経済社会発展計画	昭45.5	佐藤	昭和45〜50	均衡がとれた経済発展を通じる住みよい日本の建設
経済社会基本計画：活力ある福祉社会のために	昭48.2	田中	昭和48〜52	国民福祉の充実と国際協調の推進の同時達成
昭和50年代前期経済計画：安定した社会を目指して	昭51.5	三木	昭和51〜55	我が国経済の安定的発展と充実した国民生活の実現
新経済社会7ヵ年計画	昭54.8	大平	昭和54〜60	安定した成長軌道への移行
				国民生活の質的充実
				国際経済社会発展への貢献
1980年代経済社会の展望と指針	昭58.8	中曽根	昭和58〜平成2	平和で安定的な国際関係の形成
				活力ある経済社会の形成
				安心で豊かな国民生活の形成
世界とともに生きる日本：経済運営5ヵ年計画	昭63.5	竹下	昭和63〜平成4	大幅な対外不均衡の是正と世界への貢献
				豊かさを実感できる国民生活の実現
				地域経済社会の均衡ある発展
生活大国5か年計画：地球社会との共存をめざして	平4.6	宮澤	平成4〜8	生活大国への変革
				地球社会との共存
				発展基盤の整備
構造改革のための経済社会計画：活力ある経済・安心できるくらし	平7.12	村山	平成7〜12	自由で活力ある経済社会の創造
				豊かで安心できる経済社会の創造
				地球社会への参画
経済社会のあるべき姿と経済新生の政策方針	平11.7	小渕	平成11〜22	多様な知恵の社会の形成
				少子・高齢社会，人口減少社会への備え
				環境との調和
構造改革と経済財政の中期展望	平14.1	小泉	平成14〜18（5ヵ年）	活力に溢れる民間部門と簡素で効率的な政府
日本経済の進路と戦略	平19.1	安倍	平成19〜23（5ヵ年）	成長力の強化
				再チャレンジ可能な社会
				健全で安心できる社会
				21世紀にふさわしい行財政システム
経済財政の中長期方針と10年展望	平21.1	麻生	平成21〜30（10年間）	「不安の連鎖」の阻止
				「安心」の強化と責任財政の確立
				潮流変化を先取りする成長戦略による「強く明るい日本」の実現
新成長戦略〜「元気な日本」復活のシナリオ	平成22.6	菅	平成21〜2020	新成長戦略ー「強い経済」「強い財政」「強い社会保障」の実現

（出所）　内閣府『経済財政政策関係公表資料』，経済審議会『日本の経済計画一覧』
　　　　経済財政の展望・経済財政運営の中長期的な方針等より一部追加
　　　　https://warp.da.ndl.go.jp/info:ndljp/pid/11684678/www5.cao.go.jp/keizai2/keizai-syakai/tyuu-tyoki.html

ル・ゲイン税率の引き下げ，課税ベースの拡大と法人および個人所得の最高税率引き下げ）が行われてきました。米国における代表的な規制緩和の事例は1978年の航空規制緩和，1981年の石油業の価格統制解除，1996年の放送業界の垣根を撤廃した連邦通信法の制定などがあげられます。

　こうした規制緩和政策により，企業の参入・退出が活性化し，経済の新陳代謝能力が高まったと考えられます。さらに，キャピタル・ゲイン減税や法人税減税政策は，起業のインセンティブを高め，市場への参入を増やし，競争を高める効果があります。こうした税制改革は，経済主体の投資（貯蓄）を促し，米国の持続的経済成長に寄与してきました。また最近米国ではバイデン政権の下で，新しい供給サイドの政策（New Supply Side Policy）が唱えられるようになりました。実は1980年代のレーガン政権の際も，1970年代からの生産性低下に対応するために供給サイドの政策が実施され，投資促進のための大胆な税制改革が行われたのですが，バイデン政権で財務長官を務めるジャネット・イエレン（Janet L. Yellen）氏によれば，新しい供給サイドの経済政策では，民間資本だけでなく社会資本や教育・福祉の基盤整備などの幅広い資本の増強を考えています。

　次に，近年成長が目覚ましい中国の成長政策を概観してみましょう。中国では国内改革および対外開放を目指す改革・開放政策が時期を分けて実施されてきました。第一段階として，1970年代後半から80年代前半にかけては，農民の経営自主権の保証，生産請負制の導入等，農村経済体制の改革が実施されました。1980年代後半にかけては，国の各種の統制を緩めて都市の経済自由化を促進し経済発展を図る経済体制改革が行われました。1987年以降は，大連，青島，上海など14都市が対象となり，沿海部主要都市を外資に開放し，経済技術開発区の建設を決定するなど，対外開放政策が掲げられました。近年では私有財産法の確立，国内企業と外資企業の所得税率の格差是正，関税率の引き下げなども行われています。このような政策は，外資企業の参入を促進させ，市場をより競争的な環境に向かわせることで，経済成長を押し上げる効果があったと考えられます。2008年にはオリンピックを誘致し，2010年には上海万博を開催するなど，世界において，最も成長の目覚ましい国です。そして，2010年代にはこうした中央政府主導型の成長政策を続けGDPは米国と肩を並べるまでになっています。

コラム 4.4	日本，米国，中国の経済成長率の推移

　レッスン4.3では，日本，米国，中国の成長政策の歴史を概観しました。下図には，各国の実質GDP成長率の推移が示されています。日本は1990年以降，GDP成長率が低下傾向にあるのに対し，米国はリーマン・ショックやコロナショック時にはマイナス成長を経験したものの，長期にわたり，持続的な成長を遂げているようにみえます。中国は，日本や米国といった先進国と比べてGDP成長率がかなり高い水準にあることがわかります。中国は，**レッスン3**で学んだソローの経済成長モデルでいうと定常状態に向かう過程であると考えられます。ただし，2010年以降成長率が鈍化しているようにもみえるため，ソローの経済成長モデルのフレームワークでは，1人当たり資本ストックが徐々に蓄積されて，成長のスピードが緩やかになってきていると考えることもできます。

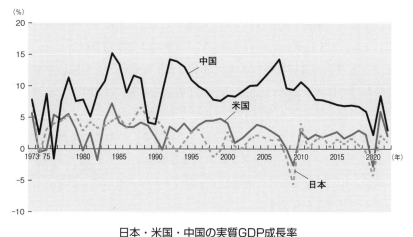

日本・米国・中国の実質GDP成長率
（出所）世界銀行　*DataBank　World Development Indicators*

表4.2の2000年代以降の政府の経済計画をみても，小泉内閣の活力に溢れる民間部門と簡素で効率的な政府を目標にした構造改革や，少子・高齢社会，人口減少社会への備えとしての成長戦略が掲げられていることがわかります。

経済全体の生産性を向上させる政策は，大きく2つに分けることができます。一つは，技術進歩を促進して全要素生産性を上昇させる方法です。もう一つは，すべての企業が技術革新に取り組むのではなく，生産性の高い企業や産業が経済全体でのシェアを高めることで，経済全体の生産性が向上していくことです。実際には（4-1）式にみられるように，全体として資本蓄積を進め，1人当たりの資本を増加させることも考えられますが，ここでは一般的な資本ではなく，全要素生産性の向上にもつながるような資本の蓄積を考えます。なお一般的に資本を増加させるための政策としては法人税減税があげられます。

まず，全要素生産性を上昇させていく投資として，ICT投資と研究開発投資を考えましょう。ICT投資というのはコンピュータのような情報機器と通信機器，そしてソフトウエア投資を指します。日本のICT投資は，先進国の中ではそれほど低いわけではありません。しかし，ICT投資を有効に活用するためには，人材の育成や組織変革なども行う必要があります（図4.4）。しかしながら日本の場合は，21世紀に入ってからの人材投資（訓練投資）や組織改革投資はマイナスの伸びになっています（**レッスン8**の表8.3参照）。こうしたアンバランスな投資政策が，ICT投資を有効に活用して生産性を向上させることができない原因になっていると考えられます。

もう一つの方策は，生産性の高い産業や企業ができるだけ活躍できる環境づくりを行うことです。通常新規参入企業は，生産性が高いために初期の設立費用を支払ってでも市場へ参入しようと考えます。このため新規参入企業の活性化は生産性向上にとって重要な政策課題です。図4.5は日本企業の開業率（参入率）・廃業率（退出率）の推移です。日本の企業の開業率は，1980年代頃から低下傾向にありましたが，2010年代半ば以降はやや上昇しています。廃業率は2002年

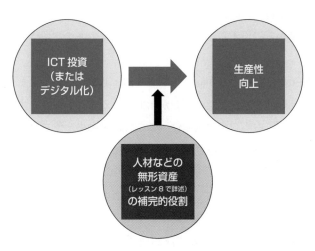

図 4.4　デジタル化，無形資産投資と生産性向上

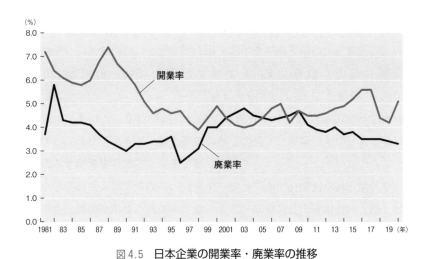

図 4.5　日本企業の開業率・廃業率の推移

（出所）　中小企業庁『2022 年版中小企業白書』第 1-1-36 図　開業率・廃業率の推移

頃から低下しています。開業率や廃業率を国際比較したのが図4.6です。この図から日本は諸先進国よりも開業率も廃業率も低いことがわかります。つまり，日本においては，生産性の高い企業が市場に参入することで，あるいは，生産性の低い企業が市場から退出することでの生産性向上は，あまり期待できないことがわかります。

　また日本の生産性がなかなか向上しない要因として，中小企業が大企業よりも生産性が低いという生産性格差の問題が指摘されることもあります。図4.7には大企業と中堅企業，中小企業の生産性（ここでは労働生産性）水準が比較されていますが，特に製造業や情報通信業などにおいて企業規模間の生産性格差が大きいことがわかります。日本は企業数でみると99％以上が中小企業で，米国と比べても中小企業の割合が多い国です。また労働者の7割は中小企業で働いています。そのため，中小企業の生産性を向上させることが日本全体の生産性向上のために重要となります。近年，政府，特に中小企業庁は，中小企業の生産性を向上させるために様々な政策を実施しています。中小企業対策関連予算をみても，生産性革命推進事業，事業再構築補助金，IT導入補助金，ものづくり補助金など中小企業の生産性向上を継続的に支援するための政策に巨額の資金が投入されています。レッスン0でも紹介しましたが，こうした支援策が実際に中小企業の生産性向上に役立ったのかを適切な手法を用いて分析し，次の政策につなげるという，証拠に基づく政策立案，いわゆるEBPM（Evidence-Based Policy Making）を推進していく必要があります。

　これまで研究開発投資やICT投資など様々な投資の組み合わせや生産性の高い企業が参入しやすい環境づくりのための政策を述べてきましたが，この他にも既存企業の成長（たとえば，ニーズに合わせて生産する製品を転換する製品転換など）や労働市場を流動化することで，生産性の高い企業に人が移動しやすくすること，新しい技術を十分に生かせるような人の技能の蓄積や組織の変革，様々な状況にある労働者が能力を発揮できるような働き方を提供する働き方改革なども重要な生産性向上策であるといえます。

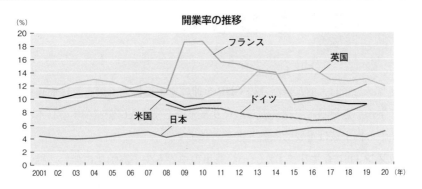

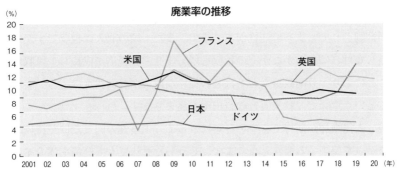

図 4.6　**先進各国の開業率と廃業率**
（出所）　中小企業庁『2017 年版中小企業白書』および『2022 年版中小企業白書』

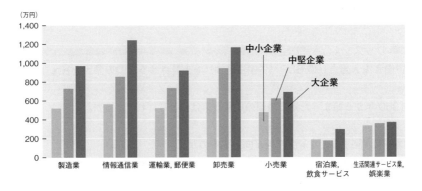

図 4.7　**企業規模間生産性格差**
（出所）　中小企業庁『2022 年版中小企業白書』第 1-1-74 図　企業規模別・業種別の労働生産性
（注）　ここでいう大企業とは資本金 10 億円以上，中堅企業とは資本金 1 億円以上 10 億円未
　　　　満，中小企業とは資本金 1 億円未満とする。

おわりに

　本レッスンでは，1人当たりのGDPを伸ばす生産性向上策または成長政策について学んできました。繰り返しになりますが，今後人口が減少する日本でも依然生産性の向上策は重要であると考えられます。

　レッスン11でも学びますが，一般歳出の中でも少子高齢化に伴い，社会保障関連費の割合が増え，今後も増大していくことが予想されます。歳出全体を抑えるために，たとえば文教費などが削減されれば，研究や教育を通じた人的資本の蓄積が抑制されてしまう可能性があります。また，国の収入は税収ですが，経済が成長しなければ，なかなかその税収も増えません。経済が成長し，税収が増加することにより，分配政策などをはじめ様々な政策が経済状況に応じて実施可能になるという意味で，政策実行の自由度が高まります。

　今後，人口増加が期待できない日本にとって，生産性の向上だけが持続的な経済的豊かさを保証する要件となります。そうした意味でも，経済主体のインセンティブを理解し，長期的な経済成長経路に影響を与えるような政策の策定が必要不可欠です。

■■■■ レッスン4　演習問題 ■■■■

1. 労働者1人当たりのGDP（労働生産性）を上昇させる2つの要因を答えなさい。

2. 1960年から始まった池田内閣の成長政策は何と呼ばれているか。

3. 開業率が高まるとなぜ生産性が向上するのか。

景気循環の考え方

5

短期の経済循環

　レッスン1および**2**でみたように，マクロ経済学にとって重要な変数である GDP は，常に一定の水準にとどまっているわけではなく，時間とともに絶えず変化しています。**レッスン3**の図 3.1 のように，GDP の時間の変化をみると，GDP は波のような形を描きながら徐々にその規模を大きくさせていくのが普通です。**レッスン3**では，この GDP の変化のうち長期的な GDP の変化の方向，すなわち経済成長について学びました。これに対して本レッスンでは短期的な GDP の変動，すなわち景気循環について解説していきます。

　景気循環というのは，GDP がときには長期的な傾向を超えて増加したり，別の時期には長期的な傾向を下回って縮小したりする現象を指します。それでは現実に景気循環を特徴づける現象とは，どのような現象を指すのでしょうか。1980 年代後半の日本では，至るところで生産活動が活発化し，豪奢なビルが建設され，人々の所得は上昇しました。当時週末の盛り場では，終電後のタクシーをつかまえることは至難の技でした。しかしながら，その 10 年後の日本では，長い歴史を誇った名門企業が，次々と経営破綻または倒産によって姿を消していき，駅周辺には職のない人々の群れが目立つようになり，大学卒業者の就職率も低下するようになりました。週末の夜の盛り場では，空車のタクシーの列がみられるようになりました。

　このように経済はある時期には活発化し，別の時期にはその活動が収縮してしまいます。経済学では前者の時期を好況期と呼び，後者の時期を不況期と呼んでいます。19 世紀に入って産業革命が本格化し資本主義が浸透した時期から，経済はこの好況と不況を繰り返してきました。そしてこの好況と不況が交互に現れる現象を景気循環（Business Cycles）と呼んでいるのです。

　経済学の始祖といわれるアダム・スミスの『国富論』をあげるまでもなく，経済学者は古くから1国全体の経済活動に関心を向け続けてきました。しかしそうした関心が体系づけられ，マクロ経済学として成立するきっかけとなったのは，ケインズが1936年に出版した，『雇用・利子および貨幣の一般理論』（以下，『一般理論』）です。この『一般理論』は，1929年の米国における大恐慌を契機に世界中が不況に陥っていた状況で，なぜ不況で職を得られない失業者が増加するのかということを，それまでの伝統的な経済解釈（新古典派と呼びます）による説明ではなく，経済全体の需要不足という観点から説き明かした古典です。

　ケインズの議論は，その後大きく2つの学派に分かれていきます。一つは，ケインズの論点をわかりやすく要約したヒックス（John J. Hicks）のIS/LM分析をケインズのマクロ分析であるとするグループです。このグループは，米国を中心に広がりました。ケインズの考え方を現実の経済データを使って検証しうるようなモデルを作成したクライン（Lawrence R. Klein）やソロー，トービン（James Tobin）らが代表的な米国のケインジアンです。

　一方，イギリスでケインズの直接の教えを受けたカーン（Richard F. Kahn），ロビンソン（Joan V. Robinson），ハロッド（Roy F. Harrod）らは，米国のケインジアンとは一線を画した議論を展開しました。米国のケインジアンは，ケインズ的な経済状況が生じるのは，新古典派のモデルによって説明される完全雇用の世界の特殊ケースであると考えていました。しかし，イギリスのケインジアンたちは，こうした新古典派経済学が想定する完全雇用の世界については否定的でした。

アダム・スミス（1723-1790）　　　ケインズ（1883-1946）

景気変動を示す経済指標

潜在 GDP と GDP ギャップ

しかし現実の GDP の動きは，長期的な傾向と短期的な景気循環の動きが混在しているために，純粋に景気循環に対応した GDP の動きを知るためには工夫が必要です。こうした工夫の一つが GDP ギャップです。

GDP ギャップは，現実の GDP と潜在 GDP（Potential GDP）との差で表すことができます（図5.1）。具体的には，

GDP ギャップ（率）＝（現実の GDP－潜在 GDP）÷潜在 GDP

で計算されます。潜在 GDP は，自然 GDP とも呼ばれ，GDP の長期的な趨勢を表しています。現実の GDP が潜在 GDP を下回っているときには，生産に利用されていない余剰資本や余剰労働力が存在することを意味します。このとき上の式から GDP ギャップはマイナスの値をとります。そして現実の GDP が潜在 GDP を下回る度合いが大きいほど，不況が深刻化しているとみることができます。現実の GDP が潜在 GDP を上回っており，GDP ギャップがプラスになるような状況も考えられます。このときはもちろん好況ですが，景気は過熱気味です。人々は長時間残業するほど忙しい状況です。

図5.2 は，内閣府が推計した GDP ギャップの推移です。これをみると，GDP ギャップがプラスとマイナスを繰り返していて，好景気と不景気が次々に起きていることがわかります。1980 年代後半の日本経済は GDP ギャップが大幅なプラスで，景気が過熱していましたが，1990 年代に入ってバブルが崩壊すると，それ以降は GDP ギャップがマイナスの時期が多くなります。特に 2008 年 9 月に米国の大手証券会社のリーマン・ブラザーズの破綻をきっかけに起きた世界金融危機と 2020 年から始まった新型コロナウイルスの感染拡大に伴う不況では，GDP ギャップは大幅なマイナスを記録しています。一時的とはいえ，前者はマイナス 5％を後者はマイナス 10％を超える大幅なマイナスとなりました。

GDP ギャップをみる上で一つ注意してもらいたいのは，マイナスの GDP ギャップと景気後退とは一緒ではないということです。景気循環の中で景気回復期と

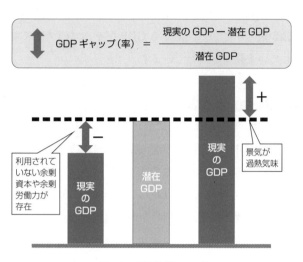

図 5.1　GDPギャップ

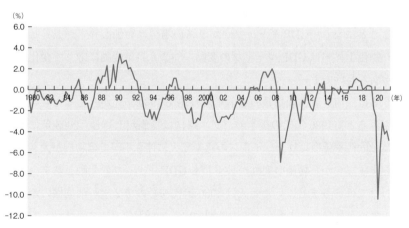

図 5.2　GDP ギャップの推移
（出所）　内閣府ホームページ

いうのは，GDP ギャップのマイナス幅が最も大きかった時点から始まり，GDP ギャップのマイナス幅が縮小し，さらにはプラスに転じていく期間を指します。したがって，景気後退期というのは GDP ギャップのプラス幅が最も大きい（またはマイナス幅が最も小さい）時点から GDP ギャップのプラス幅が縮小しマイナスへと移行していく期間を指しています。

物価上昇率の変動

　GDP ギャップは財・サービス市場における需給の不均衡を表しています。つまり，潜在（自然）GDP は 1 国の総供給能力を表しており，一方現実の GDP は財・サービスに対する経済全体の需要を表しています。このことから GDP ギャップを需給ギャップとも呼びます。レッスン 0 の図 0.5 で示したように，もし財・サービス市場で需要と供給が一致しなかった場合は，通常，財・サービスの価格，一般物価水準が変動します。つまり，総供給が総需要を上回れば，価格の上昇率（インフレ率）が下落し，総需要が総供給を上回れば，物価上昇率はさらに上がることになります。

　この考え方に従えば，GDP ギャップのマイナス幅が大きいということは，総供給に比して総需要が大きく不足していることを意味しますから物価上昇率は下落することになり，GDP ギャップがプラスの場合は物価上昇率が上昇します。つまり物価上昇率は GDP ギャップの変動，つまり景気変動に応じて変化する可能性があるわけです。

　図 5.3 は，消費者物価指数の対前年同月比を 1980 年代からとったものです。これをみると，1980 年代の後半のバブル期には物価が上昇し，2008 年に起きた世界金融危機や新型コロナウイルスの感染拡大に伴う不況では物価が大きく低落しています。しかし物価の変動が必ずしも GDP ギャップの変動と軌を一にしているわけではありません。たとえば 1980 年代初めの第 2 次石油危機の際は，物価は大きく上昇していますが，この時期は決して好況期ではありませんでした。

　物価の変動と GDP ギャップに代表される景気の変動が必ずしも一致しない理由は 2 つあります。一つは，潜在 GDP そのものが変動している場合です。GDP ギャップを考える際には，通常短期的に潜在 GDP は一定と考えています。しかし石油危機のように，生産サイドで供給制約が生じると，潜在 GDP そのものが

米国のケインジアンは，不完全雇用の世界はケインズ的世界で考え，完全雇用になれば，新古典派の経済法則が成立するという折衷的な考え方を持っていましたが，一方であらゆる経済状況が新古典派で説明できるという考えを持っているマクロ経済学派もいました。

マクロ経済学の分野におけるケインジアンに対する代表的な批判者は，シカゴ大学のミルトン・フリードマン（Milton Friedman）教授でした。フリードマン教授は，経済全体の変動は，基本的に貨幣供給量の変動で説明できるとするマネタリズムを展開しました。ケインジアンは，経済政策の手段として貨幣供給量を変化させる金融政策だけでなく，財政政策の有効性も認めていたため，マネタリズムとは意見が異なりました。

米国経済は1960年代に入ってインフレーション（継続的な物価の上昇）に悩まされるようになりましたが，米国でのケインズ経済学は，基本的に不況期を分析する手段として位置づけられていたため，インフレーションに対しては有効な回答を出すことができませんでした。このため貨幣供給量の抑制によってインフレーションを抑えるというフリードマンの主張が徐々に浸透するようになりました。

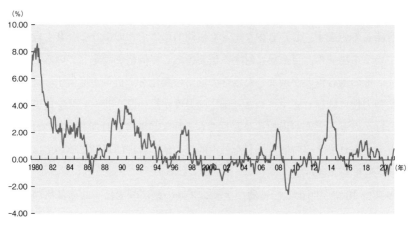

図5.3 **消費者物価指数（対前年同月比）の推移**
（出所） 総務省『消費者物価指数』
（注） グラフのデータは各年1月時点のもの。

変化することで，GDP ギャップが変動します。すなわち供給制約が生じて，潜在 GDP が低下すると，GDP ギャップは縮小しますが，必ずしも現実の GDP が増加しているわけではありません。この供給制約が短期的に解消するか長期にわたって続くかによって経済への影響は異なりますが，この点は**レッスン 10** の総供給ショックの部分で詳しく説明します。

　もう一つは短期的な価格の硬直性です。**レッスン 0** や本レッスンでは，価格は需給の差に応じてすぐに反応すると仮定していますが，短期的には価格は必ずしも伸縮的ではありません。たとえば，飲食店のメニューは，お客さんがたくさん入っている場合と，入っていない場合で価格が異なるかというとそうではありません。これは需要の変動に合わせてそのたびに価格を変えるとかえってコストがかかるからです（これを**メニュー・コスト**と呼んでいます）。もちろん最近では航空運賃や新幹線の料金などで，年末年始やお盆など移動のための需要が高まる際に高い料金が設定されることがあります。こうした値付けを**ダイナミック・プライシング**と呼んでおり，確かに需給変動に対応した価格付けではありますが，これは季節性によるものであり，マクロの需給を反映しているとはいえません。

　また**レッスン 3** でみたように，本書では企業は競争市場の中で活動していると仮定しています。これは個別の企業は自らが直面する市場価格に影響を及ぼすことができず，市場でついた価格を受け入れて自らの行動を決定しているということを意味しています。しかし少なくとも短期的には，どのような企業も自らが直面している市場での，自企業に対する需要に応じて価格を設定していると考えられます。その場合需要が増加した場合の価格の変化も，自らが提供する財の需要の価格弾力性に依存します。つまり価格弾力性が高い財やサービスを提供している場合は，たとえ需要が増加したとしてもそれほど価格を引き上げることはできないと考えられます（時間を通じた独占的な企業の合理的行動については**コラム 5.5** を参照して下さい）。

　レッスン 10 で説明する伝統的なケインズ派の経済学では，この価格の硬直性が極端に強い場合を想定しています。この場合需給ギャップを価格の変動で調整する余地がなくなりますから，財政支出などの市場外からの需要の増加で需給ギャップの調整を行うようになるのです。

コラム 5.3　景気循環論の変遷③

　1970 年代に入ると，新しい世代の経済学者たちが，それまでのアメリカン・ケインジアン対マネタリズムといった構図とは違った立場から，それまでのマクロ経済学を批判するようになります。批判の第一点は，従来のマクロ経済学は，家計や企業といった経済を構成する主体の行動にまで遡って理論を構築していないというものです。このことはマクロ全体の消費や設備投資を，もう一度家計や企業の行動に立ち返って検証し，そこで確立された理論でマクロ経済学を再構成する動きを促しました。第二に，家計や企業は将来のことを視野に入れて現在の経済行動を行っているにもかかわらず，従来のマクロ経済学ではこうした視点を軽視しているという批判です。そして第 2 の批判に関連して，アメリカン・ケインジアンが軽視していた期待の問題を考慮しなくてはならないという批判が生じました。これが第三の批判です。

　ルーカス教授，サージェント（Thomas J. Sargent）教授，バロー教授たちは，上記の批判の最初の 2 点を踏まえ，第三の点について，合理的期待形成という，人々がその時点で，将来に関する最善の情報を活用して行動するという期待形成を考えることにより，ケインジアンが想定するような経済政策が有効でないことを示しました。上記の 3 つの批判を踏まえることは，その後の標準的なマクロ経済学の手法となっています。

　もちろん，上記の 3 つの批判を踏まえると必ずケインズ経済学的な結論が否定されるわけではありません。1980 年代後半になって，ハーバード大学のマンキュー教授，カリフォルニア大学のデビッド・ローマー教授，プリンストン大学の清滝信宏（Nobuhiro Kiyotaki）教授らは，上記の 3 つの批判を踏まえながらも，価格の硬直性や外部性を合理的に説明し，従来のケインジアン的な結論を導き出しています。こうした経済学者たちをニュー・ケインジアンと呼んでいます。

　現在，米国の標準的教科書では，この価格の硬直性が存在する状況を短期のマクロ現象，価格が伸縮的な状況を長期のマクロ現象と呼んでいます。

GDP が変動すると，生産物を生み出している生産要素の投入量も変化します。ただ資本は長期にわたって利用されるので，その投入量は短期的にはあまり変動しません。一方，一般的には労働投入は短期的に変化が可能なので，雇用量は景気の動向に応じて変化します。雇用量が景気動向に感応的だということは，働けない人つまり失業者も景気動向に左右されるということを意味します。

しかしながら**レッスン6**で学ぶように失業の要因は，景気の変動だけではありません。求人があるにもかかわらず，その職種が自分のスキルと合っていないなどのミスマッチによる失業もあります。こうした構造的な失業を除いた需要不足による失業が，景気変動，すなわち GDP ギャップに対応すると考えられます。

図 5.4 は，完全失業率を構造的な失業率（均衡失業率）と需要不足による失業率に分解した系列の推移を示しています。日本の完全失業率は 1990 年代の前半までは，2％台で推移しており，先進国の中でも低い水準でした。しかし 1990 年代に入ってわが国が長い停滞期に入るとともに，失業率は急速に上昇し，95 年には 3％を超え，2001 年からは 5％を越えて推移しています。その後 2002 年からの景気回復で一時的に 4％台へと低下しましたが，2008 年 9 月のリーマン・ショック以降の世界的不況の影響を受け，再び 5％台に上昇しています。こうした高い失業率も 2010 年代には徐々に低下し，1980 年代の水準へと戻っています。こうした 2010 年代の失業率の動きの背景には，生産年齢人口の減少に伴う人手不足があると考えられます。

均衡失業率も 1990 年代に入ってから上昇していますが，4％程度までであり，残りの 1％から 2％分は需要不足による失業率となっています。特に日本の大手金融機関の破綻が相次いだ 1990 年代後半や世界金融危機が起きた直後の 2009 年には高い需要不足失業率となっています。しかしながら，新型コロナウイルスの感染拡大による経済の落ち込みの際には従来以上に雇用調整助成金や企業の持続化給付金などが支給されたため，需要不足による失業率の上昇はわずかにとどまっています。

ただ**レッスン6**で説明するように，日本の労働市場は終身雇用制度の影響で，労働力を長期に利用する生産要素と考える企業が多く，雇用量または失業者数の変動が短期的な景気変動とずれることがあります。こうした場合労働市場の需給

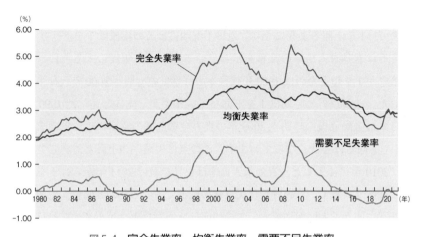

図 5.4　完全失業率，均衡失業率，需要不足失業率

（出所）　労働政策研究・研修機構『国内統計：完全失業率』
　　　　　『均衡失業率，需要不足失業率（ユースフル労働統計フォローアップ）』

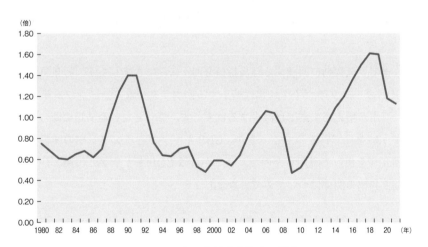

図 5.5　日本の有効求人倍率の推移

（出所）　厚生労働省『一般職業紹介状況』

をみる指標として，有効求人倍率があります。有効求人倍率は求人数を求職者数で割った比率で，求人数が求職者数より多ければ1を超え，逆に求人数が求職者数よりも少なければ1を下回ります。したがって景気の良いときは求人数が増えますので，1を上回るようになり，逆に不況期にはこの指標は1を下回ります。

図5.5は有効求人倍率の推移を示しています。2010年代に入る前には，有効求人倍率が1を超えたのは1980年代後半の好景気の時期と2000年代後半の一時期でした。それ以外の時期は1を下回っていますが，先ほど述べた1990年代後半の日本の金融危機の時期や2009年の世界金融危機の時期には，有効求人倍率は0.5を下回るほど低くなっています。この点は失業率の上昇と対応しています。一方，2010年代に入ると，有効求人倍率は上昇を続け2014年からは1を超えるようになっています。この背景は失業率の低下で説明したのと同様，生産年齢人口の低下に伴う求人の増加です。この傾向は新型コロナウイルスの感染拡大で止まりましたが，それでも1を超える水準を維持しています。

レッスン 5.3 景気指標間の関係：オークンの法則，フィリップス曲線，フィッシャー方程式

これまで景気変動に関連する経済指標を別々にみてきましたが，好景気の際には，GDPギャップのマイナス幅は縮小するかプラスになり，インフレ率は高くなり，雇用が増えて失業率は減少するはずです。こうした各経済指標間の関係はどのようになっているのでしょうか。GDPギャップとインフレ率の関係は，すでに図0.5を使って説明したので，ここからはGDPギャップと失業率，失業率と物価上昇率の関係についてみていきましょう。

オークンの法則

GDPギャップと失業率の関係に関してはオークンの法則が有名です。これは米国の経済学者オークン（Arthur M. Okun）が1960年代に見出した，GDPギャップ（または実質GDPの変化率）と失業率（または失業率の変化）の間にある安定的な関係のことです。当時の米国経済では，失業率が1%低下すると，実質

　1980年代に入ってマクロ経済学の分析手法も大きな変化を遂げました。先述のルーカス教授は，政府が財政政策や金融政策を実施すると，家計や企業の行動パターンが変化するため，マクロ・レベルでの家計や企業の行動パターンを一定と想定していた1970年代までの計量経済学の手法は適用できないと主張しました（これをルーカス批判と呼びます）。このため1980年代には，消費者の選好パターンや企業の生産技術などの技術的な変数をミクロ・レベルの消費者行動や企業行動の分析から取り出し，これをマクロ経済全体の枠組みの中に入れ込んで数量的に経済全体の動きを分析するカリブレーション（Calibration）という手法が始まりました。カリブレーションは，当初，プレスコット（Edward C. Prescott）アリゾナ州立大学教授やキッドランド（Finn E. Kydland）カーネギー・メロン大学教授らが，実物的景気循環理論（リアル・ビジネス・サイクル理論）を検証するために用いた手法ですが，現在では，実物的景気循環理論だけでなく，先述のニュー・ケインジアン理論の特徴も取り入れた様々なマクロ理論の検証方法に用いられています。このため，この手法を取り入れたマクロ分析は，動学的確率一般均衡理論（Dynamic Stochastic General Equilibrium, 略して DSGE）と呼ばれています。この動学的確率一般均衡理論は大学院レベルの理論ですが，この解説書としては，加藤涼『現代マクロ経済学講義』東洋経済新報社，2006年があります。

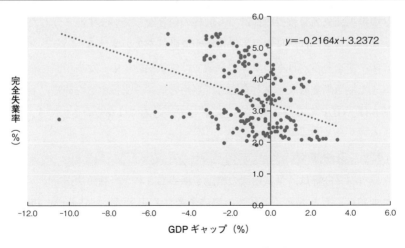

図 5.6　GDPギャップと完全失業率

GDP が 3％高くなっている（または GDP ギャップが 3％縮小している）とうことが確認されました。この失業率 1％の低下に対して GDP が上昇する変化率をオークン係数と呼んでいるため，当時の米国経済の場合，オークン係数は 3 とされていました。オークンの法則は，雇用の改善のためにどれだけ GDP を増加させる景気拡張政策をとればよいかということを考える上で有益な情報を提供しています。

　図 5.6 は，日本の GDP ギャップと完全失業率の関係（1980 年から 2021 年）を示したものです。これをみると，GDP ギャップが縮小するにつれて完全失業率も低下しているのがわかります。そして近似線を引くと GDP ギャップが 0％の場合の完全失業率が 3.2％となります。この値は，図 5.4 の均衡失業率の平均値（2.9％）とも近いことから，日本の自然失業率は 3％前後と考えてよいでしょう。

　しかしオークンの法則は，GDP の変動が失業率をどの程度変化させるかを捉えたものですから，縦軸は失業率の水準ではなく，今年と前年の失業率の差でなくてはなりません。このように失業率の測り方を変えた図が図 5.7 です。この図 5.7 をみると，失業率を 1％ポイント低下させるのに必要な GDP ギャップの減少分は 10％ポイントとなります。すなわち日本でのオークン係数は約 10 になります。米国と比べるとこの日本のオークン係数は非常に高いのですが，これは武蔵大学の黒坂佳央名誉教授の推計でも同様の値となっています。こうした高いオークン係数の背景には，日本の労働市場が流動性を欠いているということがあげられます。すなわち，日本の多くの企業では景気変動に応じた雇用調整を行わず，政府もまた雇用調整助成金などを通じて雇用の維持を支持するために，雇用や失業の動きは，GDP でみた景気の動きに対して感応的ではなくなるのです。

フィリップス曲線

　フィリップス曲線は，景気循環の議論を深めた有名な経験的法則です。フィリップス曲線は，もともとイギリスの経済学者フィリップス（Alban W. Phillips）が 1958 年に発表した論文に端を発しています。この論文の中でフィリップスは，過去 100 年間のイギリスの名目賃金上昇率と失業率を調べ，両者の間に負の相関関係があることを見出したのです。すなわち，図 5.8 のように，賃金の上昇率が

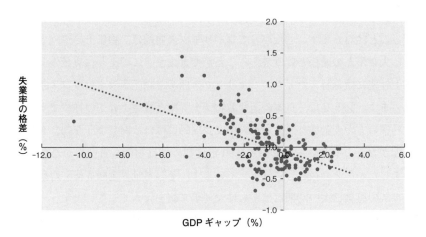

図 5.7 GDPギャップと失業率階差（オークンの法則）

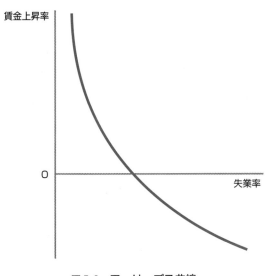

図 5.8 フィリップス曲線

加速すると失業率が低下し，逆に賃金の上昇率が低いか賃金が下落しているときには，失業率が高まっているのです。賃金が上昇するということは，生産のための労働費用が上昇するということですから，企業は賃金上昇に応じて製品価格も上げることになります。したがってフィリップス曲線は，物価上昇率（インフレ率）と失業率との関係と読み替えることができます。このように賃金の上昇率を物価上昇率に読み替えたときのフィリップス曲線を物価版フィリップス曲線と呼んでいます。図5.9は，日本の消費者物価上昇率と賃金上昇率の推移ですが，賃金上昇率の方が変動幅は大きいものの，長期的にはほぼ同じような動きをしていることがわかります。すなわち，1990年代初めには物価も賃金もかなり上昇していましたが，その後ともに低下しています。そして世界金融危機や新型コロナウイルスの感染拡大の時期にはともにマイナス幅を大きくしています。一部の時期に消費者物価上昇率が賃金上昇率を上回ることもありますが，それは消費税率の引き上げが影響しています。

　フィリップス曲線が認識された当初，経済学者は，このインフレーションと失業率の二律背反性（トレード・オフ）を念頭において政策運営を行っていけばよいと考えていました。すなわち，失業率を低下させるためには，ある程度のインフレーションを許容しなくてはならないが，あまり失業率を低下させてインフレ率を高めないよう注意しなくてはならないと考えたわけです。GDPが増加して景気が良くなれば失業率は減少すると考えられますから，GDPの変化と失業率の間には密接な関係があります。したがってGDPを変化させる経済政策によって，適切な失業率とインフレ率が選択されることになります（図5.10）。

自然失業率の考え方

　上記の考え方は，1960年代の米国のケインジアンに支配的な考え方でしたが，これに反論したのがマネタリストのフリードマン教授です。フリードマン教授は，1967年のアメリカ経済学会の会長講演で，自然失業率（Natural Rate of Unemployment）という概念を使って，この自然失業率以下に失業率を低下させようとしてもそれは短期的に終わり，長期的にはインフレを進行させるだけであると主張しました。自然失業率というのは，すでに説明したように，景気循環の過程で生じる失業ではなく，経済の構造的な問題によって生じる失業率の事です。

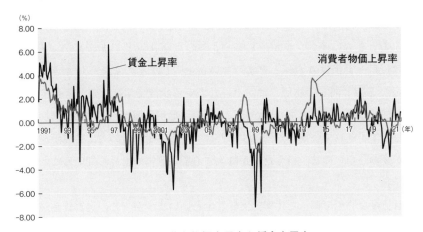

図5.9　消費者物価上昇率と賃金上昇率

（出所）　総務省『消費者物価指数』および厚生労働省『毎月勤労統計』
（従業員5人以上の現金給与総額）

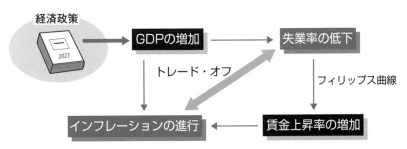

図5.10　オークンの法則とフィリップス曲線から導出される経済政策の考え方

したがって自然失業率を変えるためには景気対策ではなく，構造改革を行わなくてはなりません。

いま図5.11の E 点が自然失業率であるとし，そこでは最初物価上昇が起きないものとしましょう。ここで，政府が GDP を増加させるような経済政策をとったとすると，経済はフィリップス曲線に沿って左上方に沿って移動し，失業率が低下するとともにインフレが生じます。この点を A 点としましょう。フリードマン教授は，経済は A 点にとどまらないと主張します。すなわち A 点では，名目賃金が E 点と同じで物価だけが上昇している状況です。このとき企業はこれまでと同じコストでより高く財が売れるので，雇用を増やして生産を増加させようとします。それで失業率が低下するわけですが，労働者の方は時間が経つと，賃金が変わらないのに，自分たちが購入する製品価格が上昇していることに気づきます。

名目賃金を物価で割った比率を実質賃金といいますが，この実質賃金が低下しているのです。月給が30万円の人は，それまで1台10万円のエアコンが3台買えましたが，エアコンの価格が1台15万円になれば，30万円の月給ではエアコンが2台しか買えません。このように財・サービスがどれだけ購入できるか（これを購買力といいます）という観点からみた賃金が低下することを実質賃金の低下と呼んでいます。この実質賃金の低下に気づくと労働者は，賃金の引き上げを要求します。こうして賃金が引き上げられ，実質賃金が E 点と変わらない水準に戻ると，企業としては再び労働コストが上昇するので，雇用を減少させます。結果的に失業率は E 点と同じ水準に戻ることになりますが，物価は上昇しているのでインフレ率だけ高くなる B 点へ経済は移ることになります。B 点の状況で，政府が再び GDP を増加させ失業を減らすような政策をとると，また一時的に失業が減りますが，長期的には失業率は元へと戻り，結果的にインフレだけが進行することになります（表5.1）。

このようにフリードマン教授の議論では，政府の景気政策は結局インフレーションを進行させるだけの結果に終わることになります。そこで，フィリップスが見出したインフレーションと失業率の負の相関関係を表す曲線は短期的なフィリップス曲線と呼ばれ，E 点において垂直な直線を長期的なフィリップス曲線と呼びます。

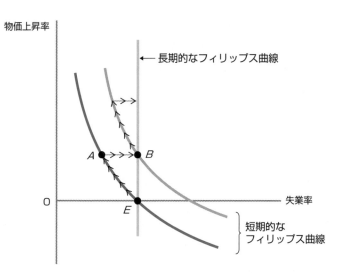

図 5.11　フィリップス曲線と自然失業率

表 5.1　フリードマン教授の議論

	0期	経済政策	1期		2期
物　価	100　→	物価上昇	→ 200		200
賃　金	100		100	→ 　賃金上昇　 →	200
生　産	100　→	生産の増加	200	→ 　生産は元へ戻る　 →	100

（注）　物価，賃金，生産ともに指数化している。

シカゴ大学のルーカス教授は，フリードマン教授の議論をより精緻化し，人々が現在の価格情報をできるだけ集めて，全体的な物価に関して正確な期待（予測）をたてることができる（こうした予想形成を合理的期待形成といいます）ならば，人々がA点のような点にとどまるのは，財やサービスを取引する市場が分断されていて，全体的な物価水準の変化と人々が取引する市場の物価の変化（これを相対価格の変化と呼びます）を取り違えているからということを示しました。もし財・サービス市場に情報上の問題がなければ，人々はA点にとどまることなく，すぐに賃金の引き上げを要求し，経済はB点へと移行するでしょう。したがって政府の経済政策は効力を発しなくなります。

日本のフィリップス曲線

それでは実際のフィリップス曲線はどのような動きをしているのでしょう。図5.12では，日本における物価上昇率と失業率の関係を描いています。図5.12にみられるように，日本でも物価上昇率が高いときには失業率が低く，物価上昇率が低い状況では失業率が高くなる関係が確認できます。しかしながら，日本の場合右下がりのフィリップス曲線が2本あるようにみえます。時期的には右側のフィリップス曲線が最近期で，物価が落ち着いている中で，全般的に失業率が高まっています。これは構造的要因によりフィリップス曲線が右側へシフトし，それとともに自然失業率が高くなったことを示しています。この動きは図5.4で，1990年代から2000年代にかけて日本の均衡失業率が上昇した動きと整合的です。

フィッシャー方程式

本レッスンの最後に，インフレ率と利子率の関係を考えておきましょう。マクロ経済学は時間を通じたGDPの動きに焦点をあてるので，現在の経済変数だけではなく，将来の経済変数も視野に入れる必要があります。この将来の経済変数を考える際に利子率は欠かせない経済変数です。たとえば私たちが，現在どれだけ消費し，将来どれだけ消費をすればよいかを決める際に，利子率は重要な役割を果たします。**レッスン7**で説明するように，利子率が高ければ，現在の資金を将来に持ち越した際に，より将来の消費可能性が広がるからです。**レッスン2**で説明したように，消費は支出面からみたGDPの最大の構成項目ですから，利子率

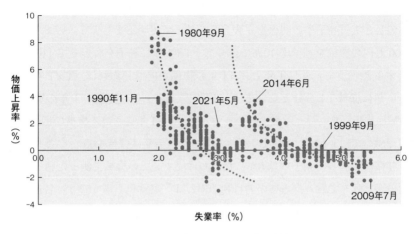

図 5.12 **日本のフィリップス曲線**

コラム 5.5　　ニュー・ケインジアン・フィリップス曲線について

　フィリップス曲線について，本文では 1960 年代から 70 年代にかけての伝統的な見方を紹介しています。しかし，21 世紀に入ってからは，財・サービス市場において独占力を有する企業の最適な価格設定行動を前提としたニュー・ケインジアン・フィリップス曲線が一般的となっています。つまり独占力を有する企業は，限界費用にマークアップ率をかけた価格の現在から将来にかけての予想値に基づいて，最適な現在の価格を決定します。その際にはどれくらい価格を改定できるかという価格の粘着性も考慮されます。このため，現在の価格設定（または価格の変化率）については，現在の失業率（オークンの法則まで考えれば GDP ギャップ）だけでなく，将来の価格変化率にも依存します。将来の価格変化率は，将来の GDP ギャップの行方に依存しますから，結果的に現時点での価格変化率は，現在から将来にかけての GDP ギャップ率に影響されます。これがニュー・ケインジアン・フィリップス曲線の考え方です。**レッスン 10** の財・サービス市場における供給サイドは，厳密にはこのニュー・ケインジアン・フィリップス曲線の考え方から導かれていますが，この曲線に影響を与える価格の粘着性や期待の問題については簡単な記述にとどめています。

によって左右される消費動向は GDP 全体の動きにも大きな影響を与えるのです。

　この利子率には GDP と同じように，名目の利子率と実質の利子率があります。この名目と実質利子率の関係を，表 5.2 を使って説明しましょう。いま T 年に 1 台 100 万円の機械を利子率 10%で借りて，T + 1 年に利子を合わせて 110 万円を返済するとします。もし T 年と T + 1 年の物価が同じであれば，T + 1 年における返済額は機械 1.1 台分となります。しかし，T + 1 年の物価が T 年の物価よりも 5%と上昇していたとします。そうすると，T + 1 年における機械の価値は 105 万円ですので，T + 1 年の機械の価値で測った返済額は機械 1.05 台となります。つまり機械で測った利子率は 5%になるわけです。この機械で測った利子率を実質利子率と呼んでおり，当初の名目利子率とは，実質利子率（5%）＝名目利子率（10%）－物価上昇率（5%）という関係になります。この関係式をフィッシャー方程式と呼んでいます。ただ厳密には，フィッシャー方程式は資金を借りる T 年の時点で考えるので，物価上昇率は将来の物価の変化率ということで，期待物価上昇率になります。これを書きなおすと，

実質利子率＝名目利子率－期待物価上昇率

となります。

　図 5.13 では，日本の短期名目利子率（無担保コール翌日物金利）と実質利子率を描いています。これをみると，1990 年代半ばまでは物価上昇率がプラスだったので，名目利子率が実質利子率を上回っていましたが，それ以降から名目利子率がゼロ水準にまで下がり，かつデフレ（物価上昇率がマイナス）になると実質利子率が名目利子率を上回る状況も起きるようになりました。なおこの短期で変動する実質利子率に対して，自然 GDP に対応して貯蓄と投資が等しくなるような実質利子率を均衡利子率（自然利子率）と呼びます。これについては**レッスン 10** の**コラム 10.1** であらためて説明します。

レッスン 5.4　戦後日本の景気循環

　これまで景気循環を判断する指標としては，現実の GDP の動きが潜在 GDP

表 5.2　実質利益率の考え方

	T 年	T＋1年
機械 1 台の価格	100 万円	105 万円
機械 1 台＋利子（10％）	110 万円	110 万円
実質的な機械の台数	1.1 台	1.05 台

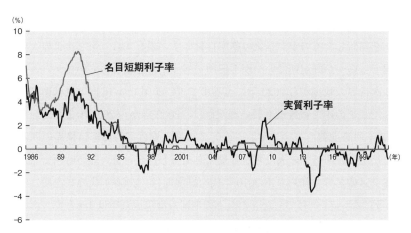

図 5.13　**日本の名目利子率と実質利子率**
（出所）　日本銀行および総務省『消費者物価指数』

からどれだけ乖離するかということを中心としてきました。しかし実質GDPは，各種の基礎統計（1次統計）を集めてから算出されるために時間がかかり，速報性に欠けています。また3ヶ月（この3ヶ月の単位を四半期と呼んでいます）に一度しか公表されません。経済を適切に運営し，市場に正確な情報をすばやく伝達するためにも，速報性があり，かつ経済全体の状況を示す指標が必要です。

景気動向指数は，こうした要求に応えた景気指標です。景気動向指数には，景気の先行きを示す先行指数，景気と同時に動く一致指数，景気変動を後から確認する遅行指数の3種類があります。いずれも，生産面，消費面，雇用面といった経済の様々な側面の統計の上昇，下降を集計して，1つの指数にまとめあげています（表5.3）。図5.14は，景気動向指数のうち，一致指数の推移を描いています。一致指数では生産指数や商業販売額など毎月公表される10の指標で構成されています。この指数は，10すべての指標が3ヶ月前と比べて上昇していれば100になり，すべての指数が下降していれば0になるため，0と100の間の値をとります。このような指標をディフュージョン・インデックス（DI）と呼んでいます。

こうした景気動向指数の動きをもとに，景気が好況局面にあるか，不況局面にあるかを判断したものが，景気の基準日付です。表5.4は，第2次世界大戦後のわが国で，いつが好況期でいつが不況期であったかをまとめています。

第2次世界大戦後から2020年に至るまで，わが国では16回の景気循環を経験しました。この中で戦後最も長い好況期は，2002年から2008年まで続いた好況期で73ヶ月を記録しています。しかしこの好況期は同時に経済格差の問題も顕在化したため，すべての人たちが好景気を実感したとは言い難い時期でした。アベノミクスの名称で知られる2010年代の好況期は，2000年代の好況期にわずか2ヶ月及ばない71ヶ月でした。ただこの期間も経済成長率は1%台で，あまり景気が勢いよく拡大しているという実感はなかったかもしれません。

57ヶ月続いた60年代後半の高度成長期におけるいざなぎ景気や80年代後半のバブル景気（53ヶ月）のような時代を経験した年配の人にとっては，21世紀に入ってからの日本経済は，景気循環で捉えるよりも長い停滞期として考える方がしっくりくるかもしれません。一方，戦後最も長い不況期は，第2次石油危機後の不況期で36ヶ月続きました。次に長い不況期は，バブル景気の反動が起きた90年代前半の平成不況で30ヶ月を記録しています。

表5.3　先行系列，一致系列，遅行系列の指標

先行系列	一致系列	遅行系列
最終需要財在庫率指数（逆サイクル）	生産指数（鉱工業）	第3次産業活動指数（対事業所サービス業）
鉱工業用生産財在庫率指数（逆サイクル）	鉱工業用生産財出荷指数	常用雇用指数（調査産業計）（前年同月比）
新規求人数（除学卒）	耐久消費財出荷指数	実質法人企業設備投資（全産業）
実質機械受注（製造業）	労働投入量指数（調査産業計）	家計消費支出（勤労者世帯）（前年同月比）
新設住宅着工床面積	投資財出荷指数（除輸送機械）	法人税収入
消費者態度指数	商業販売額(小売業)(前年同月比)	完全失業率（逆サイクル）
日経商品指数（42種）	商業販売額(卸売業)(前年同月比)	きまって支給する給与（製造業, 名目）
マネーストック（M2）（前年同月比）	営業利益（全産業）	消費者物価指数（生鮮食品を除く総合）（前年同月比）
東証株価指数	有効求人倍率（除学卒）	最終需要財在庫指数
投資環境指数（製造業）	輸出数量指数	
中小企業売上げ見通し DI		

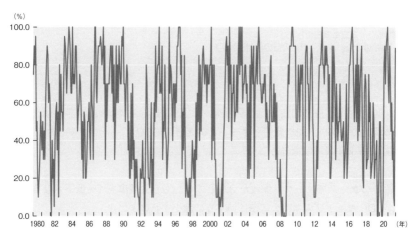

図5.14　景気動向指数（一致指数）
（出所）　内閣府『景気動向指数』

表5.4　景気の基準日付

	谷	山	谷	期　間		
				拡　張	後　退	全循環
第1循環		1951年 6月	1951年10月	（特需景気）	（4ヶ月）	
第2循環	1951年10月	1954年 1月	1954年11月	27ヶ月(投資景気)	10ヶ月	37ヶ月
第3循環	1954年11月	1957年 6月	1958年 6月	31ヶ月(神武景気)	12ヶ月	43ヶ月
第4循環	1958年 6月	1961年12月	1962年10月	42ヶ月(岩戸景気)	10ヶ月	52ヶ月
第5循環	1962年10月	1964年10月	1965年10月	24ヶ月(オリンピック景気)	12ヶ月	36ヶ月
第6循環	1965年10月	1970年 7月	1971年12月	57ヶ月(いざなぎ景気)	17ヶ月	74ヶ月
第7循環	1971年12月	1973年11月	1975年 3月	23ヶ月(列島改造ブーム)	16ヶ月	39ヶ月
第8循環	1975年 3月	1977年 1月	1977年10月	22ヶ月	9ヶ月	31ヶ月
第9循環	1977年10月	1980年 2月	1983年 2月	28ヶ月	36ヶ月	64ヶ月
第10循環	1983年 2月	1985年 6月	1986年11月	28ヶ月	17ヶ月	45ヶ月
第11循環	1986年11月	1991年 4月	1993年10月	53ヶ月(バブル景気)	30ヶ月(平成不況)	83ヶ月
第12循環	1993年10月	1997年 3月	1999年 1月	43ヶ月	10ヶ月	53ヶ月
第13循環	1999年 1月	2000年11月	2002年 1月	22ヶ月	14ヶ月	36ヶ月
第14循環	2002年 1月	2008年 2月	2009年 3月	73ヶ月	17ヶ月	86ヶ月
第15循環	2009年 3月	2012年 3月	2012年11月	36ヶ月	8ヶ月	44ヶ月
第16循環	2012年11月	2018年10月	2020年 5月	71ヶ月(アベノミクス)	20ヶ月	91ヶ月

（出所）　内閣府『景気循環日付』
（注）　第16循環の山およびその後の谷の日付は暫定的

━━━━ レッスン5　演習問題 ━━━━

1. いま現実の GDP が 380 兆円とする。このときの GDP ギャップが－5％とすると，潜在 GDP はいくらになるか。

2. 問題1のケースでオークン係数が 2.5 とする。もし失業率を1％低下させるとすれば，GDP ギャップのマイナス率はいくらに縮小すればよいか。

3. 名目利子率が5％で，期待インフレ率が3％のとき，実質利子率はいくらになるか。

雇用と失業

：労働市場の役割

労働市場の重要性と日本の労働市場

レッスン0.3で学んだように，マクロ経済学ではいくつかの代表的な市場の働きと，各市場間の相互連関を考えます。本レッスンでは，そのうち労働市場について考察します。

労働市場は，マクロ経済学では重要な位置を占めています。開発途上国だけでなく先進国でも，健康でありながら，働きたくても働けない人たち，すなわち失業者が多数います。失業者の存在は，単なる経済問題にとどまりません。働けない人が多数になると社会不安を引き起こす可能性もあります。その意味で失業の原因を解明することはマクロ経済学の中心課題であり，ケインズ自身も1930年代に先進国で大量に発生した失業の解消を考えるべく『一般理論』を執筆したのです。

ただマクロ経済学は，失業の要因を労働市場の特性だけに求めることはしません。様々な市場との相互連関や政府の経済政策によって失業者数も変化するのです。実際に1930年代に大量の失業者を生み出した要因の一つは，1929年のニューヨーク株式市場での株価の大暴落がきっかけになっていますし，日本の1990年代における失業率の上昇も，同時期の株価・地価の低迷と無関係ではありません。しかし，こうした失業の要因や形態をめぐっては，ケインズの解釈だけでなく，いくつかの見方が存在し，いまなお経済学者の間で意見の一致をみていません。

ところで，日本では一体どれくらいの人が働いて，どれくらいの人が失業しているのでしょうか（図6.1）。2023年1月1日現在，日本の総人口は約1億2,477万人ですが，その中で，法律で原則として働くことを禁じられている15歳未満の人たちを除く15歳以上人口は，1億1,032万人います。この人たちは，すべて労働可能な人たちですが，高齢で年金によって生活ができるとか，結婚していて夫婦どちらかが働けば生活ができるという理由により働く意欲を持たない人たちもいます。15歳以上人口から，そうした働く意欲を持たない人たち（非労働力人口）を除いた部分を労働力人口といいます。この労働力人口が，労働市場での

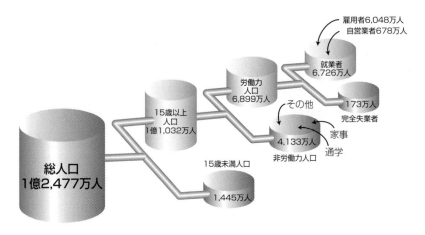

図6.1　わが国の就業構造（2022年）

（出所）　人口は，総務省『人口推計』で2023年1月1日現在の概算値，労働力人口以下の
　　　　　数値は，総務省『労働力調査』から2022年12月の値

<table>
<tr><td>コラム6.1</td><td>労働経済をより深く勉強しようとする人たちのために</td></tr>
</table>

　本書ではマクロ経済学の一部として労働市場を解説しているため，非常に単純化した労働市場を描いています。しかし実際の労働市場は，**コラム6.3**にあるように，日本独特の雇用慣行があるなど，国や制度による違いが存在します。また労働者や職種も多様で，とても単一の市場としてはまとめきれないほどです。こうした労働市場を考える参考書として，

　　脇坂　明『労働経済学入門』日本評論社，2011年
　　川口大司『労働経済学』有斐閣，2017年

の2冊をあげておきます。前者は，労働市場に関するデータが豊富に紹介されており，初めて労働経済学を学ぶには適したテキストです。後者は，労働需給に関する理論的背景が詳しく述べられるとともに，最低賃金や勤続年数の違いによる賃金格差など，現在の労働市場を取り巻くトピックスについても計量経済学を使った実証分析を紹介しています。

労働供給にあたり，2022年末には6,899万人存在します。15歳以上人口の中で働く意欲を持った人の割合を労働力率といいます。したがって2022年末の労働力率は，62.5%になります。

　これまでみてきたように，実際には労働意欲を持っている人たちすべてが職に就けているわけではありません。労働力人口のうち，実際に職業に就いている人たちを就業者といい，その数は，2022年末で6,726万人となります。そして労働力人口から就業者数を引いた数が完全失業者数で，173万人となります。完全失業率というのは労働力人口に占める完全失業者の比率ですので，2.5%になります。なお就業者の中には，自ら会社やお店を経営している自営業者と会社などに雇用されている雇用者に分かれます。2022年末における自営業者の数は，678万人，雇用者数は6,048万人です。

　また最近では，企業での待遇の違いによって雇用者を正規雇用と非正規雇用に分けて考えることがあります。正規雇用者は，企業の中で比較的長期に雇われる人たちですが，非正規雇用者は，パート・アルバイト，派遣社員，契約社員など，その企業で働く期間が短く雇用が景気動向によって左右されるという不安定な状況の下で働く人たちを指します。図6.2をみてもわかるように，この非正規雇用者の数は，1995年に1,000万人を超え，2020年には2,090万人に達し，雇用者全体の37%を占めるようになっています。

レッスン 6.2 企業における雇用量の決定：労働需要の理論

最適な雇用量の決定

　労働市場では，企業が労働者を需要し，家計が労働力を供給します。この需要と供給を一致させるように賃金が決まってくるというのが，労働市場の働きですが，ここではこの労働市場の働きについて，理論的に詳しくみていくことにしましょう。

　まず，企業が労働者をどれだけ雇うかということについて考えてみましょう。前レッスンで考えたように，企業の生産要素のうち資本設備は，一定量で変化し

コラム6.2　働き方や賃金に関するトピック

　バブルが崩壊し，日本経済が成長力を失ってから，働き方や賃金に関する関心が高まりました。下図をみてわかるように，賃金は日本における金融危機が起きてから下がり続け，2010年代になっても横ばい状態が続いています。玄田有史編『人手不足なのになぜ賃金が上がらないのか』慶應義塾大学出版会，2017年は，賃金が上昇しない要因をマクロ的な見地からだけでなく，人材育成力の低下など様々な観点から調べています。

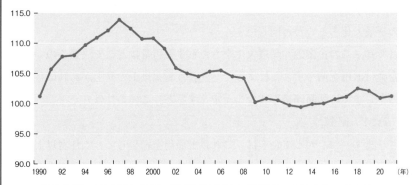

賃金指数（現金給与総額，従業員5人以上事業所，2015年＝100）
（出所）　厚生労働省『毎月勤労統計』

　賃金が上昇しないため，働く環境を改善しようとする動きが出たのも2010年代です。鶴光太郎慶應義塾大学教授の『人材覚醒経済』日本経済新聞出版社，2016年は，これまでの日本型雇用の問題を指摘し，女性労働の活用やジョブ型雇用への転換など多様な働き方について提言を行っています。

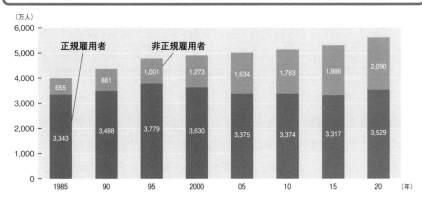

図6.2　正規雇用者と非正規雇用者の推移
（出所）　総務省『労働力調査』

ないと考えます。このとき企業の生産量を Y とし，製品価格を P，労働者の数を L，賃金を W とすると，企業は，売上高 PY から人件費 WL を差し引いた利潤 π を最大にしようとします。すなわち，

$$\pi = PY - WL \tag{6-1}$$

の最大化を考えます。(6-1)式は名目単位ですが，これを製品価格で割った実質単位で考えると，図6.3のように，生産量 Y から実質単位で測った人件費 WL/P (原点から傾き W/P で L が増加するとともに比例的に伸びる直線) を差し引いたものを最大化することと同じです。

　それでは，この企業の利潤最大化をもたらす雇用量はどこで決まるのでしょうか。企業は雇用を増やすことによって，支払う賃金以上の売上があればさらに雇用を増やします。製品価格や賃金を一定とすると，この条件は，

$$P\varDelta Y > W\varDelta L \tag{6-2}$$

で表されます。したがって企業は，これ以上雇用を増やしても人件費以上の売上があがらない点まで雇用を増やすことになります。この点は雇用を増やしたときの売上高の増加分と人件費の増加分がちょうど等しくなるところです。

$$P\varDelta Y = W\varDelta L \tag{6-3}$$

(6-3)式を少し変形すると，

$$\frac{\varDelta Y}{\varDelta L} = \frac{W}{P} \tag{6-4}$$

です。これは，**レッスン3**でみた労働の限界生産力が実質賃金に等しくなることを示しています。すなわち図6.3でわかるように，生産関数の傾き (これが労働の限界生産力です) が，実質賃金の傾きと等しくなるところで，企業の利潤は最大となるので，その点まで企業は労働者を雇うことになります。

賃金の変化と雇用量

　それでは，賃金が変化したときに，企業が望ましいと思う雇用量はどのように変化するでしょうか。いま図6.4に描かれているように，雇用量が L^*，実質賃金が W/P のときに，賃金が上昇した場合を考えてみましょう。そうすると，(6-3)式において右辺が左辺を上回るようになり，L^* では人件費の増加が売上高の増加を上回ってしまいます。このため，企業は，人件費の増分が売上高の増分と

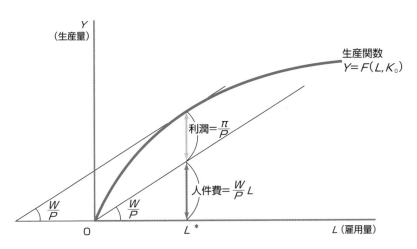

図6.3　最適な雇用量

$K=K_0$で資本量は一定，雇用量だけが変化します。

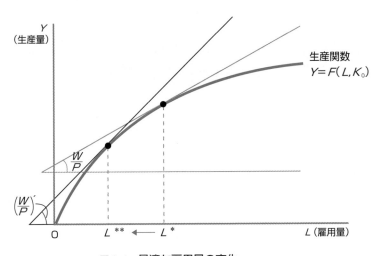

図6.4　最適な雇用量の変化

実質賃金の上昇$\left(\dfrac{W}{P}\right) \to \left(\dfrac{W}{P}\right)'$によって雇用量は減少します。

釣り合うところまで，雇用を減らそうとします。図6.4における L^{**} が，企業にとっての新たな最適雇用点で，ここで再び労働の限界生産力と実質賃金が一致するようになります。したがって，賃金の上昇は，企業の雇用量を減少させることになります。同様の状況は，製品価格の下落によっても起こります。したがってこれらをまとめると，実質賃金が上昇すれば，企業は雇用を減らし，逆に実質賃金が下落すると，企業は雇用を増加させることになります。

いま単純化のために，すべての企業は同じ製品を生産し，同じ生産関数の下で，生産を行っているとします。またすべての労働者は同じような能力を持っているため，賃金も同一であると考えます。このとき経済全体でも実質賃金が上昇すれば，すべての企業は雇用を減少させ，逆に実質賃金の下落は，雇用の増加を引き起こします。したがって，いま経済全体の雇用量を横軸にとり，実質賃金を縦軸にとると，経済全体で企業が需要する雇用量を示す曲線（これを労働需要曲線と呼びます）は，図6.5のように右下がりになります。

ケインズは，このように企業の利潤最大化から導き出される労働需要を古典派の第1公準と呼びました。

レッスン6.3　日々の労働量の決め方：労働供給の理論

仕事をとるか自由時間をとるか：時間配分の経済学

ゆう子さんという女性の1週間を考えてみましょう。1週間を時間に換算すると168時間あります。このうち1日8時間は睡眠をとるとして，1週間に56時間は寝ていることになります。また週に2日間は働きません。ゆう子さんは残りの時間（80時間）を，仕事の時間と仕事以外の自分のための自由時間にあてると考えます。さて，仕事の時間と自由時間をどのように配分すればよいのでしょうか。図6.6では1日単位でのゆう子さんの時間配分の例を示しています。

ゆう子さんは仕事をして得たお金で，様々な商品を購入します。この購入した商品を消費することから満足を得るわけです。したがって仕事か自由時間かという選択は，商品の消費から得られる満足度と時間を自由に使えることによる満足

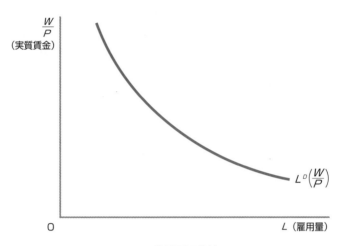

図 6.5　労働需要曲線

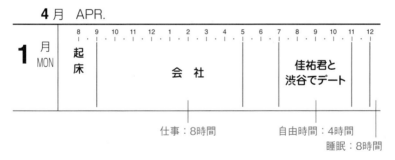

図 6.6　ゆう子さんの一日（一例）

（注）　本文の例では土・日の休日や週 35 時間の労働規制の問題については省略している。

度を比較して選択するという問題に置き換えることができます。

　ミクロ経済学で教えているように，商品をたくさん買うと，1商品当たりの満足度（効用）は低下します。これを限界効用逓減と呼んでいます。一方，自由時間もあまり長くなると，満足度が減っていきます（つまり暇を持て余すわけです）。逆にいうと，自由時間をだんだんと削っていくと，ゆう子さんにとっての自由時間の価値（満足度）はどんどん上がっていきますから，代わりにより多くの商品を購入しないと以前と同じ満足度が得られないことになります。

　たとえば，1週間で（自由時間50時間，30万円の消費）と同じ満足度を得られる組み合わせは（自由時間45時間，40万円の消費）の組み合わせ，（自由時間40時間，55万円の消費）の組み合わせ，（自由時間35時間，75万円の消費）の組み合わせ，というようになります。このように同じ満足度を得られる，商品の消費（所得）と自由時間の組み合わせを描いたものを無差別曲線といいます。

　図6.7は，横軸に自由時間をとり，縦軸に実質所得額（＝消費量）をとった場合の無差別曲線を描いています。すでにみたように，自由時間を減らすたびに，より多くの所得を得て消費に費やさなければ，前と同じ満足度は得られませんから，無差別曲線は，原点に対して凸状の曲線になります。原点から遠い無差別曲線状の点を選ぶほど，満足度は高くなります。それは，自由時間も所得も多くなるような点だからです。

労働時間の決定

　しかし，ゆう子さんだって無制限に所得を得られるわけではありません。ゆう子さんの消費限度は，仕事をした時間に時間当たりの賃金をかけた額になります。すでにみたように，1週間に働くことのできる時間は，最大でも80時間です（ここでは週35時間労働という制約は，とりあえずは考えません）。もし時間当たり賃金が1,000円（これも最低賃金を考えていません）だとすると，自由時間をとらずに働き続けて得られる1週間の所得は8万円です。もし自由時間が増えていくと，仕事をする時間はそれだけ削られますから，所得も減ってしまいます。そうするとゆう子さんの所得制約は，縦軸に8万円をとって，自由時間が増えるたびにそこから所得が少なくなることになります（図6.8）。このゆう子さんの自由時間に伴って所得制約が変わっていく関係を予算制約式と呼びます。

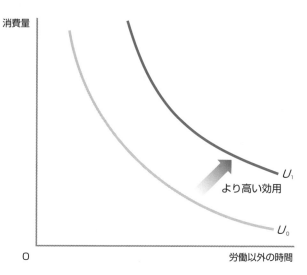

図6.7　自由時間と消費の無差別曲線

図6.8　ゆう子さんの悩み

いま，消費量を C，消費財の価格を P，賃金を W，自由時間を d とすると，

$$PC = (80 - d)W \qquad (6\text{-}5)$$

と予算制約式を表すことができます。(6-5)式右辺は，仕事の時間（80-d）に時間当たり賃金をかけたもので，労働所得を表し，左辺はその所得のすべてを使って消費する金額を示しています。縦軸に消費量（C），横軸に自由時間（d）をとると，予算制約式は図6.9のように，縦軸の $80 \times (W/P)$ を基点に，$-(W/P)$ の傾きで低下する直線で表すことができます（図ではマイナスをとって傾きを示します）。直線が横軸と交わる点は，80時間で，これは80時間すべてを自由時間に回せば，労働所得がゼロになることを示しています。

　ゆう子さんは，予算制約線の中であれば，どのような自由時間と消費の組み合わせでもかまいません。しかし，すでにみたように，満足度が高いのは，原点から遠い自由時間と消費の組み合わせです。たとえば図6.10の A 点や B 点でも，自由時間を過ごすことも消費も可能ですが，無差別曲線と予算制約式が接する E 点の組み合わせを選択した方がもっと高い満足度が得られます。しかし E 点より高い満足度を得ようとすると，今度は予算制約式を満たさなくなります。したがって予算制約式を満たす中で最も高い満足度（効用）が得られる自由時間と消費の組み合わせは E 点ということになります。E 点では，自由時間が決まると同時に，80時間から自由に過ごす時間数を引いた，1週間の労働時間も決まることになります。この労働時間をゆう子さんが1週間で供給する労働量と考えるのです。

賃金の変化と労働供給量

　さて，ゆう子さんが E_1 点に対応する労働量を供給しているときに，時間当たりの賃金が上昇したとしましょう。このとき従来と比べて，同じ時間働いたときの所得は増加します。すなわちゆう子さんの予算制約式は，C 点での傾きが急になります（図6.11）。実は賃金が上昇するということは自由時間の対価が上昇することを意味します。時間を自由に使うこと自体直接の費用はかかりません。しかし，1時間の自由時間をとるということは，1時間分労働して得られる所得を放棄するということです。つまり，自由時間を選択することによって得られなかったものがあるとすれば，それは自由時間の費用として考えることができます。こうした費用を機会費用と呼びますが，この場合は賃金が自由時間の機会費用に

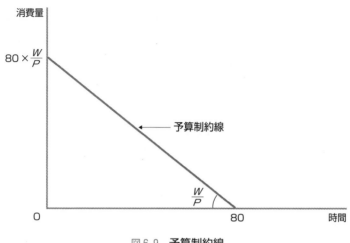

図 6.9　予算制約線

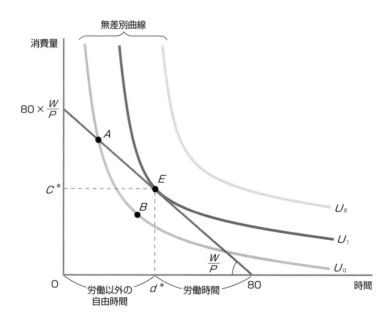

図 6.10　労働時間の決定

なり，この機会費用を自由時間の価格とみなすことができます。

　図6.11における賃金の上昇は，自由時間の価格が消費財の価格（P）よりも上昇したことを意味しますから，ゆう子さんは自由時間を減らし，労働から得た所得でより多くの消費財を購入するでしょう。こうした効果を代替効果と呼びますが，この代替効果が，所得の上昇によって，自由時間と消費財の購入双方を増加させる効果（所得効果）を上回るならば，E_2点のように，ゆう子さんは最終的に労働量を増やし，自由時間を削る選択をします。ただあまり賃金が上昇すると，所得効果が大きくなり，労働時間をそれほど増やすことはせず，自由時間を増やすようにします。

　また消費財の物価が下落した場合は，実質的に現行の賃金から得られる所得の購買力が増加するので（これを実質賃金の上昇といいます），物価一定で賃金が上昇する際と同様の効果が働きます。このとき代替効果が所得効果を上回る場合は，労働供給量が増えるようになります。

　ゆう子さんのような人が標準的な人だと考えると，以上から経済全体の労働供給の変化は，実質賃金の変化に依存します。すなわち実質賃金が上昇すれば，労働供給は増え，実質賃金が下落すれば労働供給は減ります。もっともあまりに実質賃金が上昇すると，労働供給が減るような状況も生じます（図6.12）。ケインズは，このような労働供給の理論を古典派の第2公準と呼び，自分の経済学体系に含めることはできないと考えました。これは後に述べるように，この公準に従えば，人々は自らの判断で自由に労働供給量を選択できるので，どのような失業状態でも，それは自発的なものだとみなされ，やむを得ず失業状態になる非自発的失業を説明できないからです。

レッスン6.4　新古典派の労働市場

　マクロ経済の見方をめぐっては大きく2つの見方があります。一つはケインズが『一般理論』を書く以前から支配的であった新古典派の議論です。新古典派は，基本的にどのような市場でも価格が伸縮的で，この価格の調整メカニズムによっ

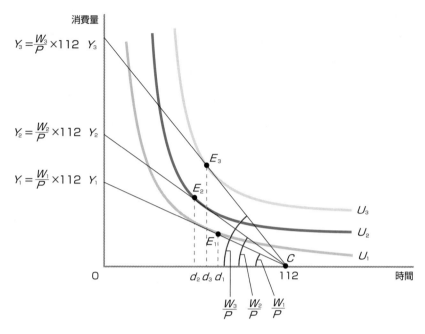

図6.11　賃金の変化と労働供給量の変化

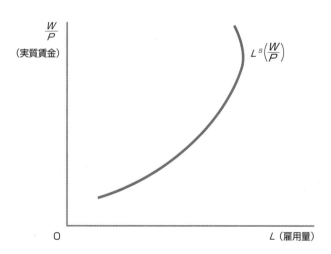

図6.12　労働供給曲線

て，需要と供給が一致すると考えています。

　一方，ケインズは，短期的には価格の調整メカニズムはうまく働かず，需要と供給が一致しない「市場の不均衡」が生じると考えています。この新古典派とケインズ（またはケインズ派）の考え方の違いは，特に労働市場において際立っています。

　それでは，まず新古典派の労働市場からみていきましょう。すでにみたように，新古典派では，古典派の第1公準と第2公準がともに成立します。したがって雇用量を横軸にとり，実質賃金を縦軸にとると，右下がりの労働需要曲線と右上がりの労働供給曲線を描くことができます（図6.13）。

　いま実質賃金が図6.14の $(W/P)'$ のようなところにあれば，労働市場は，労働供給が労働需要を上回る超過供給のような状態になります。このときには，実質賃金が低下し，企業側の労働需要が増え，家計の労働供給が減少していきます。そして，ちょうど労働需要曲線と労働供給曲線が交わる E 点にまで，実質賃金が低下したとき労働市場での需給が一致します。一方，労働需要が労働供給を上回る状況では，実質賃金が上昇することによって，労働需給の一致が達成されます。新古典派では，このように労働需給が一致するよう実質賃金が伸縮的に変動すると考えています。

　新古典派の労働市場では，家計は市場で決められた実質賃金の下で，自らの効用を最大化するように労働供給量を決めています。したがって現行の実質賃金の下で，満足するだけ働くことができないという状況を説明することはできません。すなわち，新古典派の労働市場においては非自発的な失業というものは存在せず，どのような均衡点でも完全雇用が達成されていることになります。

ケインズ派の労働市場と賃金の下方硬直性

賃金の下方硬直性と非自発的失業

　ケインズは，古典派の第1公準は認めましたが，第2公準については認めていませんでした。そこで，ここでは労働供給については，実質賃金の変化に依存せ

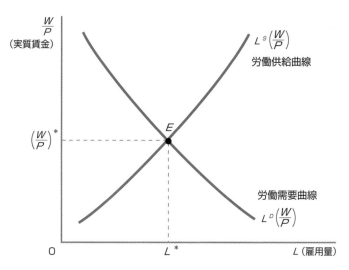

図 6.13　労働市場の均衡（新古典派）

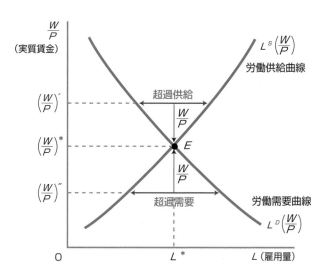

図 6.14　労働市場における超過供給・超過需要

ず，常に一定であると考えます。つまり，人々はどのような状況でも平日は7時間，1週間で35時間は働きたいと考えているとします。そうすると，図6.15のように，労働需要曲線は，新古典派の労働市場と同じく右下がりですが，労働供給曲線はある労働供給量（ここでの例でいえば，週35時間に労働力人口をかけた値）の点（L^F）から垂直な直線で表すことができます。

　新古典派的な労働市場であれば，労働需要と労働供給が一致するように実質賃金が伸縮的に動きます。しかし，ケインズ派では実質賃金が硬直的であると考えます。特に図6.15のように，労働供給が労働需要を上回り，市場が超過供給にあるときに，実質賃金は高止まりすると考えています。このとき企業側は，L^*しか労働を必要としませんから，$L^F - L^*$だけ職に就けない人が存在することになります。人々はL^Fだけ働きたいと考えているのに，L^*分しか職がないのですから，$L^F - L^*$の部分は非自発的な失業とみなすことができます。

賃金の下方硬直性はなぜ生ずるのか？

　ここで問題になるのは，なぜ非自発的失業を生ずるような，賃金の下方硬直性が生じるのかということです。ケインズ派の人たちは，当初，労働組合のような労働者を守る組織が，企業家との交渉によって賃金の低下を妨げていると想定していました。その後，賃金の下方硬直性に関して様々な研究が進められていますが，現在までは，①相対賃金仮説，②暗黙の契約仮説，③インサイダー・アウトサイダー仮説，④効率賃金仮説の4つの仮説がよく知られています。

　相対賃金仮説は，労働者は自らの賃金水準を，他の労働者の賃金水準と比較して考えます。もし他の労働者の賃金が下がらなければ，自分の賃金が下げられることにも抵抗するでしょう。結局皆が他人の賃金をみて，それ以下にならないようにするために全体として賃金水準が下がりにくくなるのです。

　暗黙の契約仮説は，労働者側と企業者側双方で，あたかも賃金の固定契約がなされたかのように，安定した賃金体系を受け入れるために，賃金が硬直的になるという説です。これは労働者が危険回避的な効用関数を持つ場合は，固定的な賃金契約の場合の方が，景気変動に応じた賃金契約を結ぶよりも効用が高くなるためです。

　インサイダー・アウトサイダー仮説は，労働市場が，すでに企業に雇われてい

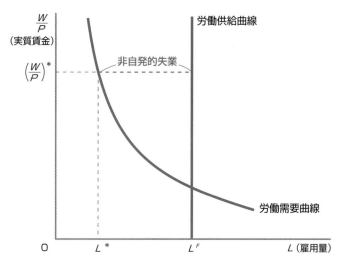

図6.15　ケインズ的な労働市場の均衡

　日本では，独特の雇用の形態が存在しその特徴は日本的雇用慣行と呼ばれています。代表的な日本的雇用慣行は年功賃金や終身雇用の形態にみられます。

　年功賃金とは，就業年齢が高まるにつれて賃金が上昇していく給与体系のことを指しています。年功賃金制による給与体系では，賃金は労働生産性の上昇よりも急カーブで上昇します。したがって最初は労働生産性より低い賃金を受け取り，ある一定年齢を過ぎると，逆に労働生産性以上の賃金を受け取るシステムになります。

　一方の終身雇用は，20年から30年近く1つの企業に働く形態ですが，これは年功賃金によって支えられている雇用慣行であるといえます。先ほどの年功賃金制では，若い労働者は自分の生産性と実際に受け取る賃金の差を企業に貯蓄していることになります。このため，労働者にとっては，その企業を途中で辞めてしまうと，それまでの自らの成果分を回収することができません。したがってできるだけ1つの企業に長く居続けようとするのです。企業側にとっても，退職金の積立金などには税制上の恩典が与えられており，できるだけ労働者を長期間雇用しようとする誘因があります。

る労働者のための内部労働市場と，新たな職を探している労働者のための外部労働市場に分かれていることを前提としています。企業は外部から労働者を新たに雇うとすると，企業に定着するための訓練費用を負担しなくてはならないので，内部労働者には訓練費用分を上乗せした賃金を支払います。企業としては，新たにアウトサイダーを雇い入れて，訓練をした上でインサイダーを増やし，賃金を低下させたいと考えますが，それはインサイダーにとっては不利になり，アウトサイダーの訓練を行わなくなるので，結果的に市場賃金より高い賃金がつき，アウトサイダーがなかなか雇用されない状況が生じます。

　効率賃金仮説では，労働者の能力が異なっているということを前提としています。もし企業が市場賃金で労働者を雇っているとすると，質の悪い労働者は怠けてしまい，質の良い労働者は，自らの労働能力を正当に評価してもらえないため，その企業を辞めて他の企業に移ってしまうでしょう。したがって企業にとっては，むしろ市場賃金より高い賃金を提示して，質の良い労働者を集め，生産性を向上させた方が，企業にとっては望ましい戦略といえます。企業は生産性が向上し，企業の利潤が最大化する点で市場賃金より高い賃金を支払います。この賃金のことを効率賃金と呼んでいます。この効率賃金仮説に従えば，賃金が市場賃金よりも高くなる現象を説明することができます。

レッスン6.6　ベバレッジ曲線と構造的失業

　レッスン6.4で，新古典派の労働市場は完全雇用を想定していると述べましたが，現実には多くの職に就けない人が存在します。このような失業者が非自発的失業者でないとすれば，どのような失業者なのでしょう。

　こうした失業を説明する一つの方法がベバレッジ曲線です。ベバレッジ曲線は，横軸に欠員者数をとり，縦軸に失業者数をとって，各時点の欠員者数と失業者数の組み合わせをみたときに，負の相関関係を示すような右下がりの曲線を指します。これは，労働市場で一定の構造を前提としたときに，景気の変動によって，欠員者数と失業者数の組み合わせが図6.16の曲線に沿った軌跡を描くことを意

下図をみると，日本は先進諸国の中でイタリアに次いで勤続年数が長い国ですが，最近は終身雇用制度が適用されない非正規雇用の増加に伴って，平均的な勤続年数も短くなり，フランスやドイツなどの大陸ヨーロッパ先進諸国との差が縮小しています。

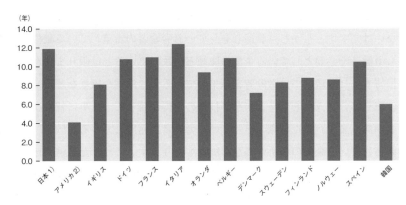

主要国の平均勤続年数（2020年）

（出所）　労働政策研究・研修機構『データブック国際労働比較 2022』
（資料出所）　日本：厚生労働省（2021 年 5 月）『2020 年賃金構造基本統計調査』
　　　　　　　アメリカ：労働省（2020 年 9 月）*Employee Tenure in 2020*
　　　　　　　その他：OECD（2021 年 11 月現在）*Employment by job tenure intervals*
　　　　　　　　　　　（https://stats.oecd.org/）
（注）　アメリカは中位数，その他の国は平均年数。
　　　1）常用労働者のうち，短時間労働者を除く。民営事業所が対象。2020 年 6 月末現在。
　　　2）2020 年 1 月現在。年齢階級別 15 ～ 24 歳の欄は 16 ～ 24 歳が対象。

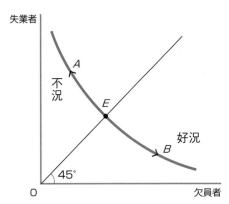

図 6.16　ベバレッジ曲線

味しています。

　ベバレッジ曲線と45度線の交点をE点とすると，E点では，欠員に伴う求人数と失業による求職者数とがちょうど一致します。これは労働者を必要とする企業がいる一方で，それと同数の労働者が職を探している状況を指します。もし職探しをしている労働者が，労働者を必要とする企業に雇われていれば，失業は存在しないはずです。しかし，職探しをしている労働者の希望している職種が，必ずしも労働者を必要としている企業の職種と一致しているとは限りません。たとえば情報サービス産業では労働者を募集しているが，鉄鋼や繊維など伝統的な産業に就職していた人たちは，なかなか技術の習得が難しく，仕事に就けないということがあります。また職探しをしている労働者が希望している地域と，労働者を必要としている企業の場所が異なる場合もあります。こうした職種や地域によるミスマッチによって，求人があっても，それと同数の失業が存在する状態がE点なのです。こうした場合の失業を構造的・摩擦的失業と呼んでいます。この失業は，求人がなく，やむを得ず失業して職探しをしている非自発的失業とは区別されます。新古典派では，非自発的失業は認めていませんが，こうした構造的・摩擦的失業の存在は認めています。

■■■■ レッスン6　演習問題 ■■■■

1. 15歳以上人口が1億人で，労働力率が80%とする。非労働力人口はいくらになるか。

2. 問題1で完全失業者数が200万人，自営業者等の人口が1,000万人とすると，雇用者数はいくらになるか。また完全失業率は何%になるか。

3. 日本の非正規雇用者の動向について，図6.2をみて簡単に述べなさい。

4. 賃金の下方硬直性を説明する議論について，簡潔に説明しなさい。

消費と貯蓄の理論

7

レッスン

現在の消費と将来の消費の選択

消費と貯蓄

　レッスン5では，景気の変動が経済全体の需要と供給の差，すなわちGDPギャップ（需給ギャップ）で表されることを学びました。**レッスン2**で学んだ国民経済計算において，国内総支出が1国の財，サービスの全需要に相当しますが，この中で家計の消費支出にほぼ相当する民間最終消費支出額は，国内総支出の中で最大の割合を占めています。2021年の民間最終消費額は，294兆円で，GDP全体の53.5%を占めています。このため，民間の消費動向は経済全体の行方に大きな影響を及ぼします。

　さて**レッスン6**の労働市場の議論では，人々は労働で得た所得のすべてを消費すると考えていました。しかし現実には，人々は働いて得た所得をすべて消費するわけではなく，その一部を銀行に預金したり，株式を購入したりして貯蓄にあてています。

　貯蓄は何のためにするのでしょうか。ある人は，ただお金を貯めること自体が好きだというでしょう。また別の人は，子孫にお金を残すために貯蓄するかもしれません。しかし大抵の人は，図7.1のように将来何か物を買うために現在貯蓄をするのではないでしょうか。たとえば将来車を買ったり，旅行をしたりするために，毎月決まった額の貯蓄をしたりします。また将来働くことができなくなったときに，あらかじめ貯蓄しておいた資金を引き出して消費にあてることを予定している場合もあります。つまり，貯蓄は将来の消費のための準備と考えることができます。

　このように考えると，現在得た所得のうち，どれだけを現在の消費に回し，どれだけを貯蓄に回すかという決定をすることは，現在の消費と将来の消費の配分を決めていることであるということがわかります。

現在と将来の消費配分の決定

　現在の消費量と将来の消費量をどのように選ぶかという問題は，労働市場での

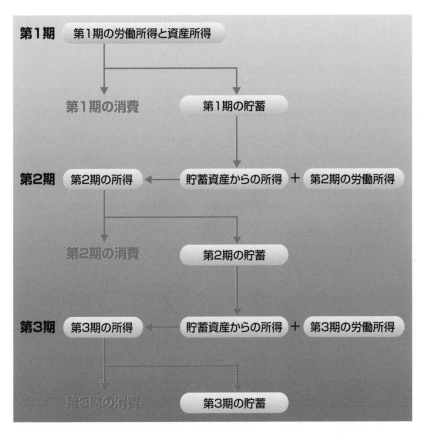

図7.1 家計の消費行動のパターン
（注） 本文では第１期を現在，第２期を将来と単純化して消費パターンを考えている。

消費と自由時間の選択と同じように考えることができます。すなわち，ある人の現在の消費と将来の消費の組み合わせに関して，同じ効用になる組み合わせを結んだ無差別曲線を描くことができます。たとえば，毎期一定時間携帯電話を使用すると考えます。いま現在の携帯電話の通話時間（消費）を 10 時間とし，将来の携帯電話の通話時間（消費）も 10 時間とします。もし将来の携帯電話の通話時間を 1 時間減らしたとすると，現在の通話時間を 1.5 時間増やさなければ最初に述べた通話時間の組み合わせと同じ効用は得られないとします。さらに将来の通話時間を 1 時間減らした場合は，現在の通話時間を 3 時間増やさなくては，同じ効用が保てません。これは現在の通話時間を増やしたとしても，現在の追加的な通話時間から得られる効用が低下していくからです（限界効用の逓減）。このため，労働市場と同様，現在の消費と将来の消費の組み合わせに関する無差別曲線は，原点に対して凸状の曲線となり，原点から遠い無差別曲線ほど効用が高くなります（図 7.2）。

さて労働市場で，消費と自由時間の組み合わせを選ぶとき，無差別曲線上の点を自由に選べるのではなく，予算制約の範囲内での選択となることを述べました。現在の消費と将来の消費の場合も同様で，現在の消費と将来の消費の配分を決める際には予算制約式を考えなくてはいけません。

いま家計は現在の時点で労働所得 Y_1 を稼ぎ，将来は貯蓄資金以外の所得が得られないとします。したがって，この家計にとって将来の所得というのは，現在貯蓄した金額に実質利子分（財・サービスで測った利子所得）を加えたものになります。いま現在と将来の消費量を C_1 および C_2，貯蓄による利子率を r とすると，将来の消費量 C_2 は，現在の所得から現在の消費量を引いた貯蓄量に利子分を加えたものに等しくなりますから，

$$C_2 = (1+r)(Y_1 - C_1) \tag{7-1}$$

で表すことができます。この (7-1)式が家計の予算制約式です。いま横軸に現在の消費量，縦軸に将来の消費量をとった図で表すと，横軸の Y_1 を起点として傾きが $-(1+r)$ となる直線で表されます（図 7.3；以下の図では傾きはマイナスをとって表示しています）。縦軸の交点は $(1+r)Y_1$ です。

家計にとって最も効用が高くなるのは，労働市場の場合と同じく，(7-1)式の予算制約式の下で，無差別曲線が接する点で現在の消費と貯蓄，そして将来の消

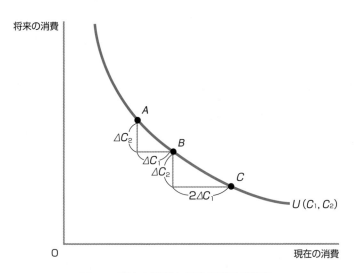

図7.2　現在の消費と将来の消費の選択

将来の消費を減らして現在の消費を増やすとき，最初にA点からΔC_2だけ将来の消費を減らしたときは，現在の消費をΔC_1だけ増加させればA点と同じ満足が得られます。しかし，B点からさらにΔC_2だけ将来の消費を減少させると，同じ効果を得るためには$2\Delta C_1$だけ現在の消費を増やさなくてはなりません。

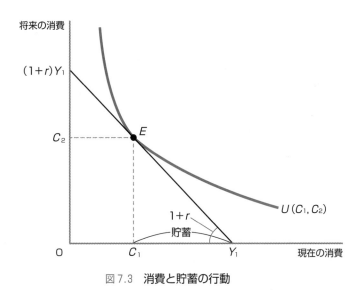

図7.3　消費と貯蓄の行動

費を選択した場合です。図7.3の E 点がこの家計の消費の最適点にあたります。E 点において，家計は現在の消費を C_1，将来の消費を C_2 と選択します。この選択において貯蓄は，現在の所得から現在の消費を引いた $Y_1 - C_1$ になります。

実質利子率の上昇

　いま現在と将来の消費配分が E 点にあるときに，実質利子率が上昇した場合を考えましょう。**レッスン5**におけるフィッシャー方程式の説明で述べたように，実質利子率(r) ＝名目利子率(i) －期待物価上昇率(π^e) ですから，実質利子率が上昇するということは，名目利子率が上昇するか，期待物価上昇率が下落する，すなわちデフレ期待が生じることを意味します。以下ではこの実質利子率を単に利子率と書いています。このとき (7-1)式からわかるように，現在貯蓄したお金につく利子は増加し，将来の消費金額もまたそれによって増加します。このため，Y_1 を起点とした予算制約式の傾きは，より急になります。利子は，現在の消費を我慢して将来の消費に備えることに対する報酬と考えることができます。逆に考えると，現在消費をすることによる費用は，この消費によって諦めた所得分になります。したがって，利子率が上昇するということは，現在の消費価格が将来の消費価格に比べて高くなることを意味します。このため，家計は現在の消費よりも，将来の消費をより選択するため，現在の消費を減らし貯蓄を増やすように行動します。これが利子率の上昇に伴う代替効果です。

　一方，利子率が高まることにより，現在の所得と将来の利子分を含めた全体の所得は高まります。この全体の所得の増加に伴い，現在の消費も将来の消費も増やそうとする行動をとります。これが利子率の上昇に伴う所得効果です。

　利子率の上昇に伴って消費パターンがどのように変化するかは，この代替効果と所得効果の両方の作用によって決まります。図7.4では，利子率の上昇によって最適な消費パターンは E 点から E' 点へと移動しますが，E' 点では代替効果が所得効果を上回るため，結果的に現在の消費が減少し貯蓄が増加しています。

現在の所得の増加

　それでは，現在の所得が増加した場合について考えてみましょう。現在の所得が Y_1 から Y_1' に増加すると，予算制約線は図7.5のように右方にシフトします。

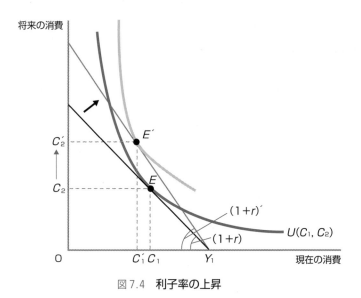

図 7.4　利子率の上昇

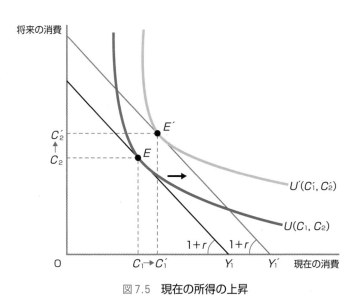

図 7.5　現在の所得の上昇

これによって最適な消費配分は E 点から E' 点へと移動します。E' 点では所得の増加により，現在および将来の消費（すなわち貯蓄）双方が増加します。

将来の所得

次に将来ある程度の所得が得られるようになったときを考えてみましょう。いま将来に Y_2 だけの所得が得られるとしましょう。そうすると，予算制約式（7-1）式は，

$$C_2 = (1+r)(Y_1 - C_1) + Y_2 \qquad (7\text{-}2)$$

と書きかえることができます。(7-2)式は，将来の消費額は，現在の貯蓄額に利子を加えたものと将来の所得額の合計になることを示しています。これを図示すると，横軸に現在の所得と資産の合計 Y_1 をとり，縦軸に将来の所得 Y_2 をとった A 点を起点として，$-(1+r)$ の傾きをした直線が予算制約式となります（図7.6）。

予算制約式は，A 点の右側にも描くことができます。ここでの消費パターンをみると，現在の所得額よりも消費額が上回っています。これが可能になるのは，将来の所得をあてにして，現在借入れを行い，その借入金を消費にあてているからです。現在の借入金は，将来の所得から返済されることになります。

将来の所得をすべて借入金の返済にまわして将来の消費をしない場合が，新しい予算制約式と横軸との交点です。(7-2)式において C_2 を 0 とすると，現在の消費は，現在所得と将来の所得からの借入金で賄われますから，

$$C_1 = Y_1 + \frac{Y_2}{1+r} \qquad (7\text{-}3)$$

と表すことができます。この (7-3)式の値が，新しい予算制約式と横軸の交点です。右辺の第 2 項は，将来の所得で返済を約束して現在借り入れることのできる最大限の金額です。これが将来の所得に等しくならないのは，借入れに伴う利子支払いや物価の変化を考慮しなくてはならないからです。右辺は，現在と将来の所得を考慮した上で，現在利用可能な所得の全額ですが，これを所得の割引現在価値と呼んでいます。

ここまでの消費行動を消費関数の形でまとめると，

$$C_1 = C(r, Y_1, Y_2) \qquad (7\text{-}4)$$

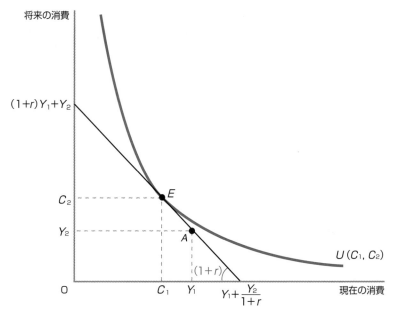

図7.6　将来所得が得られるようになった場合

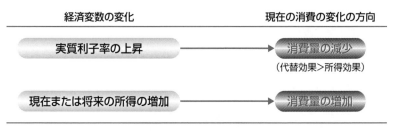

経済変数の変化	現在の消費の変化の方向
実質利子率の上昇	消費量の減少 （代替効果＞所得効果）
現在または将来の所得の増加	消費量の増加

図7.7　消費の変動要因

となります。現在の消費は，実質利子率，現在および将来の所得に依存します。それぞれの変数が消費にどのような影響を与えるかは，図7.7にまとめています。

レッスン7.2 ライフサイクル消費仮説

　レッスン7.1で述べた現在を，労働して所得を稼ぐ若年期，将来を，労働からの所得を得ることができない老年期とします。若年期には労働所得の一部を貯蓄し，老年期にはその貯蓄を引き出して消費にあてるような消費パターンをライフサイクル消費仮説と呼びますが，これまで述べてきた消費パターンは，このライフサイクル消費仮説を単純化したものと考えることができます。このライフサイクル消費仮説は，1985年にノーベル経済学賞を受賞したフランコ・モディリアーニ教授（Franco Modigliani）が1960年代に提唱しました。

　ライフサイクル消費仮説では，図7.8のように，若年期の労働所得は引退するまで増加していくと考えます。そしてこの労働所得から消費を引いた総額が貯蓄総額（図7.8の*ABCD*の部分）となります。老年期にはこの貯蓄を引き出して消費にあてます。遺産を考えないとすると，図7.8の*DFGH*は，図の*ABCD*の部分に利子分を加えたものとなります。図7.8をみると，*BCFGIJ*の部分はその人の生涯所得にあたります。ライフサイクル型の消費パターンというのは，生涯を通じて変動する所得に対して，生涯所得を見越した上で，なるべく消費を平準化する消費行動であると考えることができます。なお生涯所得を現在の時点で評価した金額が，すでに述べた所得の割引現在価値になります。

レッスン7.3 恒常所得仮説

恒常所得仮説とは

　ライフサイクル消費仮説では，生涯を通じて変動する所得に対して，消費を平

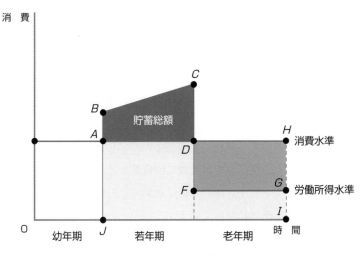

図7.8　ライフサイクル消費仮説の考え方
（注）　老年期の所得は年金による所得と考える。

コラム7.1	時間選好率を含む消費の2期間モデル

　本文で説明した現在と将来の消費の選択についてより厳密な説明をしておきましょう。図7.2で描かれた現在と将来の消費効用をミクロ経済学で学んだ効用関数で表すと，

$$U(C_1, C_2) = U(C_1) + \frac{1}{1+\rho}\, U(C_2) \tag{7-A-1}$$

となります。ここで C_1, C_2 は本文と同じく現在（第1期）と将来（第2期）の消費量です。

　また，ρ は時間選好率と呼ばれるものです。時間選好率というのは，現在の消費と将来の消費を比べて，現在の消費をどれだけ重視するかという尺度です。もしリンゴ5個を現在消費した場合と将来消費した場合の効用が同じになるのであれば，ρ は0ですが，同じ数量の消費でも現在の消費効用の方が将来の消費効用よりも大きいのであれば $\rho > 0$ となります。したがって，時間選好率が高い経済主体は，より現在の消費を重視するため，貯蓄が少ないかあるいは借入れをしても現在の消費量を増やそうとする傾向があります。

　さて，現在と将来の所得も本文と同じく Y_1, Y_2 とすると，予算制約式は (7-2) 式のようになります。この (7-2) 式を変形すると，

$$C_1 + \frac{C_2}{1+r} = Y_1 + \frac{Y_2}{1+r} \tag{7-A-2}$$

と書けます。(7-A-2) 式の制約の下で，(7-A-1) 式における現在と将来の消費を，ラグランジュの未定乗数法を使って最大化します。これは

$$L = U(C_1) + \frac{1}{1+\rho}\, U(C_2) + \lambda \left(C_1 + \frac{C_2}{1+r} - Y_1 + \frac{Y_2}{1+r} \right) \tag{7-A-3}$$

準化する行動がみられました。恒常所得仮説もライフサイクル消費仮説と同様，一定期間稼得する所得が変わらなければどの時点でも同一水準の所得を維持しようとする消費行動です。恒常所得仮説においては，消費者が実際の所得パターンは不確定な変動を含んでいると認識しているため，自ら生涯所得を計算し，それをさらに毎年一定額に平準化した所得に対して一定割合を消費すると考えている点が特徴です。この平準化された所得を恒常所得（Permanent Income）と呼んでいます。

　なぜ時間を通じて消費を平準化した方がよいのでしょうか。これを，図7.9を使って説明しましょう。図7.9では横軸に消費量をとって，縦軸にその消費量に対応した効用をとっています。限界効用は逓減するので，消費量に対応した効用関数は上方に向かって凸状になっています。

　いま，1期目の所得がY_1，2期目の所得がY_2でそれに対応した消費量をC_1，2期目の消費量をC_2とします。1期目と2期目で所得が変動すれば，消費もそれに応じて変動するわけです。この場合，2期間の平均の消費効用は，$1/2(U(C_1)+U(C_2))$となります。一方，この2期間の所得の変動を見越して，2期間の平均所得に対応した消費量$1/2(C_1+C_2)$を選択した場合，1期当たりの消費効用は，$U(1/2(C_1+C_2))$となります。なお，この場合1期目に所得を上回る消費をする可能性がありますが，その場合図7.6のように，将来の所得を担保に借入れができると想定しています。

　図7.9からわかるように，この2期間の消費を平準化した場合の効用（A点）は，毎期の所得に応じた消費量（B点）を上回ります。つまり，時間を通じて消費を平準化した方が満足度が高くなるのです。

　恒常所得仮説は，2期間というよりも生涯を通した所得を考慮して，毎期の消費水準を平準化するという仮説です。この仮説はフリードマンシカゴ大学教授が提唱しました。彼も1976年にノーベル経済学賞を受賞しています。

　いま消費量をC，恒常所得をY_Pとすると，恒常所得仮説は，

$$C = kY_P \tag{7-5}$$

と表すことができます。ここで，kは恒常所得に対する消費の比率を表す係数です。現実の所得Yは，恒常所得と等しくありませんから，

$$Y = Y_F + Y_T \tag{7-6}$$

という式について C_1, C_2 それぞれの偏微分をとることを意味します。それぞれの消費に関する最適解は，

$$U'(C_1) - \lambda = 0 \tag{7-A-4}$$

$$\frac{1}{1+\rho} U'(C_2) - \lambda \frac{1}{1+r} = 0 \tag{7-A-5}$$

となります。

ここで，$U'(C)$ は，効用関数を消費量で偏微分した限界的な消費効用の変化分を表しています。(7-A-4)式と (7-A-5)式を，λ を使って整理すると，

$$\frac{U'(C_1)}{\frac{1}{1+\rho} U'(C_2)} = 1 + r \tag{7-A-6}$$

となります。(7-A-6)式は，現在の消費の限界効用と将来の限界効用を時間選好率で割り引いた値の比率が，資産収益率に等しくなることを示しています。これがオイラー方程式（またはケインズ・ラムゼールール）と呼ばれている式です。

資産収益率 r は，家計が貯蓄をする際の指標になるものです。つまりオイラー方程式は，現在から将来までの消費パターンが，資産収益率 r と時間選好率 ρ の値に依存することを示しています。もし $r > \rho$ であれば，(7-A-6)式から，$U'(C_1) > U'(C_2)$ になります。消費量が少ないケースの方が限界消費性向は高くなりますから，現在の消費は将来の消費よりは少ないことがわかります。つまり消費は現在から将来にかけて徐々に増加する経路を辿ります。一方，$r < \rho$ の場合は，$U'(C_1) < U'(C_2)$ になりますから，消費は現在から将来にかけて徐々に減少する経路を辿ることになります。本文では実質利子率と現在および将来の消費量の関係に焦点をあてたので，時間選好率を省略して議論を進めています。

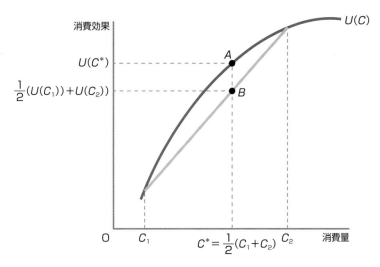

図7.9　**消費の平準化**

となります。ここで，Y_Tは一時的所得と呼ばれます。恒常所得のY_Pは，先ほどの例でいえば，毎期の所得を平準化した所得ということになります。

所得の一時的変化と長期的変化

さて恒常所得仮説の特徴は，一時的に所得が変化しても恒常所得が変化しなければ，その消費パターンに変化がないということです。つまりY_Tが変化してもY_Pに変化がなければ，消費量は変化しません。最もわかりやすい例が，2020年から始まった新型コロナウイルスのパンデミックの際に，日本政府が2020年4月から実施した，国民への10万円の特別定額給付金です。政府はこれによって，消費の落ち込みを防ごうとしましたが，その目論見は見事にはずれてしまいました。図7.10は日本の家計貯蓄率の推移を示していますが，この政策が実施された2020年の4月から6月までの貯蓄率は，何と21.9％とかつてない高い値となっています。もし人々が将来にわたって所得が上昇すると考えていれば，消費も増やすでしょうからこれほど貯蓄が増えることはありません。このように貯蓄率が高まったのは，人々が給付金を一時的な所得と考え消費を増やさなかったことを示しています。

しかし，長期的に所得が変化する場合は，消費量も変化してきます。図7.10では，一時的な給付金が終わった後も2010年代よりは高い貯蓄率を示しています。このことは裏を返していえば慎重な消費が続いていることを示しています。もちろん行動制限などがあり，平時と同様の消費が難しいことが影響していると思いますが，新型コロナウイルスの感染拡大を経て，長期的にも日本の成長力，すなわち所得の伸びが衰えると予想されることや，新型コロナウイルス対策による膨大な政府支出がいずれ増税をもたらすのではないかという不安から消費を抑制しているとも考えられます。同様の状況は，1970年代後半の石油危機のときや1997年から98年にかけての金融危機（北海道拓殖銀行，日本長期信用銀行，三洋証券，山一證券など大手の金融機関が次々に破綻した時期を指します）にもみられました。

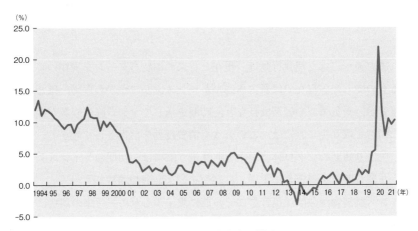

（%）

図 7.10　**家計貯蓄率の推移**
（出所）　内閣府『国民経済計算』

<table>
<tr><td>コラム 7.2</td><td>予備的動機に基づく貯蓄</td></tr>
</table>

　ケインズが提起した貨幣の保有動機の中に予備的動機があります。これは，病気や災害などの不測の事態に備えて，貨幣を保有するという考え方です。この考え方を消費と貯蓄の文脈に置き換えると，不測の事態が起きる確率（すなわち不確実性）が高まると，人々は貯蓄を増やすという議論になります。阿部修人『家計消費の経済分析』岩波書店，2011 年は，本書で展開した 2 期間モデルをベースにこの予備的貯蓄の条件を解説しています。また小川一夫『日本経済の長期停滞——実証分析が明らかにするメカニズム』日本経済新聞出版，2020 年は，こうした不確実性が消費低迷をもたらし，日本の長期停滞の主因となったと述べています。

　予備的貯蓄だけでなく，ライフサイクル理論も含めて最近の日本の消費行動に関して包括的な分析を行ったものとして，宇南山卓『現代日本の消費分析——ライフサイクル理論の現在地』慶應義塾大学出版会，2023 年があります。本書ではライフサイクル理論を中心とした実証分析だけでなく，給付金や児童手当など民間消費に関する政策の効果についても考察しています。

ケインズ的な消費関数

レッスン **7.4**

　これまで述べてきた消費行動は，現在と将来の消費パターンを現在の時点で選択するものでした。現在では新古典派かケインズ派かにかかわらず，ほとんどの経済学者が，景気循環や経済成長など，時間を通じてマクロ経済変数が変化するような問題を取り扱う際には，このような消費行動を前提として考えています。しかし，より短期のマクロ経済現象を取り扱う際には，初期のケインズ派が考えたような消費関数を想定します。これがケインズ型消費関数です。

　ケインズ型消費関数は，視野をごく短期に限定するため，将来の消費については考えません。したがって利子率や物価の変動も除いて考えます。そうすると，(7-4)式からそれらの変数を除いて，ケインズ型消費関数は，

$$C_1 = C(Y_1) = a + cY_1 \tag{7-7}$$

と表すことができます。すなわちケインズ型消費関数というのは，現在の消費(C) が，現在の所得にのみ依存する消費パターンなのです。ここで a は基礎的な消費を指し，c は現在の所得が変化したときにどれくらい現在の消費が変化するかを示す限界消費性向です。

　たとえば基礎的消費が 100 万円で，現在の所得が 400 万円，限界消費性向が60%とすると，現在の消費は 340 万円となります。ケインズ型消費関数の特徴は，所得が高くなるにつれて，平均消費性向が低くなるという点です。先ほどの例では，平均消費性向は，340 万円/400 万円＝85%です。しかし，もし現在の所得が500 万円に上がると，(7-7)式に従って現在の消費額は 400 万円となり，平均消費性向は 80%に低下します。このことは，高額所得者ほど消費の割合が少なくなり，貯蓄の比率が高まることを意味します。これは，高額所得者であろうとなかろうと，基礎消費部分は同じ金額なので，その部分は高額所得者の方が消費性向が小さくなるためです。

　横軸を所得，縦軸を消費量とした図で (7-7)式を示すと，ケインズ型消費関数は，縦軸の a を起点に傾きが c の直線で表されます（図 7.11）。平均消費性向は，原点からこの直線への傾きで示されますから，所得が高くなるほどこの傾きが緩

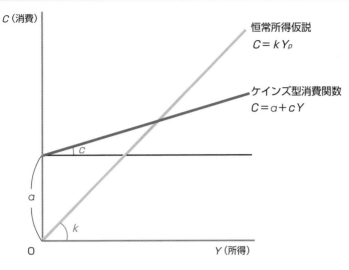

図7.11 恒常所得仮説とケインズ型消費関数

　ケインズ型の消費関数に近い考え方は，**レッスン7.1**で示した2期間の消費モデルでも考えることができます。現在も将来もともに所得がある場合，**図7.6**のように，現在の消費は将来の所得を担保にして借り入れることで，現在の所得以上の消費が可能になります。下図の E 点は，そうした場合の現在と将来の消費の最適な選択のケースです。しかし，もし将来の所得を担保にした借入れが不可能な場合，

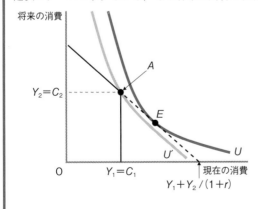

予算制約式は，今期の所得 Y_1 の点で屈折します。その場合無差別曲線との接点は図のように A 点になります。このとき，現在，将来ともその期の所得をそれぞれ消費することが最適です。そして借入れの制約（流動性制約）がある場合の効用は，借入れ制約がない場合の効用を下回ります（$U'<U$）。

やかになります（図7.12参照）。これが高額所得者ほど平均消費性向が低下するという意味です。一方，恒常所得仮説は，(7-5)式から明らかなように，横軸を恒常所得と置き換えて考えると，原点から傾き k の直線で表されることになります。

レッスン7.5　日本の消費と消費理論

日本の民間消費動向

　冒頭で日本の民間消費は，国内総支出の中で最大の割合を占めていると述べました。その民間消費はどのような特徴を持っているのでしょう。一言に消費といってもいろいろな財・サービスの消費があります。この消費の内訳は，大きく耐久財消費，半耐久財消費，非耐久財消費，サービス消費に分けることができます。

　耐久財消費というのは，自動車やテレビなど数年にわたって使用が可能な財の購入を指します。半耐久財消費というのは，耐久財ほど長い耐用年数を有しませんが，衣服などのように，1，2年は使用が可能な財への消費を指します。そして非耐久財消費は，食料など購入するとすぐに消費をしなくてはならない財の消費を意味します。最後のサービス消費は，教育サービスや旅行サービスなどに対する消費です。この他家計の最大の消費として，住宅の購入がありますが，これは耐久財消費の中には含まれず，住宅投資として別掲されています。住宅投資は2020年時点で20兆円となり，GDPの3.7%を占めています。

　この4種類の消費の構成比の推移を1970年代からみると，70年代は非耐久財消費が相当の割合を占めていましたが，その後，急速に割合を低下させています（図7.13）。この傾向は，半耐久財消費についても同じです。非耐久財や半耐久財は，食料や衣服など私たちの生活に不可欠な必需品を多く含んでいますが，こうした財への消費は，経済成長し所得が増え国民生活が豊かになるにつれて，その割合が低下していく傾向を持っています。特に所得に占める食費の割合が低下する傾向を「エンゲル法則」と呼んでいますが，日本の1970年以降の消費動向はまさにこの「エンゲル法則」が成立していたといえるでしょう。

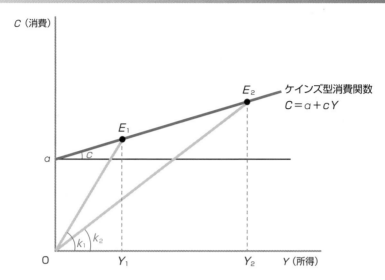

図7.12 ケインズ型消費関数：所得の増加と平均消費性向の低下の関係

Y_1からY_2へ所得が増加すると，ケインズ型消費関数ではk_1からk_2へと傾き（平均消費性向）は低くなります。

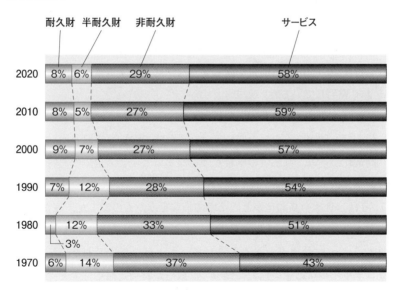

図7.13 家計の最終消費支出の構成

（出所）内閣府『国民経済計算』
（注）家計の形態別最終消費支出の構成より計算。

これに対して，サービス消費はその比率をどんどん伸ばし，今世紀に入ると60％近くに達しています。これは人々が豊かになり，多様なサービスを望んできたことの表れです。

消費理論の妥当性

　さてこれまでいろいろな消費理論を説明してきましたが，日本の消費動向にはどのような消費理論があてはまるのでしょう。まず所得の低い層から高い層まで5段階に分類して，それぞれの平均消費性向を調べてみましょう。図7.14をみると，所得の最も低い層の平均消費性向が最も高く，所得が高くなるにつれて平均消費性向が低下していることがわかります。このことはケインズ型消費関数から導かれる結論と同じです。

　しかし一方で1994年から2020年までの家計消費と可処分所得（国民所得から消費税などをプロット控除した金額）をプロットした図7.15をみると，可処分所得が多くなったときには，民間消費も増加し，逆に可処分所得が少ないときには民間消費の低い水準になっていることがわかります。ケインズ型消費関数に従えば，所得の増加に伴って平均消費性向は低下していくはずです。しかし時間を通じた所得と消費の関係をみると，むしろ両者は同じ方向に動いているようなので，むしろ長期的な所得と消費が同じような傾向を示す恒常所得仮説の方が，図7.15をよく説明しているといえます。

　最後にライフサイクル消費仮説についてみてみましょう。ライフサイクル消費仮説に従えば，働かなくなった高齢者は，それまでの貯蓄を取り崩して生活するため，高齢化が進み，高齢者の割合が多くなるほど，経済全体の消費性向は上昇し，貯蓄率は低下するはずです。

　図7.16は，日本の高齢化率と貯蓄率の推移をみたものですが，確かに21世紀に入ってから高齢化の進展とともに，日本の貯蓄率は大きく低下しています。2020年に入って貯蓄率が大きく上昇していますが，これはすでにみたように，新型コロナウイルスの感染拡大に伴って，政府が特別定額給付金を支給したためです。

　こうして考えると，短期的な所得のばらつきについては，ケインズ型消費関数のあてはまりがよく，長期的な消費動向を説明するためには，ライフサイクル消

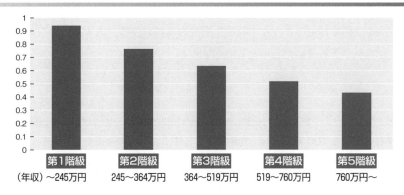

図 7.14　所得階級別平均消費性向

（出所）　総務省『家計調査』
（注）　『家計調査年報（家計収支編）』平成20年（2008年），総世帯，年間収入五分位・十分
位階級別より計算。

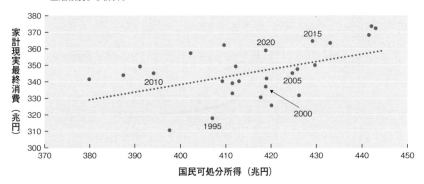

図 7.15　可処分所得と家計消費

（出所）　内閣府『国民経済計算』

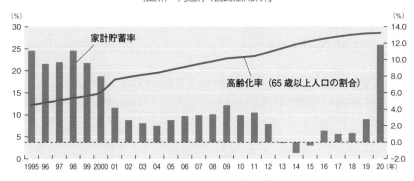

図 7.16　高齢化率と家計貯蓄率

（出所）　内閣府『国民経済計算』，総務省『人口統計』，国立社会保障・人口問題研究所『人口統計資料集』

費仮説が妥当します。恒常所得仮説は，長期的な消費の動向を説明できるだけなく，特別定額給付金のような一時的な所得の増加に伴う，人々の消費行動についても説明ができる理論だといえるでしょう。

1. 現在の所得を 100 万円とし，資産額は 0 とする。将来の所得を 88 万円として，実質利子率が 10％のとき，将来の所得を前もって借り入れることも考え，将来の消費は 0 とした場合，現在の消費は最大限いくらまで可能になるかを計算しなさい。

2. 下図にみられるように，無差別曲線が下方にシフトした場合を考える。これは，消費者が，将来の消費よりも，現在の消費により高い満足度を覚えるようになったことを示す。このとき消費パターンはどのように変化するか。

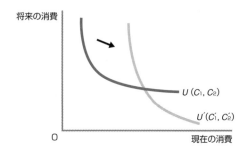

3. ケインズ型消費関数において，基礎消費額が 100 万円，限界消費性向は 60％とする。このとき次の問いに答えなさい。
   (1) 国民所得が 400 万円のとき，消費額を求めなさい。
   (2) 平均消費性向を求めなさい。

4. 日本の家計消費の内容がどのように変わってきたかを説明しなさい。

企業はなぜ 投資をするのか 8

投資とは何か

　財・サービスの需要側として，消費とならぶ重要な項目に投資があります。消費が財やサービスを需要し，一定期間使用した後には何も残らないのに対し，投資の場合は，財を需要するだけにとどまらず，その財を資本という生産要素として利用することによって新たな財・サービスを生み出すという供給側の役割も受け持っています。投資のこの性格を「投資の二面性」と呼びます。こうした点から，投資のことを資本形成ともいいます。

　レッスン2でもみたように，資本形成は生産に役立つ建物や機械を備える固定資本形成と，一時的に生産物や中間投入財，原材料を蓄積する在庫投資に分けられます。このうち固定資本形成は，さらに民間企業設備投資，民間住宅投資，公的資本形成に分けることができます（図8.1）。

　2021年の日本の総固定資本形成は，140.6兆円で，GDP全体の25.6％を占めています。日本は投資が旺盛な国で，この固定資本形成全体で中国や韓国ほどではありませんが，米国，英国，ドイツなどを上回っています（図8.2）。

　固定資本形成の中で最も大きな割合を占めるのは，民間企業設備投資で，GDPの15％程度を占めています。民間企業設備投資は，企業が生産要素として必要な建物を建築したり，機械を購入したりする行動を指します。民間住宅投資は，レッスン7.5でも述べたように，家計部門が住宅を購入した総額です。住宅投資に関しては消費に近い概念で，住宅そのものが市場で取引されている財・サービスを生み出すことはありません。したがって，生産要素としての資本には住宅投資を集計した住宅ストックは含まれていません。公的資本形成は，一般に公共投資と呼ばれているものに相当します。公的資本形成では，道路や橋，港湾など一企業では提供できない資本を整備することに使われます。こうした道路や橋，港湾などは，社会全体で使用する資本となるため，社会資本と呼ばれています。この公的資本形成は，2021年時点では30.5兆円で，GDPの5.6％を占めています。公的資本形成を決定する主体は政府です。政府は企業のように利潤を最大化するといった制約にしばられることはありませんから，比較的自由に公的資本形

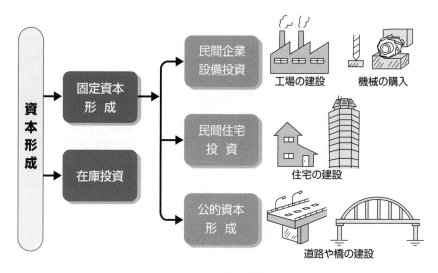

図8.1　投資の種類

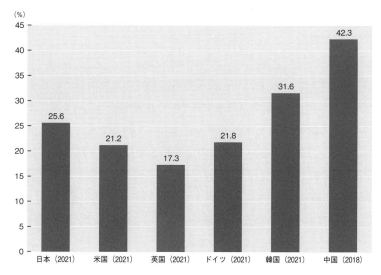

図8.2　総固定資本形成/GDP比率の国際比較

（出所）内閣府『国民経済計算』，OECD.Stat，中国国家統計局

成の金額を決めることができます。このため，公的資本形成は経済社会の状況に合わせて政府が政策を行う，いわゆる財政政策の手段として利用されます（図8.3参照）。

このように投資といっても様々な種類がありますが，以下では，民間企業の設備投資と在庫投資に焦点をあてて説明していきましょう。民間企業投資に特に注目する理由は，図8.4にみられるように民間企業設備投資の変動が，民間消費の変動よりもはるかに大きく，景気循環を理解する際に欠かせないからです。そして企業の投資行動に影響を与える政策をとることで，景気循環を安定化させることも可能になるからです。

<table>
<tr><td>レッスン</td><td>8.2</td><td>企業の設備投資行動</td></tr>
</table>

設備投資量の決定

企業の設備投資は，どのような要因で決まってくるのでしょうか。いま今期の投資だけが生産要素となる生産関数を考えると，それは，

$$S = F(I) \tag{8-1}$$

のように表されます。(8-1)式の生産関数は，通常の生産関数と同じく，限界生産力が正で，その限界生産力は逓減するという性質を持っています。そしてこの企業家は，設備投資（I）をすべて借入金によって賄うと考えます。借入金は，設備投資によって生み出された来期の生産額 S から返済されます。企業家は，その来期の生産額から実質利子額（rI）を含む返済額を控除した額を最大化しようとします。これは，

$$\pi = S - (1+r)I = F(I) - (1+r)I \tag{8-2}$$

のように表されます。(8-2)式から企業家は，

$$\frac{\Delta F}{\Delta I} > 1 + r \tag{8-3}$$

すなわち，設備投資を増加させることによる収益が，設備借入れに伴う返済金を上回る限り設備投資を増加させます。企業家が設備投資をやめるのは，

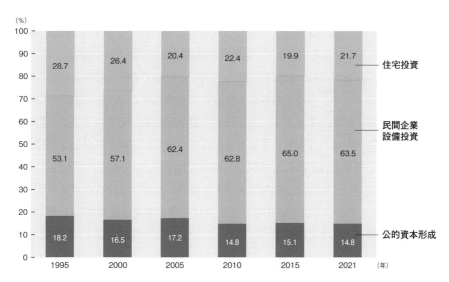

図 8.3　資本形成の構成比
（出所）　内閣府『国民経済計算』

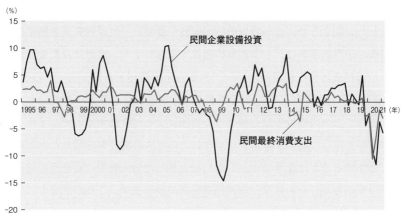

図 8.4　民間消費と民間企業設備投資の変動（対前年同期比）
（出所）　内閣府『国民経済計算』

$$\frac{\Delta F}{\Delta I} = 1 + r \tag{8-4}$$

のときです。これは，設備投資をしたことによる限界的な収益率（$\Delta F/\Delta I$）が実質利子率に等しくなるところまで，企業家は設備投資を行うことを意味しています。

　ところで，企業が自らの投資を手持ちの資金を使って実行した場合はどのようになるのでしょうか。実はこの場合も投資資金を借入金で調達した場合と同じように最適な投資量が決まります。もし投資の限界収益率が実質利子率より低いのであれば，企業家は自分の資金を他のより投資の限界収益率が高い投資案件に回して実質利子率またはそれ以上の収益を手に入れようとするでしょう。したがって，その企業が自分の資金で投資を実行する場合，限界的な投資収益率が実質利子率（r）以上でなくてはいけません。これはその企業が借入金で資金調達をした場合の投資の考え方と同じです。このように，設備投資の決定要因が，資金調達の方法に左右されないという法則をモディリアーニ＝ミラーの定理と呼んでいます。

投資の限界効率表

　ケインズおよびラーナー（Abba P. Lerner）は，設備投資をしたことによる限界的な収益 $\Delta F/\Delta I$ を，投資の限界効率表（Marginal Efficiency of Investment）と呼びました。図8.5で，この投資の限界収益を縦軸に，設備投資量を横軸にとると，投資の限界効率表は，右下がりの曲線で示されます。すでにみたように，限界的な設備投資に伴う費用は，$1+r$ ですから，実質利子率が一定とすると，$1+r$ と投資の限界収益が等しい図8.5の E 点で設備投資量が決まります。

　それでは，この設備投資はどのような要因によって変動するのでしょう。いま利子率 r が上昇した場合を考えましょう。このとき設備投資を行ったときの借入費用が増加することになります。このため上昇した借入費用に見合う設備投資の種類は少なくなり，その結果，設備投資量は減少します。これが図8.6における E 点から E' 点への変化です。

　次に技術進歩が生じた場合を考えてみましょう。技術進歩が生じるということは，同じ設備投資の量で，より多くの生産物を生み出すことができるということを意味します。これはそれまでと同じ投資量でより多くの生産を実現できるとい

コラム 8.1　　企業収益の割引現在価値

　レッスン7では，現在と将来の所得の合計を現在時点で評価した金額を，「所得の割引現在価値」（(7-3)式を参照して下さい）と呼びました。同様に企業についても，それが販売を通して得る現在と将来の所得を，現在時点において評価することができます。これを「企業収益の割引現在価値」と呼びます。

　(7-3)式にならうと，企業の今期の販売による所得は S_1，来期の販売による所得は S_2 ですが，来期の所得を現在に評価する場合は，今期から来期にかけての利子所得分を控除して考える必要がありますから，「企業収益の割引現在価値」V_1 は，

$$V_1 = S_1 + \frac{S_2}{1+r} \tag{8-A-1}$$

と表すことができます。

　V_1 は，現在から将来にかけての企業の販売力（または収益力）を現在時点で評価したものです。これが正当に株式市場で評価された場合，V_1 は企業の株式時価総額に等しくなります。

　(8-2)式では，来期の生産額（または販売額）からそれに要した投資費用を控除する，来期の投資分に関する利潤の最大化を考えていますが，これは，上でみた企業の割引現在価値の最大化と同じことになります。

　すでに説明した企業の割引現在価値は，(8-A-1)式で表されますが，第1期目の企業の生産（または販売）は初期の企業の資産額（Y_1）から投資額（I）を引いた額になります。すなわち，$S_1 = Y_1 - I$ になります。これと，2期目の生産が $S_2 = F(I)$ で表されることを考えあわせると，

$$V_1 = S_1 + \frac{S_2}{1+r} = Y_1 - I + \frac{S_2}{1+r} = Y_1 - I + \frac{F(I)}{1+r}$$

となります。ここで，今期の資産額 Y_1 はあらかじめ決まっていますから，V_1 を最大にするためには，(8-2)式と同じく，投資量を変えていくしかありません。その結果 (8-4)式と同じ条件で，企業価値 V が最大になります。

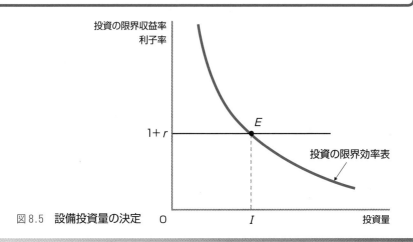

図 8.5　設備投資量の決定

8.2　企業の設備投資行動　　185

う意味で，生産関数が上方にシフトすることを意味し，投資の限界収益 $\Delta F/\Delta I$ も
また上昇することを意味します。そして図8.7では，投資の限界効率表が上方に
シフトすることになります。そうすると従来の投資費用でも，より多くの設備投
資が可能となり，企業家にとって最適な投資量は，E 点から E' 点へと増加します。

　以上をまとめると，企業家が望ましいと考える設備投資量は，

$$I = I(r, \rho) \tag{8-5}$$

のように，利子率および投資の限界収益率 $\Delta F/\Delta I = \rho$ に依存します。利子率の上
昇は，設備投資を減少させ，来期の物価および投資の限界収益率の上昇は設備投
資を増加させます。なお以下では利子率に関しては定数である「1」を除いて話
を進めます。

レッスン 8.3　貯蓄と投資の決定

資金市場における利子率の決定

　本レッスンの冒頭で，貯蓄がそのまま資本蓄積に回るわけではなく，貯蓄を決
定する主体（家計）と投資を決定する主体（企業）は別であると述べましたが，
それでは貯蓄された資金はどのようなメカニズムで投資に回るのでしょうか。

　まず貯蓄ですが，**レッスン7** では現在の消費量が，利子率，現在および将来の
物価，現在および将来の所得に依存することをみました。いま経済が完全雇用の
状態にあって，所得などがこの完全雇用の状態に対応しており，利子率以外には
変化がないとすると，利子率の上昇は，現在の消費を減少させ，将来の消費のた
めの貯蓄を増加させます。したがって貯蓄，投資量を横軸に，利子率を縦軸にと
った図8.8では，家計の貯蓄のスケジュールは右上がりの曲線（以下，貯蓄曲
線）になります。

　一方，企業が望ましいと考える設備投資量は，すでにみたように，物価や投資
の限界収益率に変化がない状況で，利子率が上昇すれば減少します。この企業の
最適投資量のスケジュールは，図8.8では右下がりの曲線（以下，投資曲線）と
して描くことができます。

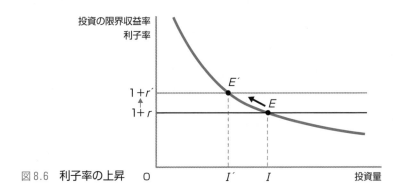

図 8.6　利子率の上昇

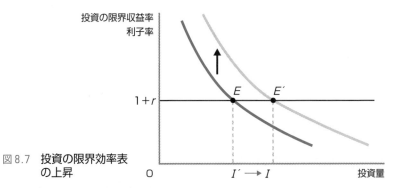

図 8.7　投資の限界効率表
　　　　の上昇

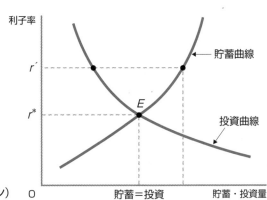

図 8.8　資金市場の決定
　　　　（国内ヴァージョン）

図8.8は資金市場を示す図となります。すなわち，貯蓄は家計による資金の供給で，設備投資は企業による資金需要と考えることができます。いま図8.8のr'のような点に利子率があったとしましょう。このとき，貯蓄が設備投資を上回っていることから資金は過剰供給の状態にあります。資金市場では利子率が低下することによって，資金の過剰供給状態が徐々に解消され，最終的に利子率がr^*となったときに，貯蓄と投資が等しくなります。このように貯蓄曲線と投資曲線の交点で利子率と貯蓄，投資量が決定される議論を貸付資金説と呼びます。新古典派では，利子率はこの貸付資金説に従って，資金市場で決定されると考えています。

さて，先ほどの投資決定理論のところで，企業側に技術進歩が起きれば，企業の最適な設備投資量が増加することをみました。したがって資金市場では，技術進歩が生じると，同じ利子率の下で，より多くの設備投資資金が需要されます。このため投資曲線は右方へシフトし，前の均衡利子率の下では資金の超過需要が起きます。結局，利子率が上昇することによって，資金の需給は一致します。図8.9からわかるように，技術進歩は設備投資の増加をもたらす一方資金市場で利子率を上昇させるのです。

国際的な資本移動と資金市場

しかしこの議論は，貯蓄による資金がすべて国内で使われる場合を想定しています。もし貯蓄資金が国内だけでなく海外で運用されてもよいと考えるとすると，必ずしも貯蓄曲線と投資曲線の交点で利子率が決まるとは限りません。

図8.10のように，海外の金融資産（たとえば米国の借金の証書である米国債）の利子率r^{**}が，貯蓄曲線と投資曲線の交点での利子率より高いとしましょう。この場合，家計は，貯蓄資金をr^{**}より低い利子率で運用することを損と考えるでしょう。したがってr^{**}より低い収益率の国内投資に対しては，貯蓄資金が流れず，海外の金融資産で運用されることになります。このことからOSだけの貯蓄量のうちOIだけの資金が国内の投資に回されます。そして貯蓄・投資差額の部分SIは海外へ資金流出します。これは国際収支上は金融収支の黒字になります。そして貯蓄・投資差額は経常収支に等しくなります。図8.10の場合は，貯蓄が投資を上回っていますから，経常収支は黒字になります。

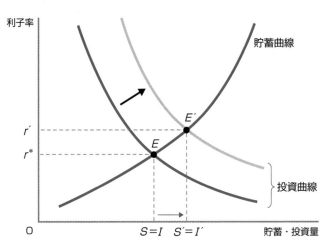

図 8.9　技術進歩と資金市場（国内ヴァージョン）

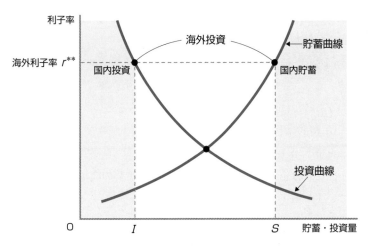

図 8.10　資金市場の決定（国際ヴァージョン）

様々な設備投資理論の発展

ストック調整原理と加速度原理

レッスン 8.2 で述べた設備投資行動は，最も標準的な設備投資理論ですが，この他にも様々な設備投資理論があります。

最初に紹介する 2 つの設備投資理論は，共通の考え方に基づいています。すなわち企業は，過去に望ましいと考えていた設備量（K_{t-1}^*）から現在望ましいと考えている設備量 K_t^* への変化分（$K_t^* - K_{t-1}^*$）の一部を投資するという考え方です。これは t 期の投資量を I_t とすると，

$$I_t = \lambda (K_t^* - K_{t-1}^*) \tag{8-6}$$

と表すことができます（λ（ラムダ）は定数。表 8.1 の注 1 参照）。(8-6)式による投資行動は，資本ストック量を企業が望ましいと考える方向へ変化させるために設備投資を行うという意味で，ストック調整原理と呼ばれています。

それでは，この望ましい設備量はどのようにして決まっているのでしょうか。一つは，企業が望ましいと考える製品需要量（Y_t^*）が設備量を決めるという考え方です。すなわち，

$$K_t^* = \nu Y_t^* \tag{8-7}$$

となります。ここで ν は資本係数と呼ばれています。(8-7)式は，ある自動車需要（これが Y_t^*）に対応した生産設備量（K_t^*）があるということを意味します。(8-7)式を (8-6)式に代入すると，

$$I_t = \lambda \nu (Y_t^* - Y_{t-1}^*) \tag{8-8}$$

となります。これは企業が望ましいと考える製品需要の変化に応じた設備投資行動を示しています。

たとえば期待される自動車需要が 800 万台から 1,000 万台に増えたとすると，企業は 200 万台分の生産設備の一部を設備投資して増産に備えるのです（表 8.1）。逆に不況期で需要が減少した場合は，設備投資を控えるようになり，極端な場合は設備廃棄（マイナスの設備投資）を行うことになります。実際日本では，セメント業や繊維産業など，国際的な競争力が劣っていて，製品需要が低迷して

表 8.1　加速度原理の考え方

自動車の生産台数	機械の台数	機械1台の価格	機械の総額	設備投資量	設備投資額
800万台	80台	100万円	8,000万円		
↓					
1,000万台	100台	100万円	1億円	20台	2,000万円

注1：実際には，1,000万台の需要が一時的であるかもしれないことや，資金が調達できないことから，機械20台分の設備投資ができないこともあります。本文のλは，そうした制約を考慮した場合，現実に設備投資ができる割合です。

注2：なぜ，加速度原理と呼ぶかというと，設備投資が，生産量の増加分によって変化するからです。毎期の生産量は，フロー量ですが，これを自動車の速度に，設備投資をガソリンの追加分と考えてみましょう。そうすると，時速60キロで走っていれば（走行時速は変化しないとします），月60リッターのガソリンを消費するのに対し，時速を80キロに変えると，月80リッターのガソリンが消費されます。このように考えると，ガソリン消費の追加分（設備投資）は，速度の変化，すなわち加速度に依存することになります。これと同じで，設備投資も需要の水準ではなく，需要の増加分に依存するため，加速度原理と呼ぶのです。

コラム 8.2　資本コストについて

　下図からわかるように，資本コストは，資産の種類によって異なります。これは，資産毎に耐用年数が異なるからです。たとえば建物は一度建設すると 50 年ほど使えるのに対し，自動車は 10 年ほどで買い換えます。これはそれぞれの資産によって資産のすり減り方が違うからです。資産がすり減るということは，生産過程において資産を利用する上でのコストになりますから資本コストに含めます。このため資産毎に資本コストが異なってきます，下記の表では，JIP2023 で計算されている資産別の資本コストをまとめています。

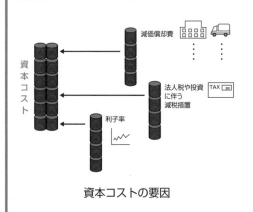

資本コストの要因

資産別の資本コスト（1994－2021 年）

(%)

	資本コスト
住宅	5.66
その他の建物・構築物	3.66
機械・設備	17.17
防衛装備品	7.65
育成生物資源	24.94
知的生産物	19.06

（出所）　JIP2023 をもとに石川貴幸立正大学特任准教授が算出。

いる産業では，しばしば設備廃棄が行われてきました。こうした設備投資行動を加速度原理と呼んでいます。

ジョルゲンソンの投資理論

　もう一つの考え方として，ジョルゲンソン（Dale W. Jorgenson）の投資理論をあげることができます。ジョルゲンソン教授は，望ましい設備量は，期待需要だけでなく，資本コスト（Cost of Capital）にも依存すると考えました。資本コストとは，資本を一定期間使用した際に企業家が負うべきコストです（コラム8.2の図）。

　資本コストの中には，すでにみた利子率や現在および過去の物価水準の他に，減価償却率を含んでいます。減価償却というのは，設備を使用したことに伴う設備能力の減少分を金額的に評価したものです。設備は使用するにつれて磨耗し，いずれ生産手段としては役に立たなくなりますから，もし企業が生産を続けるとすれば，設備の更新に備えて資金を貯めておかなくてはなりません。この設備の更新のために減価償却分をコストと考え企業の利潤から除いておくのです。すでにみたように，期待需要の増加は，設備投資量を増加させますが，資本コストの上昇は，設備取得に伴う費用の上昇ですから，設備投資を減少させることになります。

　資本コストの中には，利子率や減価償却率以外に資本取得費用となるものも含めることができます。たとえば，投資取得に伴う減税措置（これを投資税額控除といいます）も資本コストを軽減する項目として含めることができます。したがって税制の変更によって設備投資がどのような影響を受けるかという分析に際しては，ジョルゲンソンの投資理論がしばしば利用されます。

　以上2つの投資理論の問題点は，前期と今期の望ましい設備量の変化の一部だけ設備投資するという理由が明解でないことです。おそらくある場合は，資金の制約によるものでしょうし，ある場合は，将来需要に対する不確実性が大きいからかもしれません。いずれにしても，上記2つの投資理論は設備投資の決定に曖昧な部分を残しています。これに対して当時シカゴ大学にいた宇沢弘文教授は，企業の成長スピードが増加するほど，余計な投資が増えていくというペンローズ曲線を導入してこの問題を解こうとしました（コラム8.3参照）。

　ペンローズ曲線を使った投資理論は，企業が永続的に成長する場合を考えた理論であるといえます。ペンローズという名前は米国の経営学者ペンローズ教授（Edith T. Penrose）にちなんでいます。企業の成長率を g とし，それに必要な設備投資の企業規模に対する比率を k とすると，ペンローズ曲線は，

$$k = \phi(g) \tag{8-A-2}$$

ここで，g の増加に伴って必要な投資量はどんどん増え続けると考えるので，g を横軸に，k を縦軸にとった下図では，ペンローズ曲線は OI 曲線のようになります。これは，企業が急成長すればするほど，全体を管理するためのコンピュータ投資など，生産に直結しない投資が増えてくると考えればよいでしょう。

　いま企業成長に伴う利益率を ρ とすると，利益の増分は，この ρ から投資費用 k を除いて，成長の増加分 Δg を乗じた $(\rho - k)\Delta g$ で表されます。一方，成長に伴う投資費用は，$(r - g)\Delta k$ で表されます。r は利子率ですが，企業が成長するにつれ，売上高も伸びるため，企業の規模でみた費用負担は成長率分だけ少なくなるため，$r - g$ となります。

　設備投資は，利益と費用が等しくなるところ（$(\rho - k)\Delta g = (r - g)\Delta k$）まで続けられますから，この結果

$$\frac{\Delta k}{\Delta g} = \frac{\rho - k^*}{r - g^*} \tag{8-A-3}$$

となります。(8-A-3)式の右辺は，下図でみると，ペンローズ曲線の接線です。(8-A-3)式の左辺は，縦軸に ρ をとり，横軸に r をとった座標 A からペンローズ曲線に対して引いた接線の傾きです。したがってその接点 E まで設備投資を行うことになります。

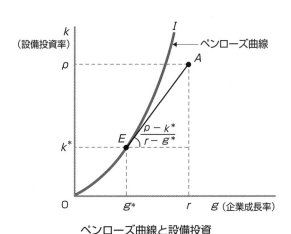

ペンローズ曲線と設備投資

外部資金調達と内部資金調達

　これまでの投資理論では，設備投資をする際の資金調達についてはあまり深く考えていませんでした。暗黙に自由なだけ資金の借入れができ，その利子率が r であるという前提が置かれていたのです。しかし現実には設備投資の資金調達方法は，借入金だけではありません。家計は，貯蓄資金を様々な金融資産で運用することができ，企業も様々な方法で資金を調達することが可能です。

　企業が借入れをする場合には3つの方法が考えられます（図8.11）。一つは銀行や生命保険会社などの金融機関を通じて借入れを行う方法です。家計の貯蓄は，銀行預金や生命保険への加入を通じて企業へと流れることになります。銀行や生命保険会社は，貯蓄資金が設備投資に利用されるための仲介をするので，金融仲介機関と呼ばれます。この資金調達方法は，家計の貯蓄資金を，金融仲介機関を通して間接的に設備投資にまわすため，間接金融と呼ばれています。

　二つ目の企業の資金調達方法は，直接家計から資金調達を行うことです。すなわち企業は，借入れのための証書を社債という形で発行し，これを家計に購入してもらうことによって資金を調達するのです。社債の購入者には企業から毎期一定の利子が支払われることになります。

　企業が家計から資金調達をするもう一つの方法として株式の発行があります。家計は企業の株式を購入することによって，事業活動によってもたらされた利潤を配当という形で得る権利を取得します。配当金は企業の業績が良ければ多くなり，悪ければ少なくなります。また会社が倒産した場合には株式の価値はゼロになります。こうした株式や社債は，通常証券会社等を通じて購入します。しかし証券会社を通したからといって，金融資産の性格が変わるわけではないので，証券会社を金融仲介機関とは呼びません。そして社債や株式の発行を通して，企業が家計から直接資金を調達する方法を直接金融と呼んでいます（図8.12）。

　以上3つの資金調達方法は，企業の外部から資金を調達するので，外部資金調達と呼ばれます。しかし，企業が自ら稼得した収益や過去の企業自身の貯蓄を利用して，設備投資を行うことも可能です。たとえば日本最大の自動車会社であるトヨタは，年間4兆円（2022年度）の利益をあげていますが，この利益で年間の設備投資を賄うことができます。こうした企業内部で設備投資資金の調達を行う場合を内部資金調達といいます（図8.12）。

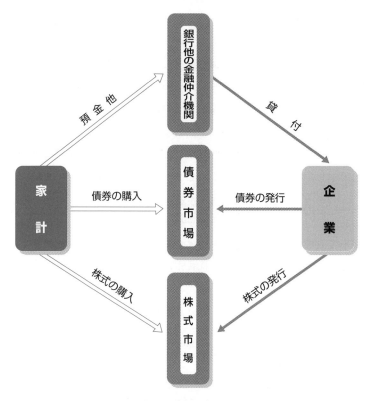

図 8.11 　家計から企業への資金の流れ

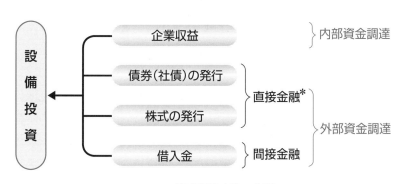

図 8.12 　資金調達方法の分類
＊ただし金融仲介機関が社債や株式を購入した場合は間接金融になる。

トービンの q 理論

　エール大学のトービン教授は，この3番目の資金調達方法に着目しました。すなわち設備投資の資金をすべて株式の発行で賄ったとしましょう。そうすると企業家は，自分が経営する企業の株価が上昇し，その時価総額（1株の株価×株式発行枚数）が，企業が保有する資産の売却価格を上回るならば，新たな投資をしようと考えます。それは，株式市場が企業の将来性を高く評価しており，新たに株式を発行して資金を調達することが容易だからです。

　トービンは，この企業の株式時価総額と企業資産の市場売却価額の比率を q という記号で示したため，現在ではこれをトービンの q と呼んでいます。

$$トービンの\ q = \frac{企業の株価時価総額}{企業資産の売却価額}$$

　したがって設備投資は，トービンの q が1を上回るときに行われます。逆にトービンの q が1を下回るときには，株式市場がその企業は収益を生まない不要な資産を抱え込んでいると評価しているため，経営者は不要資産の売却を行います。これは設備廃棄と同じ行動であり，こうした企業が増えると設備投資は大きく減ることになります。

　また1980年代後半から90年代の設備投資動向は，トービンの q 理論によっても説明することができます。図8.13にみられるように，この時期の株価は大きく暴騰し，そして1989年末をピークに急速に低下しました。当然のことながら企業の株式時価総額も，80年代後半には急上昇し90年代には大きく減少しました。設備投資はこうした株価の動きと軌を一にして増減している（図8.4参照）ので，トービンの q 理論による説明も可能となります。

資金調達コストの差異と設備投資

　しかし，すべての企業が株式を発行して設備投資を行えるわけではありません。またレッスン8.2では，設備投資行動は資金調達方法には依存しないというモディリアーニ＝ミラーの定理を紹介しましたが，現実にはどの資金調達方法でも，同じ資金コストで調達できるわけではありません。最も安い資金調達コストは，企業内部の資金です。これは現在の株主に対して，最低限他の金融資産と同じだけの収益率を保証すればよいのです。

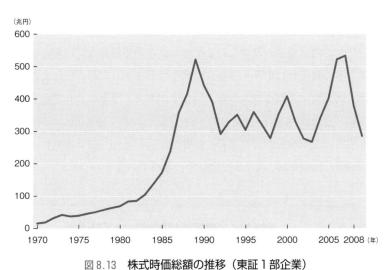

クローズアップ　**トービンの q による設備投資**

$q > 1$	$q < 1$
⋮	⋮
企業価値 > 企業の資産価額	企業価値 < 企業の資産価額
↓	↓
設備投資をして企業の資産を増加させる	設備を廃棄して企業の資産を減少させる

図8.13　**株式時価総額の推移（東証1部企業）**

（出所）　日本取引所グループ『その他統計資料』内，『株式時価総額』の『月末時価総額』の年平均値より計算。

もちろん外部からの資金調達でも，その企業の将来の業績について不確実性がない場合は，資金調達コストは内部資金と同じになります。しかし金融機関や家計にとって，将来の企業業績が不確実な場合，果たしてその企業に資金を供給してよいかどうかを調査することになります。このため，資金調達コストには，内部資金調達のコストに加えてこの調査費用（エージェンシー・コストと呼びます）がかかることになります。間接金融の場合，資金調達の仲介に立つ金融機関は，常時企業と取引があるため，企業の情報をとりやすくなっていますが，直接金融の場合は日頃投資対象となる企業との接触がないため，企業情報を取得する費用は，間接金融に比べて高くなります。

　以上のように考えると，企業にとっての資金調達コストは，図8.14のように，資金調達方法によって，階段状になると考えられます。最も低い資金調達コストの線が内部資金に相当し，次に低い資金調達コストは，金融機関からの借入れと考えられます。そして直接金融による資金調達が最も高いとしています。ここで，投資の限界効率表が，従来と同じく右下がりの曲線で示されると，企業にとっての望ましい設備投資量は E 点となります。

　しかし，もし内部資金が減少したとすると，企業の設備投資に伴う資金調達は，金融機関からの借入れに依存する割合が高くなります。この方法による資金調達コストは，内部資金の調達コストを上回りますから，企業にとっての望ましい設備投資量は，図8.14のケースよりも少なくなります（図8.15）。このように企業が保有する内部資金量が設備投資に影響を与えるという投資理論を，流動性制約（Liquidity Constraint）による投資行動と呼んでいます。

レッスン8.5 無形資産投資の役割

無形資産の登場

　これまで説明してきた設備投資は，主に建物や機械など私たちが目でみたり手で触れることが可能な物を考えてきました。しかし最近では目でみたり手で触れたりすることができない資産も現れています。先ほどの建物や機械を有形資産と

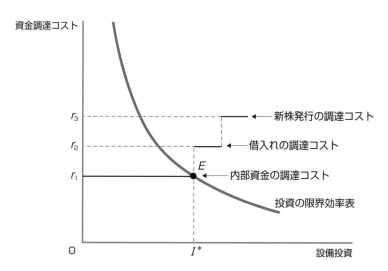

図 8.14　資金調達コストに差がある場合の設備投資（1）

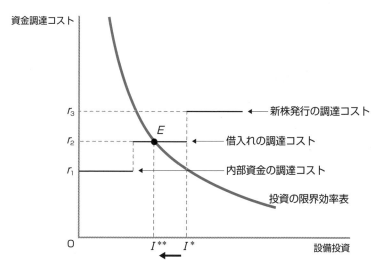

図 8.15　資金調達コストに差がある場合の設備投資（2）

いうのに対し，こうした資産を無形資産と呼んでいます。

20世紀における無形資産の代表的なものは，研究開発投資によって蓄積された新たな技術知識でした。しかし1990年代後半から始まったICT革命により，ソフトウエアなどの新たな無形資産の役割が注目を浴びるようになりました。ICT革命とは，PC（パソコン）の普及とインターネットによるグローバルな通信技術の発展が融合した技術革新ですが，1990年代にはこれをビジネスに応用する新たな企業が生まれました。AmazonやGoogleといった世界的大企業は，いずれも1990年代の創業です。研究開発投資で蓄積される知識資産は，製造業が中心でしたが，ICT革命によって大きく成長した企業にとって重要な要素は，目に見えない知識資産だけでなく新たなソフトウエアや高度なスキルを有した人材です。こうしたソフトウエアや高度なスキルというのも目に見えないもので無形資産に属します。研究開発投資を行う企業は製造業が中心ですが，ソフトウエア投資やスキルを上げるための人材投資は，より広い範囲の企業で行われるため無形資産の重要性は21世紀に入ってから一段と増しています。

無形資産の効果

それでは企業が無形資産投資を行う際には，有形資産と異なる行動基準をとるのでしょうか。無形資産投資を行う場合でも，その行動基準は有形資産の場合と変わりません。すなわち無形資産投資を行うことによる利益率と借入れによる利子率を比較し，前者が後者を上回る場合に投資を実施するのです。

しかしこの議論は，資金調達市場で資金の貸し手が借り手の投資に情報を完全に把握している場合です。そうした資金調達市場の前提が成立しない場合は，図8.14および図8.15でみたように資金調達方法によって資金コストに違いが生じます。こうした資金調達市場における情報の不完全性を補うために，銀行などの資金の貸し手は，借り手から担保をとって，借り手が経営破綻に陥った場合でもある程度貸付金が回収できるような措置をとります。しかしながら，無形資産の場合は，建物や機械などの物的資産と異なり，借入れの担保として利用することが難しい資産です。このため有形資産よりも流動性の制約が強くなり，内部資金に依存する傾向が強くなります。

無形資産が注目される要因はもう一つあります。それは，無形資産が単なる資

　2010年代に入ってデジタル化や無形資産に関して一般向けの書籍が相次いで出版されるようになりました。デジタル化が生み出した新たなビジネスの影響については，エリック・ブリニョルフソン MIT 教授とアンドリュー・マカフィー氏が著した2冊の書籍を紹介しておきます。一つは，『機械との競争』（原題：*Race Against The Machine*）村井章子訳，日経 BP 社，2013年でもう一つは『ザ・セカンド・マシン・エイジ』（原題：*The Second Machine Age*）村井章子訳，日経 BP 社，2015年です。デジタル化の進展に関しては常に雇用が奪われるなどの懸念がありますが，ブリニョルフソン教授はこうした懸念に対して楽観的な立場をとっています。

　一方無形資産の経済的役割については，英国インペリアル・カレッジ教授のジョナサン・ハスケルとスティアン・ウエストレイクが書いた『無形資産が経済を支配する——資本のない資本主義の正体』（原題：*Capitalism without Capital*）山形浩生訳，東洋経済新報社，2020年があります。日本の無形資産の状況については，宮川努『生産性とは何か——日本経済の活力を問いなおす』ちくま新書，2018年の第3章で解説をしています。岸田政権になって，人材投資の重要性が強調されるようになりましたが，この人材投資も無形資産の一つです（表8.2の訓練投資がその一部です）。

　なお先進国の無形資産のデータについては，**レッスン4** で紹介した産業別の生産性データベースから取得することができます。

　デジタル化を進めるにあたっては，様々なソフトウエアの取得が不可欠ですので，本レッスンでは，ソフトウエアを購入しこれを固定資産として計上するソフトウエア投資を無形資産投資の一つとして考えてきました。しかし近年ビジネスで使用されているソフトウエアはオンライン会議用ソフトや生成 AI のようにソフトウエアをダウンロードして使用料を支払うものが増えています。こうした使用料を支払うソフトウエアの場合，その利用者にとっては設備投資とはなりません。ただこうしたソフトウエアの提供者が国内企業の場合は，新たなヴァージョンのソフトウエアの提供のために設備投資をしますので，利用者の段階で設備投資が行われなくてもマクロ的には情報サービス産業の投資として把握されることになります。しかし，こうしたソフトウエアが海外の情報サービス業者から提供されている場合は，国内の投資には反映されません。その場合，利用料は海外へ流出することになります。実際，情報サービス関係の国際収支を含む「通信・コンピュータ・情報サービスのサービス収支の推移」をみると，2010年代半ばから急速な赤字が生じていることがわかります。

本という生産要素の一つとして生産に寄与するのではなく，**レッスン3**で説明した全要素生産性を上昇させる効果を有していることです。たとえば有用なソフトウエアは，その利用者が広がることで，データやファイルの互換が可能になり仕事の効率性が単にそのソフトウエアを導入した以上に増加する可能性があります。こうしたネットワーク効果は外部性として全要素生産性を上昇させる効果を持ちます。

無形資産の範囲

　それでは，どのような資産を無形資産と呼ぶのでしょうか。表8.2は，無形資産に関する2種類の分類を示しています。左側は，国民経済計算（SNA）の2008年ヴァージョンでリストアップされている無形資産です。日本を含む多くの先進国は大体上から4つ目までの無形資産を投資として計上しています。1番目のコンピュータ・ソフトウエアや3番目の研究・開発については**レッスン3**や**4**で説明したので，あらためて解説しません。2番目の鉱物探査・評価は，資源の採掘に関する権利を評価したものです。また4番目の娯楽作品原本というのは，小説や映画，音楽の原作の価値を評価したものです。たとえば『ハリー・ポッター』という小説は，全世界で翻訳され，映画化もされて莫大な収益を生み出しています。これは『ハリー・ポッター』という作品自体が様々な商品やサービスを生み出す資本のような働きをしていることを意味します。しかしその作品やストーリーというのは実体のないものですから，無形資産に分類されるのです。

　一方，表8.2の右側は，コラド（Carol Corrado），ハルテン（Charles Hulten），シチェル（Daniel Sichel）という3名の研究者が2000年代初めに公表した分類です。この分類は，左側の国民経済計算の分類よりも詳細なものになっています。コンピュータ・ソフトウエアおよびデータベースは左側の分類の1番に，資源開発権は2番，科学的研究開発は3番，著作権，ライセンスなどは4番にほぼ対応していますが，残りの無形資産は左側の分類では5番にまとめられています。国民経済計算では，ある程度推計が可能な統計が存在するものについては計測していますが，それが難しい場合は計測していません。コラド，ハルテン，シチェルらは，その国民経済計算では計測されていない部分も何とか推計しようとしたのです。ただこの分類は単なる研究者の枠を超えて，OECDのような国際機関に

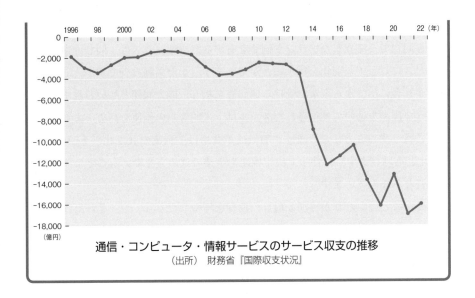

通信・コンピュータ・情報サービスのサービス収支の推移
（出所）　財務省『国際収支状況』

表8.2　無形資産の分類

2008SNA	コラド，ハルテン，シチェル
	1. 情報化資産
1. コンピュータ・ソフトウエア	コンピュータ・ソフトウエア
	データベース
2. 鉱物探査・評価	2. 革新的資産
	資源開発権
3. 研究・開発	科学的研究開発
	著作権・ライセンスなど
4. 娯楽作品原本	デザインおよび非科学的研究開発
	3. 経済的競争能力
5. その他の知的所有権	ブランド資産
	訓練投資
	組織改革費用

おける分析でも利用されるようになっています。

　国民経済計算に含まれていない無形資産の中でデザインなどは，財やサービスの差別化に寄与し付加価値を増やすという意味で資産として考えられます。ブランドも同様で，確立したブランド価値を有する財やサービスは，同じ分類の財やサービスに対して差別化を行うことができます。また訓練投資ですが，これは労働者が社会に出てから企業で受ける研修等を指し，能力開発ともいわれます。このような訓練を通して獲得されたスキルは，人的資本の価値を高め，より高度の生産に寄与することになります。組織改革費用は，企業の ICT 化（デジタル化，DX 化とも呼びます）に伴って決定権限や事業の進め方を変えることに伴う費用を投資とみなしています。

　重要なことは，どれか特別な項目の投資を増やしたとしても，それだけでは効果的な生産力の増強にはならないということです。たとえば新たなシステム投資をするということは，情報機器，通信機器，ソフトウエアに対して多額の投資をすることを意味します。しかしそれだけでは十分でありません。労働者のスキルも上げなくてはいけませんし，組織の体制も変える必要があります。表 8.3 は，21 世紀に入ってからの各無形資産投資の伸び率を整理しています。ここで米国や英国などはすべての投資項目がプラスであるのに対し，日本の場合は，研究開発投資やソフトウエア投資はプラスですが，訓練投資や組織改革投資はマイナスになっておりバランスの悪さが目立っています。

日本の無形資産投資

　図 8.16 は，日本の有形資産投資（住宅投資を除く）と無形資産投資の推移です。ここでの無形資産投資額は，内閣府の『国民経済計算』の値を利用しています（表 8.2 の 2008SNA に相当します）。2 つのタイプを合わせた 2021 年の投資総額は，119 兆円でそのうち有形資産投資が 89 兆円，無形資産投資が 30 兆円となっています。無形資産投資の割合は，1995 年の 15％から 25％へと増えています。しかし無形資産投資が増えたのは 2000 年代までで，2010 年代は 30 兆円でほぼ横ばいとなっています。

　この日本の無形資産投資額を他の先進国と比較してみましょう。図 8.17 は，日本，ドイツ，フランス，英国，米国について国民経済計算で公表されている無

表 8.3　投資間の連動性（2000－20 年の実質平均伸び率）

（%）

	研究開発投資	ソフトウエア投資	訓練投資	組織改革投資
日本	0.62	1.37	-2.42	-1.37
ドイツ	2.70	4.08	1.83	2.35
フランス	1.86	4.55	1.21	2.08
英国	1.29	3.86	4.51	4.05
米国	2.95	6.94	0.09	3.69

（出所）　内閣府『国民経済計算』，JIP2023 データベース，EU KLEMS/INTANProd
　　　　　2023 release
（注）　英国だけは，2000－19 年までの実質平均伸び率

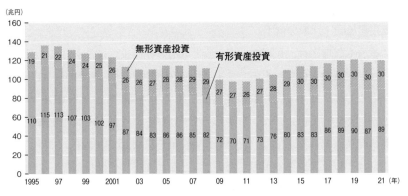

図 8.16　日本の有形資産投資と無形資産投資
（出所）　内閣府ホームページ

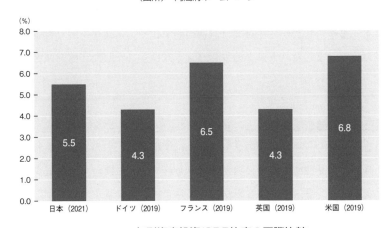

図 8.17　無形資産投資/GDP比率の国際比較
（出所）　内閣府ホームページおよび EU KLEMS/INTANProd 2021 release

形資産投資額を GDP で割った比率です。これをみると，日本は米国やフランスよりは低い水準ですが，ドイツや英国よりは高くなっています。ただし，ここでは表 8.3 に含まれていた訓練投資や組織改革投資は含まれていません。日本はこうした投資が低下していますので注意する必要があるでしょう。

レッスン 8.6　在庫投資の動向

在庫投資/GDP 比率の低下

在庫投資も統計上は，民間の在庫投資と政府の在庫投資に分かれますが，ここでは，民間在庫投資に焦点をあてます。民間在庫投資額は，2021 年に 1,348 億円の増加となっていますが，民間設備投資と比べると規模も小さく GDP の増加にはほとんど寄与していません。しかし，後で述べるように，民間の在庫投資は景気循環の転換点をみる上では，欠かせない役割を果たしています。

在庫には，**レッスン 2** で説明したように，製品在庫，仕掛品在庫，原材料在庫，流通在庫という 4 つの種類があります（図 8.18）。在庫には，品切れや原材料不足を防ぐという便利な側面もありますが，一方で売上にはならず，倉庫代や在庫保有のための借入金など保有コストを負担しなくてはならないというマイナスの側面もあります。したがって企業は流通の効率化や，迅速化を図り在庫保有の削減に努力してきました。トヨタのカンバン方式は，こうした在庫削減努力の典型です。

製品在庫の変動と景気循環

しかしそれでも，在庫投資の景気循環を示す指標としての役割は失われていません。これは製品在庫の変動に典型的にみられます。すなわち，景気が悪化すると売上が低下し，意図せざる在庫が増えてきます。これは企業の在庫の伸びが出荷の伸びを上回ることで判断できます。そして在庫が増加してくると，在庫の保有コストが上昇するので，企業は生産を減らしていきます。

すでにみたように消費の変動はあまり大きくありませんから，生産を減らして

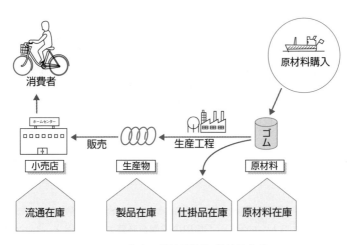

図 8.18　生産・販売過程における在庫

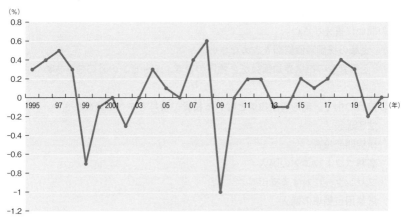

図 8.19　民間在庫投資/GDP比率の推移
（出所）　内閣府『国民経済計算』

いけば，やがて在庫の部分が販売され，在庫が削減されていきます。そうすると，企業は再び生産を増加させていきます。このあたりが不況から好況への景気の転換点になります。生産を増加すれば人々の所得も増え，再び製品需要も回復するため，企業は積極的な在庫投資へと転じます。

　以上が景気の変動をめぐる在庫の動きで，このことは図8.19で確認できます。図8.19は民間在庫投資/GDP比率の動きを示していますが，日本での金融危機が起きた1997，98年の後，世界金融危機後の2009年，新型コロナショックが起きた2020年には在庫投資がマイナスになっており，企業が景気の低下に伴って必死で在庫を削減しようとしていることがわかります。

■■■■■ レッスン8　演習問題 ■■■■■

1. 鉄鋼の需要100万トンに対し，1億円の設備が必要であるとする。いま鉄鋼の需要が6,000万トンから8,000万トンへと増加したとする。このとき，その増加分の60％を設備投資に向ける（本文（8-6）式のλが0.6である）としたとき，ストック調整原理に基づく設備投資額はいくらになるかを計算しなさい。

2. 企業の株価が1株150円でその企業は200万株の株式を発行している。このとき次の問いに答えなさい。
   （1）　企業の株価時価総額を求めなさい。
   （2）　企業資産の市場売却価額が2億円のとき，トービンの q の値を求めなさい。

3. 次の投資の中で，無形資産投資と呼べる投資の番号をすべて選びなさい。
   ① 住宅建設
   ② 研究開発投資
   ③ 高額ソフトウエアの購入
   ④ プリンターに対する支出
   ⑤ 営業用自動車の購入

貨幣と金融市場・中央銀行の役割

9

金融取引の実態

実物経済と金融経済

これまでマクロ経済の主要な市場のうち，財・サービス市場と労働市場について調べてきました。この2つの市場で財・サービスの生産量と需要量，貿易取引量，物価水準，雇用量，賃金が決定されます。このような2つの市場によって決定されるマクロ経済体系を実物経済（実体市場）と呼んでいます。マクロ経済政策を行う際に目標となるのは，主にこの実物経済によって決まる変数（GDP，失業率，物価水準の変動率）です。

実物経済の解説では，貯蓄や投資，資金調達の手段として，銀行預金や債券，株式などの金融資産が登場しましたが，そうした金融資産の需給や価格の決定については説明をしていませんでした。実際には，マクロ経済において財・サービスや労働力の取引だけでなく，銀行への預金や，債券，株式，為替の売買が行われています。こうした金融資産の取引（金融取引）で構成されているマクロ経済体系を，金融経済（金融市場）と呼びます。金融経済には国内の金融市場とともに国境を跨いだ金融取引を行う国際金融市場も含まれます（図9.1）。

金融資産の内訳

本レッスンでは様々な金融資産の需給とその価格の決定について説明していきます。その前に，金融取引の実態について統計を用いてみていきましょう。

表9.1は日本銀行が公表している『資金循環統計』でみた，2020年度末における日本全体の金融資産・負債残高です。日本全体の金融資産残高は8,814兆円です。2020年度の名目GDPの金額は内閣府経済社会総合研究所が公表する『国民経済計算』をみると535.5兆円ですから，金融資産残高は名目GDPの約16.5倍に相当します。

日本全体の金融資産残高のうち家計の保有額は1,976兆円になります。家計の資産の構成をみてみましょう。現金は102兆円（全資産額の5.1%），預金は956兆円（同48.4%）となり，現金・預金の合計は全資産額の5割以上になります。

図9.1 実物経済と金融経済の相互依存関係

実物経済

市場	財・サービス市場	労働市場	貿易市場
取引対象	財・サービス	労働力	財・サービス
価格	財・サービスの価格, 物価	賃金率	輸出価格, 輸入価格

金融経済

市場	国内金融市場		国際金融市場
取引対象	貨幣, 預金, 債券, 株価		為替, 債券, 株式
価格	金利, 資産価格		為替レート, 資産価格

表9.1 2020年度末の金融資産・負債残高（単位：兆円）

	国内全体		家計		金融機関		非金融法人企業		対家計民間非営利団体		一般政府		海外部門	
	資産	負債	資産	負債	資産	負債	資産	負債	資産	負債	資産	負債	資産	負債
現金	121	121	102	0	11	121	7	0	1	0	0	0	0	0
預金	2,207	2,193	956	0	771	2,193	325	0	42	0	113	0	11	25
（内）外貨預金	51	33	8	0	14	33	17	0	0	0	12	0	6	24
貸出・借入	1,699	1,751	0	344	1,613	708	64	530	3	16	19	152	220	169
債券	1,384	1,591	26	0	1,242	331	38	92	9	0	69	1,168	207	0
株式・受益証券	1,289	1,568	294	0	424	429	393	1,111	6	13	172	15	279	0
保険・年金等	563	563	538	0	20	540	4	23	0	0	0	0	0	0
その他	1,501	601	52	17	657	236	456	278	2	2	333	67	109	1,004
資産・負債合計	8,814	8,420	1,976	362	4,753	4,592	1,304	2,033	63	31	719	1,402	832	1,221
金融資産・負債差額		395		1,614		161		-729		32		-683		-390

（出所） 日本銀行『資金循環統計』より作成。

債券・株式といった有価証券は 321 兆円（同 16.2%）で現金・預金に比べると少ないことがわかります。保険・年金は 538 兆円（同 27.2%）で，大きな割合を占めていることがわかります。

　家計の負債についてみると，362 兆円となっています。この負債額は家計が住宅，自動車，金融資産などを購入するために資金調達した金額です。資産額から金融資産を引いた金額が金融資産・負債差額です。家計の金融資産・負債差額は 1,614 兆円であることがわかります。

　非金融法人企業（金融機関以外の営利企業のことです）は金融資産・負債差額がマイナス 729 兆円です。保有する金融資産よりも負債額（資金調達額）が大きいことがわかります。非金融法人企業が調達した資金の多くはオフィスビル，工場，機械設備等の固定資本ストックの購入にもあてられています。

　一般政府は 719 兆円の金融資産を持つ一方で，1,402 兆円もの負債を計上しています。金融資産・負債差額はマイナス 683 兆円となります。一般政府は年金基金などの金融資産を持つ一方で，国債や地方債といった債券の発行を通じて金融資産を上回る大きな負債を持つことがわかります。

　国内全体の金融資産・負債差額は 395 兆円です。これは海外部門の金融資産・負債差額マイナス 390 兆円と符号は反対ですが，ほぼ等しい金額となっています。国内の余剰資金を海外部門が資金調達していることがわかります。図 9.2 では 2021 年 3 月末の部門別の金融資産・負債残高についてより詳しく，資金の調達，運用の関係が示されています。

　こうした『資金循環統計』の「金融資産・負債残高表」の数値は日々の金融取引の結果として各経済主体が保有する資産額と負債額をある時点で評価したストック額です。これに対して，一定の期間に行われた金融取引の金額を記録したものは「金融取引表」に記録されます。「金融取引表」を通じて，1 年間にお金がどのような経済主体の間で，どのような金融資産を媒介として循環したかを知ることができます。

資金の循環と金融機関の働き

　表 9.2 に 2020 年度の金融取引表を示しました。現金の列をみてみると，家計がこの 1 年間で 7.26 兆円の現金保有を増やしたことがわかります。逆に非金融

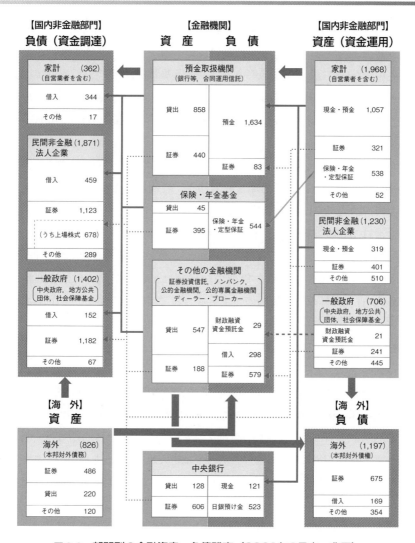

図9.2　部門別の金融資産・負債残高（2021年3月末，兆円）

(出所)　日本銀行『資金循環統計の解説』
(注1)　主要部門，主要項目を抜粋して資金循環のイメージを示している。
(注2)　貸出（借入）には，「日銀貸出金」「コール・手形」「民間金融機関貸出」「公的金融機
　　　関貸出」「非金融部門貸出金」「割賦債権」「現先・債券貸借取引」が含まれる。
(注3)　証券には，「株式等・投資信託受益証券」および「債務証券」（「国債・財投債」「金融債」
　　　「事業債」「信託受益権」等）が含まれる（本邦対外債権のうち証券については，「対
　　　外証券投資」）。
(注4)　その他には，合計と他の表示項目の差額を計上している。

法人企業と対家計民間非営利団体はそれぞれ，0.91兆円，0.15兆円の現金保有を減らしたことがわかります。金融機関は現金資産を0.29兆円増やし，現金の負債を6.49兆円増やしています。これは，金融機関のうちの日本銀行が現金を6.49兆円新たに発行し，そのうち0.29兆円が金融機関に保有され，残りの6.2兆円が非金融部門（家計，非金融法人企業，対家計民間非営利団体，一般政府）に保有されたことを意味しています。現金の金融取引では右頁の等式①が成立しています。

　また，家計はこの1年間で49.69兆円の預金保有を増やしたことがわかります。非金融法人企業，対家計民間非営利団体，一般政府はそれぞれ，43.21兆円，3.97兆円，29.92兆円の預金保有を増やしました。国内非金融部門全体の預金増額の合計は126.79兆円となります。これは国内と海外の金融機関の預金の負債の純増額に対応しています。負債の純増額とは負債増額から資産増額を差し引いたものです。金融機関の預金負債の純増額は125.32兆円（＝266.58兆円－141.26兆円），海外の金融機関の預金負債の純増額は1.47兆円（＝1.76兆円－0.29兆円）で，国内外の金融機関の負債純増額は126.79兆円となります。預金の金融取引では右頁の等式②が成立しています。

　金融機関はこうして非金融部門から預金を追加で受け入れる一方で，貸出や債券の購入を通じて資金を貸し付けています。金融機関は貸出純増を34.97兆円（＝84.62兆円－49.65兆円）行い，また，債券保有の純増を56.45兆円（＝92.56兆円－36.11兆円）行って，資金の貸付けを増やしていることがわかります。家計は借入れを8.98兆円増やし，非金融法人企業は借入れを48.05兆円増やしています。また，非金融法人企業は債券や株式を追加で発行することでも資金調達を行っています。一般政府は債券の負債を77.11兆円増やして財政の赤字を賄っています。

　各制度部門の資産合計から負債合計を引いたものを資金過不足と呼びます。資金過不足が＋なら資金余剰を表し，－なら資金不足を示しています。2020年度では，家計は50.15兆円，金融機関は5.01兆円，非金融法人企業は10.74兆円，対家計民間非営利団体は3.31兆円の資金余剰でした。一方，一般政府は51.16兆円の資金不足でした。国内全体では18.04兆円の資金余剰であり，これは海外部門の18.04兆円の資金不足に対応します。国内で余剰となった資金が，海外部門で調達されたことがわかります。資金過不足では右頁の等式③が成立しています。

表9.2　2020年度の金融取引表（単位：兆円）

	国内全体		家計		金融機関		非金融法人企業		対家計民間非営利団体		一般政府		海外部門	
	資産	負債	資産	負債	資産	負債	資産	負債	資産	負債	資産	負債	資産	負債
現金	6.49	6.49	7.26	0.00	0.29	6.49	-0.91	0.00	-0.15	0.00	0.00	0.00	0.00	0.00
預金	268.05	266.58	49.69	0.00	141.26	266.58	43.21	0.00	3.97	0.00	29.92	0.00	0.29	1.76
（内）外貨預金	3.65	2.50	0.45	0.00	0.89	2.50	2.35	0.00	0.03	0.00	-0.05	0.00	0.77	1.92
貸出・借入	85.44	105.79	0.06	8.98	84.62	49.65	3.02	48.05	0.22	1.36	-2.48	-2.24	1.75	-18.59
債券	98.29	120.45	0.10	0.00	92.56	36.11	4.93	7.23	0.27	0.00	0.43	77.11	22.17	0.00
株式・受益証券	26.27	26.78	1.78	0.00	19.39	22.49	2.22	3.72	0.12	0.00	2.76	0.57	0.51	0.00
保険・年金等	4.35	4.35	3.91	0.00	-0.43	5.39	0.88	-1.04	0.00	0.00	0.00	0.00	0.00	0.00
その他	59.18	-0.43	-4.45	-0.78	33.89	-20.15	17.27	1.90	0.32	0.09	12.14	18.50	-22.26	37.35
資産・負債合計	548.07	530.02	58.35	8.20	371.58	366.57	70.61	59.87	4.76	1.45	42.77	93.94	2.47	20.52
資金過不足		18.04		50.15		5.01		10.74		3.31		-51.16		-18.04

（出所）　日本銀行『資金循環統計』より作成。

●等式①
金融機関の現金負債―金融機関の現金資産
＝家計，非金融法人企業，対家計民間非営利団体，一般政府の現金資産合計

●等式②
（金融機関の預金負債―金融機関の預金資産）
＋（海外部門の預金負債―海外部門の預金資産）
＝家計，非金融法人企業，対家計民間非営利団体，一般政府の預金資産合計

●等式③
家計の資金過不足＋金融機関の資金過不足＋非金融法人企業の資金過不足
＋対家計民間非営利団体の資金過不足＋一般政府の資金過不足
＋海外部門の資金過不足＝0

レッスン 9.2　有 価 証 券

　金融資産は現金，預金，貸出債権，債券，株式などから構成されていることを前節で概観しました。こうした金融資産の私的所有を証明する証書の事を有価証券（Securities）と呼びます。有価証券はその所有者にとっては資産であるわけですが，一方の有価証券を発行した主体にとっては負債を証明する証書です。このとき，有価証券を発行して資金を調達した主体を債務者（Debtor）と呼び，有価証券を購入して資金を運用した主体を債権者（Creditor）と呼びます（図9.3）。有価証券にはそれ自体に財産価値があり，売買取引を行うことにより，その財産価値を主有する権利を移転することができます。有価証券が売買取引される市場を証券市場（Securities Market）と呼びます。証券市場には有価証券が発行される発行市場（Primary Market）と，発行された有価証券が売買される流通市場（Secondary Market）があります。また，証券市場で取引される証券の種類に対応して，債券市場（Bond Market）や株式市場（Equity Market）と証券市場を分類することもあります。

レッスン 9.3　債券と金利

　この節では代表的な有価証券である債券（Bond）について詳しくみていきます。

債券の分類

　標準的な債券とは，返済期限（満期）に元本（債券の券面に記された額面金額）の返済を約束するとともに，元本返済までの間に一定期間毎に利息（クーポン）を支払うことを約束する有価証券です。このタイプの債券を利付債（Coupon Bond）と呼びます。図9.4は典型的な債券の券面を示しています。上部の大きな券が本券であり，元本金額と返済期限が記されています。下部の複数の小さな

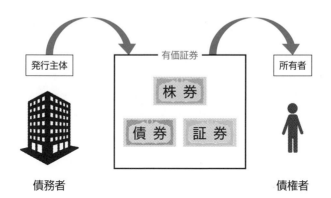

発行主体　　　　　有価証券　　　　　所有者

債務者　　　　　　　　　　　　　　　債権者

図9.3　有価証券・債務者・債権者

図9.4　債券の券面（10年物利付国債）

（出所）　時事通信フォト
（注）　2001年当時のもの。2003年から国債はペーパーレスとなり，
　　　　紙の債券は発行されなくなった。

証券は利札であり，利息の金額と利息の支払い期日が記されています。

　債券はそれを発行する主体によって，国債（中央政府が発行），地方債（地方自治体が発行），社債（法人企業が発行）に分類されます。また，利息の支払方法や，元本の支払方法によって，固定利付債，変動利付債，割引債，無期債（コンソル）に分かれます（表9.3）。

割引きの考え方

　債券の価格を考える際に重要なのが，割引き（Discount）の考え方です。ある企業が発行する割引債の例で考えてみましょう。割引債（Discount Bond）とは利息がなく，元本のみが満期に返済される債券です。ある企業が1年後に満期となる割引債を発行し，その元本金額は100万円であるとします。投資家はこの割引債を95万円で購入しました。このときの割引債の運用利回り（i）を考えます（図9.5）。

$$割引債の購入金額 \times (1+i)^1 = 元本金額$$

この式を展開すると，以下のように書くことができます。

$$割引債の購入金額 = \frac{元本金額}{1+i}$$

つまり，債券の価格（購入金額）は債券の元本金額（1年後に返済される金額）を1プラス運用利回りで割った額となります。このように債券の価格を元本金額と利回りによって計算する考え方を「割引く」といいます。このとき，利回りiを割引率（Discount Rate）と呼びます。割引率が正の値であるなら（通常は正の値です），将来返済される元本の価値よりも，現在購入する債券の価格は安いことになります。なぜ，このように将来手にする貨幣価値は割り引かれてしまうのでしょうか？　これには，インフレーション・時間選好・経済成長など，いくつかの要因が考えられます（表9.4）。こうした要因によって，同じ金額でも将来受け取るお金は現在受け取るお金よりも割り引かれることになります。将来受け取る金額を割り引いて現在の価値にしたものを割引現在価値（Discount Present Value）と呼びます。

表9.3 債券の種類（元本と利息の返済ルール別）

債券の種類	元本	利息
固定利付債	固定	固定
変動利付債	固定	変動
割引債	固定	なし
無期債（コンソル）	なし	固定

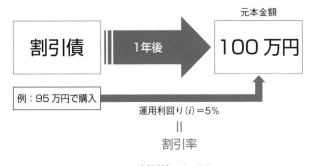

図9.5 割引債のしくみ

表9.4 将来手にする貨幣価値が割り引かれてしまう要因

要因	内容
インフレーション	1年間の物価の上昇率（インフレ率）が3％の場合，現在使う1万円よりも1年後の1万円は購買力が3％低下してしまう。
時間選好	消費者にとって現在の物品の購入は，1年後の同じ物品の購入よりも優先される傾向がある。どれくらい優先されるかの率を時間選好率（Time Preference Rate）と呼ぶ。
経済成長	同じ商品を受け取るにしても，豊かになった後に貰うよりも，豊かになる前に貰うほうが得に感じる。

債券の価格の理論

代表的な債券である固定利付債の価格がどのように決まるのか，割引の考え方を使って考えてみましょう。毎年1度受取る定額の利息の額を D，満期時に受け取る元本額を B，割引率として固定金利を用いて i，3年満期の固定利付債券の価格を P^B とすると，この債券の価格の決定式を以下のように書くことができます。

$$P^B = \frac{D}{1+i} + \frac{D}{(1+i)^2} + \frac{D}{(1+i)^3} + \frac{B}{(1+i)^3}$$

右辺第1項は1年後に受け取る利息の割引現在価値であり，右辺第2項と第3項はそれぞれ2年後と3年後に受け取る利息の割引現在価値です。第4項は3年後の満期時に受け取る債券の元本の割引現在価値となります。したがって，n 年満期の固定利付債の価格 P^B は以下のように書けます。

$$P^B = \sum_{i=1}^{n} \frac{D}{(1+i)^n} + \frac{B}{(1+i)^n}$$

また，n 年満期の割引債（利息のない債券）ならば，その価格 P^B は次のように考えることができます。

$$P^B = \frac{B}{(1+i)^n}$$

いずれの債券の場合でも，金利 i が上昇すれば債券価格 P^B は下落し，金利 i が下落すれば債券価格 P^B は上昇することがわかるでしょう。

逆に，債券を購入して運用する際の平均的な利回りこそが金利であると考えることもできます。上の n 年満期の割引債において，販売されている債券価格を P^B とすると，この債券を購入することによる平均的な利回り（金利）は次のように計算されます。

$$1 + i = \left(\frac{B}{P^B}\right)^{\frac{1}{n}}$$

両辺の自然対数を取ってみると，

$$\ln(1+i) = \frac{1}{n}(\ln B - \ln P^B)$$
$$n\ln(1+i) = \ln B - \ln P^B$$

本書では利子率を単一のものとして取り扱っていますが，経済学では名目利子率と実質利子率という区分があります。**レッスン2**で，名目GDPと実質GDPの違いを説明したように，実質利子率は，物価の変動を取り除いた利子率です。

いま，企業が1億円の借入れをして，1億円の土地を購入したとしましょう。この借入金に対する年間の利払いが600万円であるとすると，利子率は，6%（＝600万円/1億円）になります。これは名目利子率です。

一方，実質利子率は，借り入れた1億円を運用した資産の収益率になります。もし物価が変化しないとすれば，土地は，賃貸などの運用で名目利子率と同じ6%の収益を稼がなくてはなりません。この収益率が実質利子率に相当しますから，名目利子率と実質利子率は同じになります。

しかし，将来的に物価の変動が予想される場合は，実質利子率と名目利子率は異なります。たとえば，1%物価が上昇すると予想されれば，土地価格も1億100万円に上がると考えられます。そうすると，1億円の借入金で購入した資産の予想値上がり益は，100万円になりますから，土地を利用して得られる収益は500万円で済むことになります。すなわち，1億円の借入金に対して5%の収益率でよいのです。この収益率が実質利子率に相当します。したがって，物価上昇の期待があればあるほど，運用資産本来の収益率（実質利子率）は低くなるのです。

以上の関係を式で示すと，

　　　名目利子率＝実質利子率＋予想物価上昇率

になります。この名目利子率と実質利子率の関係を表す式は，フィッシャー方程式と呼ばれています。

本書の大部分では，予想物価上昇率が0であると考え，名目利子率と実質利子率の区別をしていませんが，実物経済で，家計や企業の行動の基準となる利子率は，実質利子率です。たとえば，貯蓄や投資をする際に基準になるのは，その資金を運用したときの収益率だからです。一方，金融市場で使われる利子率は主に名目利子率です。

$$\ln P^B = \ln B - n\ln(1+i)$$

ここで，対数近似 $(\ln(1+i) \approx i)$ を用いると

$$\ln P^B \approx \ln B - ni$$

これを，利子率 i について微分すると，

$$\frac{dP^B}{P^B} \approx -n \times di$$

つまり，n 期が満期の割引債の価格は，金利の1%ポイントの上昇に対して n%下落し，金利の1%ポイントの下落に対して，n%上昇することを近似的に示しています（図9.6）。

金利の期間構造

　金利と債券価格の関係がわかったところで，金利にも種類があることをみていきましょう。短期の金利として代表的なのは，日本銀行が政策金利として利用していた無担保コール翌日物金利でしょう。この金利は金融機関同士が資金の貸し借りを行う短期の金融市場において，無担保で資金を借りて翌日に返済する際の金利です。翌日返済ですが年率の数値で示されます。もう少し返済期間が長い短期金利として，TIBOR（Tokyo Inter-Bank Offered Rate）があげられます。TIBOR は日本の銀行間の資金の貸し借りの金利で，1週間，1ヶ月，3ヶ月，6ヶ月，12ヶ月物の金利が公表されています（表9.5）。一般に返済期間が1年未満の金利を短期金利と呼びます。一方，長期金利は返済期間が1年以上の金利は長期金利と呼ばれます。代表的なものは日本国債10年物の利回りです。

　ここでは，1年物の金利と10年物の金利の間にどのような関係があるか考察してみましょう。t 期の1年物金利を $i_{1,t}$ とし，t 期の10年物金利を $i_{10,t}$ としましょう。このとき，t 期から $t+9$ 期の10年間の1年物金利と10年物の金利の間には以下の関係が成立することが知られています。

$$i_{10,t} = \frac{1}{10}(i_{1,t} + i_{1,t+1}^e + i_{1,t+2}^e + \cdots + i_{1,t+9}^e) + \theta_{10,t}$$

ここで，$i_{1,t+1}^e$ は $t+1$ 期の1年物の金利です。$t+1$ 期の金利は t 期の時点ではわかりませんので，t 期時点の予想（Expectation）という意味でアッパースクリプトに e という記号をつけています。$\theta_{10,t}$ はリスクプレミアムと呼ばれる項目です。

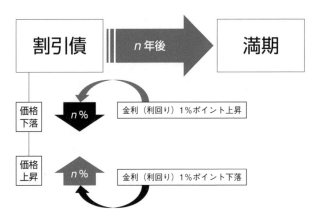

図 9.6　割引債の価格と利回りの関係

表 9.5　全銀協日本円 TIBOR

(単位　年%)

	1週間	1ヶ月	3ヶ月	6ヶ月	12ヶ月
2023年8月31日	-0.06000	0.06636	0.07000	0.14909	0.23364
2023年8月30日	-0.06000	0.06636	0.07000	0.14909	0.23364
2023年8月29日	-0.06091	0.04545	0.07000	0.14909	0.23364
2023年8月28日	-0.06091	0.04545	0.07000	0.14909	0.23364
2023年8月25日	-0.06091	0.04545	0.07000	0.14909	0.23364
2023年8月24日	-0.06091	0.04545	0.07000	0.14909	0.23364
2023年8月23日	-0.06091	0.04545	0.07000	0.14909	0.23364
2023年8月22日	-0.06091	0.04545	0.07000	0.14909	0.23364
2023年8月21日	-0.06091	0.04545	0.07000	0.14909	0.23364

（出所）　一般社団法人全銀協 TIBOR 運営機関ホームページを参照して作成。

この式の意味するところは，10年物金利の値は，t期から$t+9$期の1年物金利の予想値の平均に10年間の固定金利で運用することのリスクプレミアムを足したものに等しくなるということです（図9.7）。これは，10年物の金利で10年間運用するケースと，1年物の金利で毎年，貸し変えて運用するケースとで，リスクプレミアムを考慮した場合に等しい平均的なリターンが得られるということを示しています。このように，長期固定金利で運用しても，それより短期の金利で運用しても，リスクプレミアムを考慮すれば平均の利回りが等しくなるという条件を裁定条件（Arbitrage Condition）と呼びます。市場参加者が合理的で，よりリターンの高い投資機会につながる債券を購入しようとし，よりリターンの低い投資機会につながる債券を売ろうとするなら，このような裁定条件が成立します。このように期間の長い金利と期間の短い金利の間に成立する関係を金利の期間構造（Term Structure of Interest Rates）と呼びます。

イールド・カーブ

金利の数値を期間の短いものから順に長いものまで並べたグラフをイールド・カーブと呼びます。イールド・カーブが右上がりで，短期金利よりも長期金利が高くなる状態を順イールドと呼びます。一方，イールド・カーブが右下がりで，短期金利よりも長期金利が低くなる状態を逆イールドと呼びます。金利の期間構造を念頭にリスクプレミアムがごく小さいかゼロであると仮定すると，順イールドの際は将来的に短期金利が上昇していくことが予想されていると考えられます。一方，逆イールドの際には将来的に短期金利が低下していくことが予想されていると考えられます。イールド・カーブの形状には金融市場参加者の，将来の短期金利の予想が表れていると考えることができます（図9.8）。

レッスン9.4 株価とバブル

この節では代表的な有価証券である株式（Equity）について詳しくみていきます。

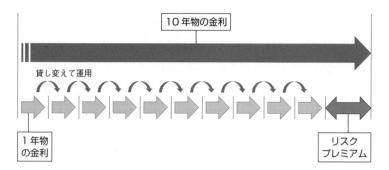

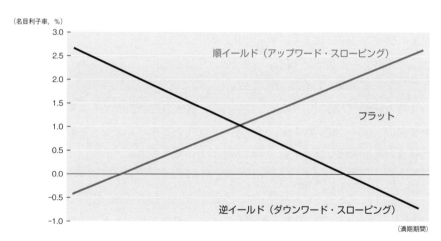

図9.7　金利の期間構造

（名目利子率，%）

3.0

2.5

2.0

1.5

1.0

0.5

0.0

-0.5

-1.0

順イールド（アップワード・スローピング）

フラット

逆イールド（ダウンワード・スローピング）

（満期期間）

図9.8　イールド・カーブの形状

有価証券としての株式

株式も債券と同じく有価証券の1種です。しかし，固定利付け債や割引債等とは異なり，元本が返済される満期というものがありません。したがって，元本に相当する金額を回収するには流通市場で売却する必要があります。また，株式の所有者は一定期間ごとに配当と呼ばれる資金が株式を発行した企業から分配されます。債券の利息とは違い，配当の金額はあらかじめ決まっておらず，株式を発行した企業の業績によって金額が左右されます。また，株式の購入者はその株式の保有割合に応じて，株式を発行した企業の株主総会における議決権が生じます。同じ企業が発行した有価証券でも株式と債券は性格が異なるものであることがわかります。

株式の価格の理論

株式の価格がどのように決定されるかを株式の運用利回りの決定式から考察してみましょう。t 期の株価を $P_{E,t}$，t 期から $t+1$ 期に株式を保有することで得られる配当を D_{t+1} とします。このとき，t 期から $t+1$ 期に株式を保有することの運用益は配当金額（インカム・ゲインと呼ばれます）と，株式の価格変動額（キャピタル・ゲインと呼ばれます）からなります。

インカム・ゲイン：D_{t+1}

キャピタル・ゲイン：$P_{E,t+1} - P_{E,t}$

$t+1$ 期の株価が t 期よりも低下していれば，株式の変動額はマイナスとなり，キャピタル・ロスと呼ばれます。インカム・ゲインとキャピタル・ゲインによる株式保有の運用利回りは以下のように書くことができます。

$$\frac{D_{t+1} + (P_{E,t+1} - P_{E,t})}{P_{E,t}}$$

t 期の時点では $t+1$ 期の株価と配当は知ることができないため，それらの予想値を $P^e_{E,t+1}$，および，D^e_{t+1} と書くと，株式を保有する際の要求利回り（r）は以下のように書くことができます。

$$r = \frac{D^e_{t+1} + (P^e_{E,t+1} - P_{E,t})}{P_{E,t}}$$

この式を，展開すると以下のように書けます。

コラム 9.2　金融経済をより詳しく学びたい人のために

　金融論は，マクロ経済の重要な構成要素で，重なり合う部分が多いのですが，最近はその分析対象が広がっていることに加え，金融政策の多様化が進んでいます。以下では，金融論をより深く学びたい人のためにどのような文献があるかを紹介します。

　まず，初級レベルの金融論を学びたい方には，

　　　　田中茉莉子『金融論への招待』新世社，2022 年

が良いでしょう。

　また本レッスンで学ぶようなマクロ経済的な枠組みの中で，金融論を包括的に学びたい読者には，

　　　　福田慎一『金融論』有斐閣，2013 年

　　　　鎌田康一郎『金融論　Theory & Practice』新世社，2022 年

がお勧めです。

　そしてより金融経済に特化した教科書としては，

　　　　細野薫・石原秀彦・渡辺和孝『グラフィック金融論　第 2 版』新世社，2019
　　　　年

　　　　内田浩史『金融』有斐閣，2016 年

が良いと思います。

　最後に本レッスンで取り上げた金融関連のトピックで 2 冊の書籍をあげておきます。1 冊は，

　　　　櫻川昌哉『バブルの経済理論』日本経済新聞出版，2021 年

です。これはバブルの歴史から理論までを網羅した研究書です。もう 1 冊は，

　　　　植田和男『ゼロ金利との闘い——日銀の金融政策を総括する』日本経済新聞
　　　　出版，2005 年

です。これはこのレッスンの最後に出てくる非伝統的金融政策の一つである時間軸政策を当時日本銀行の審議委員が簡潔明瞭に解説したものです。なお植田氏は2023 年 4 月から日本銀行総裁に任命されています。

$$(1+r)P_{E,t} = D_{t+1}^e + P_{E,t+1}^e$$

$$\Updownarrow$$

$$P_{E,t} = \frac{D_{t+1}^e + P_{E,t+1}^e}{1+r}$$

つまり，t 期の株価は $t+1$ 期の配当と株価の予想値の要求利回りによる割引現在価値で決定されると考えることができます。

　同様に，$t+1$ の株価については次のように書くことができます。議論の簡単化のため要求利回りは時間を通じて一定と仮定しましょう。

$$P_{E,t+1} = \frac{D_{t+2}^e + P_{E,t+2}^e}{1+r}$$

ここで，将来の株価 $(P_{E,t+1})$ について経済主体は予見できると仮定しましょう。つまり，以下の式が成立します。

$$P_{E,t+1}^e = P_{E,t+1} = \frac{D_{t+2}^e + P_{E,t+2}^e}{1+r}$$

上記の $t+1$ 期の株価の式を，$t+1$ の株価の決定式に代入すると，以下のように書くことができます。

$$P_{E,t} = \frac{D_{t+1}^e}{1+r} + \frac{D_{t+2}^e}{(1+r)^2} + \frac{P_{E,t+2}^e}{(1+r)^2}$$

さらに，$t+2$ 期の株価の式を代入すると，以下のように書けます。

$$P_{E,t} = \frac{D_{t+1}^e}{1+r} + \frac{D_{t+2}^e}{(1+r)^2} + \frac{D_{t+3}^e}{(1+r)^3} + \frac{P_{E,t+3}^e}{(1+r)^3}$$

さらに，$t+3$ 期の株価の式，$t+4$ 期の株価の式，…，と代入していくと，以下の式となります。

$$P_{E,t} = \sum_{j=1}^{\infty} \frac{D_{t+j}^e}{(1+r)^j} + \lim_{j \to \infty} \frac{P_{E,t+j}}{(1+r)^j}$$

つまり，t 期の株価は $t+1$ 期以降の配当の割引現在価値の合計と，無限期後の株価の割引現在価値で決定されると考えることができます。この右辺第1項は株価のファンダメンタルズ（Fundamentals）と呼ばれ，右辺第2項はバブル項（Bubble Term）と呼ばれています。

コラム9.3　株価と景気

　1990年代に入って，株価・地価が急落するという，いわゆるバブルの崩壊が生じてから，株価水準の動向が注目を集めるようになりました。株価は特定の企業の動向に左右されるため，それ以前はマクロ経済の動向とは距離をおいてみられてきました。このため，株価水準を維持するような政府の介入（いわゆる，公的資金による株価水準の維持政策）は，特定の企業を利するという意味で，国債の売買とはまったく異なるものと考えられていました。

　それがなぜ1990年代に入って，株価の水準がマクロ経済の動向に影響を及ぼすとみなされ，政府の株式市場への介入も視野に入れられるようになったのでしょうか。

　実は，株式は個人が保有しているだけではありません。企業，特に銀行や生命保険などの金融機関は大量の株式を保有しています。こうした株式は，購入した際の値段（これを簿価，または取得価格といいます）で評価されています。しかし株価は毎日変動しているので，実際に売却する際は，取得時とは異なる価格で売ることになります。もし取得時より高ければ，キャピタル・ゲインを売ることになり，低ければキャピタル・ロスを負うことになります。

　ただ，実際に売却しなくても，株価は変化していますから，常に株式の価値は変動しているわけです。こうして現在保有している株式でも，表面に出ないキャピタル・ゲインやキャピタル・ロスがあります。これを「含み益」または「含み損」と呼んでいます。企業は実は，公表している損益に加えて，こうした「含み益」または「含み損」を考慮して行動をしています。特に金融機関の場合，「含み益」が多ければ，それだけその金融機関の健全性が増すことになり，貸出も積極的に行えるのです。逆に保有株価が下落して「含み損」が発生してしまうと，金融機関の健全性が損なわれ，貸出に慎重な態度をとらざるを得ません。株価全体が低下していくと，多くの金融機関で「含み損」が生じ，結果的にそれはマクロ的な貸出の減少につながってしまいます。このマクロ的な貸出の減少は，企業の設備投資活動を抑制することにつながり，最終的には景気に悪影響を及ぼす原因となるのです。

株価のファンダメンタルズとバブル

株価の決定式において，バブル項がゼロになる条件を考察しましょう。

$$P_{E,t} = \sum_{j=1}^{\infty} \frac{D_{t+j}^e}{(1+r)^j} + \lim_{j \to \infty} \frac{P_{E,t+j}}{(1+r)^j}$$

要求利回りが正であるとき（$r>0$），バブル項の分母の $(1+r)^\infty$ は無限大に発散します。したがって，無限期後の株価 $P_{E,t+\infty}$ が有限の値にとどまるなら，バブル項はゼロとなります。あるいは，株価が無限大に発散していくとしても，その平均的な上昇率が要求利回り（r）を下回るなら，バブル項はゼロとなります。たとえば，株価が経済成長と同じ率（g）で上昇するとしても，$r>g$ であればバブル項はゼロになります。

バブル項がゼロであり，株価はファンダメンタルズで決定されるとする理論を株価の割引現在価値（Discount Present Value）モデルと呼ばれます。

$$P_{E,t}^f = \sum_{j=1}^{\infty} \frac{D_{t+j}^e}{(1+r)^j}$$

このとき，株価は将来の配当の割引現在価値の合計で決定されると考えることができます。日本でも 1980 年代後半には株価にバブルが生じていたと考えられるようになっています（図9.9）。

レッスン9.5　貨幣の機能

金融資産の中でも重要な役割を果たすのが貨幣です。貨幣と聞いて最初に思い浮かべるのは 10 円玉や 100 円玉といった硬貨，1000 円札や 10000 円札といった紙幣です。こうした貨幣にはどのような機能があるのでしょうか。

交換媒介機能

第1に，財・サービス，労働力，有価証券などの取引を媒介する交換媒介機能があげられます。交換媒介機能があるということは経済的取引に際して，財・サービス，有価証券などを購入する際の支払手段としての役割があるということを

図9.9　**日経平均株価の推移**
（出所）　日本経済新聞ホームページ

　マクロ的に株価をどのように把握するか

　株式というのは，個々の株式会社が発行しているものですから，株価も各会社の業績を反映して変動しています。それでは，こうした個別の株価からどのようにして全体の株式市場の動向を知ることができるのでしょうか。

　東京証券取引所（略して東証と呼ばれます）では約2,000企業の株式が上場（公開）されています。これらの株式のうち，日本を代表する225社の株価を単純平均したものが日経平均株価です。しかし日経平均株価は，各株式銘柄ごとのウエイト（重みづけ）が考慮されていないため，取引高が少なくても変動の激しかった株価の影響が大きく出るという問題点があります。

　これに対して，1969年から始まった東証株価指数（TOPIX）は，株式数をウエイトとした時価総額の変動を指数化しているため，上記の問題点は回避されています。また東証に上場している全企業の株価を対象としているため，カバレッジ（対象企業数）の点でも，日経平均株価より広くなっています。

意味します。貨幣が支払手段として機能するためには，その貨幣を経済取引の相方が受け取ってくれるという貨幣に対する信用が必要です。また，貨幣を受け取った相手方も将来にその貨幣を支払手段として用いることを考えると，誰に対しても貨幣の信用があることが重要となります。このように経済システムの中で貨幣が広く信用を得ているという性質を一般受容性と呼びます。

価値尺度機能

　第2の機能として，価値尺度機能があげられます。たとえば，コメと魚を交換する際，コメ1kgに対して魚10匹というような交換比率が，魚と肉の交換に際しては魚15匹に対して肉3kgという交換比率が取引者間で合意されたとしましょう。このとき，コメと肉の交換比率はコメ1kgに対して肉2kgとなります。

　もし，ここで市場にリンゴを売りたいという業者が登場したらどうでしょうか？ 新たにリンゴとコメ，魚，肉の交換比率を設定する必要が出てきます。4種類の財で6個の交換比率を相互に矛盾なく決める必要があります。もし，市場に持ち込まれた財の種類が20個であれば，190通りの交換比率を相互に矛盾なく設定する必要が生じます。それはとても煩雑です。

　このように，各財の交換に際して，それぞれの財の組み合わせについて交換比率を設定していたのでは取引がスムーズに進みません。そこで，共通の価値尺度である「価格」を設定すると20種類の財に20個の価格を合意するだけで取引を成立させることが出来ます。貨幣は，この共通の価値尺度を提供する役目を果たしています。日本では共通の価値尺度は「円」という通貨で提供されています。コメも魚も肉もリンゴも「円」で価格を表示すれば共通の尺度で価値を表示できることになります。

価値保蔵機能

　第3の機能として，価値保蔵機能があげられます。貨幣は現在の財・サービスの購入に支払手段として用いられるだけでなく，将来の財・サービスの購入に際して支払手段として用いることができます。

　本レッスンの冒頭で，現金，預金，債券，株式といった金融資産を紹介しましたが，いずれも財・サービスに対する購買力を現在から将来に保蔵するための手

コラム 9.5 　商品の交換と貨幣

　いま，この世界に2人の人間だけが存在するとしましょう。仮にその2人をA さん，Bさんと呼びます。Aさんはコメを生産し魚が欲しいとします。一方B さんは魚をとり，コメが欲しいとしましょう。このとき，特に貨幣を使わなくても， コメと魚の交換比率を適当に定めれば，AさんとBさんは互いに必要とするもの を手に入れることができます。こうした交換は物々交換と呼ばれます。小中学生で 流行っているトレーディング・カードの交換も一種の物々交換です。物々交換が成 立する背景には，互いの欲しいものを相互に生産しているという「欲望の二重一 致」が存在します。

　しかし，もしAさんが魚ではなく肉が欲しいとすると，物々交換は成立しません。 いま仮に肉を生産していて魚が欲しいというCさんがいたとしましょう。そうす ると，AさんはまずBさんにコメを売って，魚を手に入れます。しかしAさんは， 魚を消費せずに，これをCさんに売って，肉を手に入れるのです。こうした交換 過程で，魚はBさんからAさんを経てCさんへと流通することになります。この 場合，魚は単に消費財だけでなく，AさんとBさん，AさんとCさんの交換の媒 介をする役割を果たしています。このように消費目的ではなく，交換の媒介のため に使用される財が貨幣の役割を担ってきました（下図）。

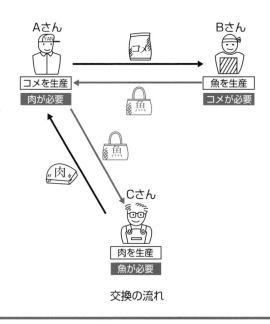

交換の流れ

段であるといえます。そのような金融資産のうち，貨幣は利子や配当のない金融資産であるといえます。預金や債券を保有していれば一定期日ごとに利子を受け取ることができます。株式であれば一定期日ごとに株式を発行した企業の業績に応じた配当を受け取ることができます。

　一方，貨幣を保有していても利子も配当も受け取ることはできません。債券や株式といった有価証券はその資産価格が変動しますが，貨幣は額面価値が変わることはありません。しかし，貨幣の額面価値は変わらなくても，その実質的な価値は変動します。たとえば，保有している貨幣の額面価値が100万円であったとしましょう。1年間にパソコンの価格が20万円から25万円に上昇すれば，100万円で購買できるパソコンの台数は1年間で5台から4台に減ってしまいます。このように物価水準の上昇（インフレーション）は貨幣の実質価値に影響を与えることになります。

レッスン**9.6** # 貨幣と決済

決 済 手 段

　商品やサービスを購入して経済取引を行うとき，商品やサービスを受け取った購入者には，それらに対する対価を商品やサービスの提供者に対して支払う義務（債務）が生じ，商品やサービスの提供者はそれらの購入者に対して貨幣を受け取る権利（債権）が発生します。そこで商品・サービスの購入者が商品・サービスの提供者に貨幣を支払うことによって債権・債務関係が解消します。

　このような債権・債務関係を終了する貨幣の支払いを決済（Settlement）と呼びます（図9.10）。決済に用いることができる貨幣を決済手段と呼びます。

決済手段としての貨幣

　実は我々が経済取引の決済で用いる貨幣は硬貨や紙幣のみではありません。我々はクレジット・カードやデビット・カードを用いて商品やサービスの購入の支払いを行うことがあります。近年では電子マネーを用いて支払いをする機会も

コラム 9.6　「円」の起源

　日本のお金の単位である，「円」は，1871年（明治4年）5月の新貨条例によって定められました。ただし，なぜ「円」という名称が用いられるに至ったのかは不明です。日本銀行の貨幣博物館の資料には，次の3つの説があげられています。
① 　江戸時代にいろいろな形をしていた硬貨をすべて「円形」に統一したから。
② 　当時貨幣を造幣するために譲り受けた造幣機械で，香港銀行と同様の銀貨を製造したが，その元の貨幣が「香港壱圓」等と表示されていたから。
③ 　当時，国際的に利用されていたメキシコ・ドルが円形で，中国でこれを「洋円」とか「円銀」などと呼んでいた。これが江戸時代末期に伝わり，貨幣を「円」と呼ぶ習慣があったから。
　日常，あたりまえのように使用している「円」の起源は，それほどあたりまえのことではないようです。

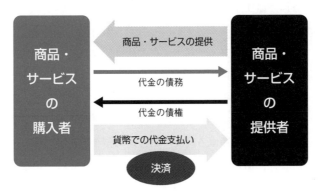

図9.10　経済取引と決済

増えています（表9.6）。

　ここでクレジット・カード，デビット・カードは市中金融機関の預金口座に紐づけられて決済を行い，先払い式の電子マネーやプリペイド・カードは現金やクレジット・カードによる支払いが先にあって決済が成立していることに着目して下さい。現代では経済取引の決済に用いることができる多様なサービスが提供されていますが，決済手段として用いられているのは硬貨や紙幣といった現金，普通預金や当座預金といった預金であることがわかります。

マネーストック

　経済の取引において決済に用いられる貨幣量の残高を把握するためには，現金，預金という決済手段となる貨幣の総額を把握する必要があります。このように金融部門が経済に供給する貨幣量の残高をマネーストック（Money Stock）と呼びます。日本では日本銀行が「マネーストック統計」として，この額を計測・公表しています。

　ここでポイントとなるのは，預金の範囲をどこまで含めるのかということです。預金取扱金融機関が提供する預金サービスには，家計が通常利用する普通預金，企業が大口の取引に用いる当座預金，満期が指定されている定期預金，定期預金の一種で第三者に譲渡することができる譲渡性預金など多様な預金があります。中でも普通預金と当座預金は要求すればいつでも引き出すことができるので要求払預金と呼ばれています。マネーストックの統計では，これらの預金の流動性の違いや，対象となる金融機関の範囲の違いに応じて，3種類のマネーストック指標を公表しています（図9.11）。

　M1は決済手段として最も利用しやすい現金と要求払預金で構成されています。ここで計測される現金は流通する硬貨・紙幣から預金取扱金融機関の保有分を除いたものです。また，M1で計測される要求払預金の範囲は全預金取扱金融機関の発行する普通預金，当座預金となります。M3はM1で計測された現金と要求払預金に加えて，定期預金，外貨預金，譲渡性預金を含みます。M2は現金・預金の範囲はM3と同じですが，国内銀行等の発行する預金に範囲が限定されます（つまり，ゆうちょ銀行，農協，漁協，労金，信用組合の発行する預金が除かれています）。広義流動性はM3に流動性のある金融資産を合計した残高です。

コラム 9.7　物品貨幣の歴史

　本文に書かれているように，貨幣は，もとから硬貨や紙幣の形をとっていたわけではありません。最初は，いろいろな物を，交換の媒介に使う「商品貨幣」の形態をとっていました。

　物品貨幣の特徴としては，①誰もが容易に手に入れられること，②分割などによって，価値をうまく表現できること，③運搬が容易で，価値が保存できること，があげられます。この3つの機能は，本文に述べた，3つの貨幣の機能，すなわち①交換媒介機能，②価値尺度機能，③価値保蔵機能に対応しています。

　こうした特徴を持った物品貨幣としては，穀物，農具，塩などがあげられますが，その中では，古代中国で利用された貝貨が有名です。これは子安貝を貨幣として利用したもので，紀元前16世紀から紀元前8世紀までの約800年間使われました。

表9.6　**決済手段の種類**

決済手段	説明
現金（硬貨・紙幣）	財務省発行の硬貨や日本銀行券
要求払預金	市中金融機関の普通預金・当座預金
クレジット・カード	要求払預金の口座に紐づけられて決済に用いられる（後払い）
デビット・カード	要求払預金の口座に紐づけられて決済に用いられる（即時払い）
電子マネー・プリペイドカード	クレジット・カードから金額をチャージする（後払い）現金等で金額をチャージして決済に利用（先払い）
中央銀行当座預金	市中金融機関が中央銀行に持つ要求払い預金

図 9.12 にマネーストックの指標である M1，M2，M3，広義流動性の 2004 年
1 月から 2022 年 12 月の残高（月間平均残高）を示します。

マネーストック（M^S）を単純化して示すと，現金（C）と金融システム全体が
供給する預金（D）の合計ということになります。

$$M^S = C + D$$

決済の完了性と中央銀行当座預金

ここで，金融取引を通じて決済手段としての貨幣における重要な性質である，
決済の完了性について考えてみましょう。

A さんが，B 商店において 10 万円のテレビを購入するケースを考えてみまし
ょう。もし，A さんが B 商店からテレビを受け取り，A さんが財布から 10 万円
の現金を出して，B 商店のレジで支払えば，この経済取引の決済は完了します。
これは最も単純な経済取引の決済のケースです。

次に，A さんの財布には現金 10 万円がなく，デビット・カードで支払いを行
うとしましょう。A さんの預金口座は X 銀行にあり，B 商店の預金口座は Y 銀
行にあります。A さんのデビット・カードを用いた支払いは，X 銀行にある A さ
んの預金口座から 10 万円を引き出し Y 銀行にある B 商店の預金口座へ振替する
という「振替の指示書」として記録されます。この取引を受けて Y 銀行は B 商
店の口座に 10 万円を入金します。まだ，この時点では決済は完了していません。
Y 銀行はこの「振替の指示書」をインターネット上のクリアリングハウス（以前
は手形交換所と呼ばれていました）に持ち込みます。クリアリングハウス
（Clearing House）ではこの「振替の指示書」を X 銀行が持ち帰り，X 銀行は自
行にある A さんの預金口座から 10 万円を引き落とします。

この時点でもまだ決済は完了していません。X 銀行の勘定には A さんの口座
から引き落とした 10 万円がプラス計上されており，Y 銀行の勘定には B 商店の
口座に振り込んだ 10 万円がマイナス計上されます。ここで，X 銀行が中央銀行
に持つ当座預金口座から，Y 銀行が中央銀行に持つ当座預金口座への 10 万円の
振替が行われます。この時点で，X 銀行と Y 銀行の間での債権・債務関係が解消
され，初めて決済が完了します（図 9.13）。

この例をみると，現金と中央銀行当座預金が最終的に決済を完了させる貨幣で

238　　レッスン 9　貨幣と金融市場・中央銀行の役割

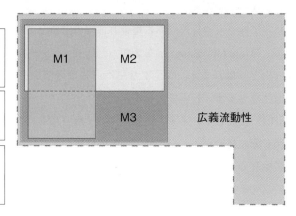

【金融商品】

| 現金
要求払預金 | 定期性預金
外貨預金
譲渡性預金 | 金融債
銀行発行普通社債^(注1)
金銭の信託 | その他の
金融商品^(注2) |

【通貨発行主体】

日本銀行
国内銀行（除くゆうちょ銀）
外国銀行在日支店
信用金庫・信金中金
農林中央金庫
商工組合中央金庫

ゆうちょ銀行
農協・信農連
漁協・信漁連
労金・労金連
信用組合・全信組連

保険会社
中央政府
非居住者等

M1　M2

M3　広義流動性

図 9.11　マネーストックの範囲

（出所）　日本銀行「マネーストック統計の解説」
（注1）　国内銀行を主たる子会社とする持株会社による発行分を含む。
（注2）　金融機関発行 CP，投資信託（公募・私募），国債，外債

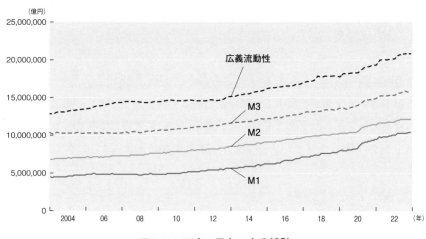

図 9.12　マネーストックの統計

（出所）　日本銀行『マネーストック』

あることが理解されます。経済取引において貨幣の支払いが決済を完了させる度合いを支払完了性（Finality）と呼びます。現代の経済取引において日本銀行当座預金の振替は，現金による決済と同等の支払完了性を持ちます。

マネタリーベース

支払完了性をもつ貨幣である現金と日銀当座預金の残高の合計額はマネタリーベース（Monetary Base），あるいはハイパワードマネー（High-powered Money）と呼ばれます。マネタリーベースは経済取引の決済を根底で支えている貨幣となります。日本では日本銀行が「マネタリーベース統計」としてこの金額を計測，公表しています。注意点は，マネーストック統計における現金は金融機関保有分の現金が差し引かれているのに対して，マネタリーベース統計では金融機関保有分も現金に含まれることです。マネーストックが金融部門全体から経済に供給する貨幣の量と定義されるのに対して，マネタリーベースは中央銀行が経済に供給する貨幣の量と定義されていることがその理由です。図9.14に日本のマネタリーベースの1980年1月から2022年12月の残高（月間平均残高）を示します。

マネタリーベース（M^B）を単純化して示すと，現金（C）と中央銀行の当座預金（R）の合計ということになります。

$$M^B = C + R$$

信用乗数

金融システム全体が提供する貨幣の量であるマネーストックと，支払完了性のある貨幣の量であるマネタリーベースの関係について考察してみましょう。マネーストック（M^S）をマネタリーベース（M^B）で割ると次のように書くことができます。

$$\frac{M^S}{M^B} = \frac{C + D}{C + R} = c^M$$

C：現金　D：預金　R：中央銀行当座預金

マネーストックがマネタリーベースの何倍になるかというこの比率（$M^S/M^B = c^M$）は信用乗数（Credit Multiplier）と呼びます（図9.15）。ここで，信用乗数式

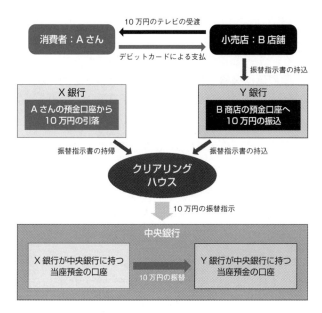

図9.13　大口取引の決済

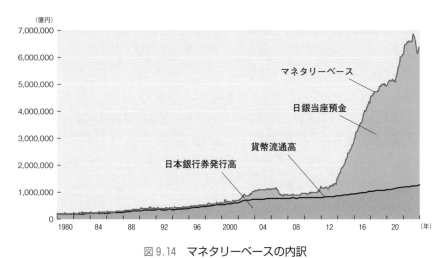

図9.14　マネタリーベースの内訳
（出所）　日本銀行『マネタリーベース』より作成。

の右辺の分子と分母をともに預金で割ると，次のように書くことができます。

$$c^M = \frac{\dfrac{C}{D}+1}{\dfrac{C}{D}+\dfrac{R}{D}}$$

つまり，信用乗数の値は現金・預金比率（C/D）と中央銀行当座預金・預金比率（R/D）によって規定されます。現金・預金比率は企業や家計といった経済主体が預金量に対してどの程度の現金を手元に持つかという比率です。

中央銀行当座預金・預金比率（R/D）は預金準備率（Reserve Ratio）とも呼ばれます（図9.16）。家計や企業といった経済主体が市中の預金取扱金融機関に持つ預金に対して，当該の預金取扱金融機関が中央銀行当座預金にどの程度の準備預金を持つかという比率です。預金準備率（R/D）は1よりも小さいので，現金・預金比率（C/D）が小さいほど信用乗数は上昇します。

一方，現金・預金比率（C/D）を一定として，預金準備率（R/D）が低下するときも信用乗数は上昇します。預金準備率，現金・預金比率ともに一定であるなら信用乗数は一定となり，マネタリーベースがα％増加すれば，マネーストックもα％増加するという関係が生じます。

日本銀行当座預金と金融市場調節

マネタリーベースのグラフをみると，2013年以降のマネタリーベースは主に日銀当座預金の増大によるものであることがわかるでしょう。日本銀行当座預金は決済システムにおいて中心的な役割を果たしています。また，日本銀行はその金融政策において日本銀行当座預金を増減させる金融市場調整（オペレーション）を通じて政策金利や政策手段とする貨幣量を操作しています。

オペレーションは通常，略してオペと呼ばれます。オペには「資金供給オペ」と「資金吸収オペ」があります。

資金供給オペは市中の金融機関から日本銀行が売戻し条件付きで有価証券を買い入れ，有価証券を売った金融機関が日本銀行に保有する日銀当座預金に対価の資金を振り込みます。このとき，日本銀行当座預金残高は増加し，資金供給の増加によって短期金融市場では金利が低下します。

資金吸収オペは市中の金融機関に日本銀行が買戻し条件付きで有価証券を売り，

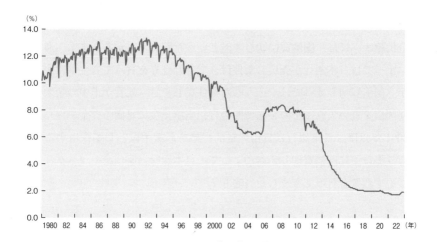

図9.15　**信用乗数の推移**
（出所）　日本銀行『マネーストック』,『マネタリーベース』より作成。
（注）　M2/M^B 比率

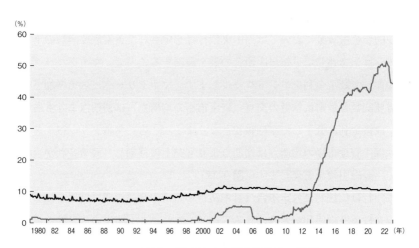

図9.16　**現金・預金比率と預金準備率の推移**
（出所）　日本銀行『マネーストック』より作成。
（注）　現金・預金比率＝現金通貨残高/（M2－現金通貨残高）
　　　　預金準備率＝日銀当座預金残高/（M2－現金通貨残高）

有価証券を買った金融機関が日本銀行に保有する日銀当座預金から対価の資金を引き落とします。このとき，日本銀行当座預金残高は減少し，資金供給の減少によって短期金融市場では金利が上昇します。

　資金供給オペには，国債買い切りオペという特別なオペがあります。通常の資金供給オペでは日本銀行が売戻し条件付きで有価証券を買って資金供給が行われますが，国債買切りオペでは，そうした条件なしで日本銀行が市中の金融機関から長期国債を買い入れ，その金融機関の日銀当座預金に対価の資金を振り込みます。2001年以降，日本銀行は貨幣の量的指標を政策手段として採用する金融政策を行う際に主に国債買切りオペによって，日本銀行当座預金やマネタリーベースを増やす政策を行ってきました（表9.7）。

レッスン9.7　中央銀行の金融政策

伝統的な金融政策：政策金利のコントロール

　伝統的な金融政策においては，中央銀行は想定された貨幣需要関数の下で，オペレーションを通じて日銀当座預金の量を調節することで，マネタリーベースの量を操作して政策金利をコントロールします。マネタリーベースを増加させれば，貨幣需要関数と貨幣供給量の交点（資金市場の均衡点）は初期点よりも右下に移動し，政策金利は低下して金融緩和となります。一方，マネタリーベースを減少させれば，資金市場の均衡点は初期点よりも左上に移動し，政策金利が上昇することで，金融引締を実現します（図9.17）。

　日本銀行は伝統的に公定歩合（日本銀行から市中金融機関に貸出をする際の金利，現在は基準貸付利率と呼ばれる）やインターバンク市場の代表的な金利である無担保コール翌日物金利を政策金利として用いてきました。

　金融緩和と金融引締がどのように家計消費や民間の固定資本形成に影響するのかはフィッシャー方程式を検討することで理解することができます。名目金利をi，実質金利をr，期待インフレ率をπ^eとすると，**レッスン5**でも説明したフィッシャー方程式を次のように書くことができます。

表9.7　日本銀行のバランスシートの変化

【2013 年 3 月末】　　　　　　　　　　　　　　　　　　（単位：兆円）

資産		負債・純資産	
国債	91.3	日本銀行券	83.4
CP等	1.2	日銀当座預金	58.1
社債	2.9	政府預金・売現先	16.0
株式投資信託	1.5	その他	3.2
不動産投資信託	0.1	準備金・資本金他	3.6
貸付金等	67.3		
資産合計	164.3	負債・純資産合計	164.3

【2021 年 3 月末】　　　　　　　　　　　　　　　　　　（単位：兆円）

資産		負債・純資産	
国債	511.2	日本銀行券	119.9
CP等	2.5	日銀当座預金	563.2
社債	8.6	政府預金・売現先	13.9
株式投資信託	36.6	その他	34.3
不動産投資信託	0.7	準備金・資本金他	5.0
貸付金等	176.7		
資産合計	736.3	負債・純資産合計	736.3

（出所）　日本銀行『2012 年度の金融調節』，『2020 年度の金融調節』，『日本銀行勘定』より作成。

コラム 9.8　　バランスシート

　企業は，日々いろいろな財やサービスを販売したり，購入したりしています。しかしその取引は膨大でかつ複雑ですから，その取引の結果企業が健全な状態にあるかどうかをすぐに判断することは容易ではありません。我々も，日々の食生活が適切かどうかは健康診断を受けて初めて知るように，企業にとっても日々の業務が適切で，きちんと収益を出しているかどうかを知らせるチェック・シートのようなものが必要です。この企業の日々の活動をまとめたチェック・シートを財務諸表と呼んでいます。

　財務諸表は，企業の 1 年間の取引をまとめる決算期に作成されます（一部は半期ごと）。この財務諸表は，主に 2 つの表から構成されています。一つが損益計算書で，もう一つが貸借対照表です。この貸借対照表を，バランス・シートと呼んでいます。損益計算書は，年間の企業の取引を記録したものです。この損益計算書によって，年間の売上から諸費用（人件費や借入金利息など）を差し引いた利益の金額を知ることができます。

　一方貸借対照表は，こうした日々の取引の結果，企業にどれだけの資産や負債があるかを決算時点で評価したものです。資産というのは，土地や建物の実物資産，預金や株式などの金融資産を含みます。一方，負債は借入金，社債や未払金など，いずれ他人に返済しなくてはならない債務を含んでいます。この資産総額から負債総額を引いた値が正味資産（または自己資本）です。企業の毎期，毎期の利益は，この自己資本の部分を増加させていきます。

　以上からわかるように，損益計算書は，企業の年間のフロー取引を記録したものであり，貸借対照表は，一定時点で企業が保有する資産と負債のストックを記録したものといえます。

$$i = r + \pi^e$$

　期待インフレ率が一定であるような短期において，中央銀行が政策金利を低下させることで，様々な期間の名目金利を引き下げることができれば，それに対応した実質金利を引き下げることができます。実質金利の低下は，家計にとっては貯蓄よりも消費を行う誘因となり，企業にとっては資金調達コストの軽減となって固定資本形成を促すこととなります。一方，中央銀行が政策金利を引き上げると，様々な期間の名目金利と実質金利がともに上昇して家計にとっては消費を抑制して貯蓄を増やす誘因となり，企業にとっては資金調達コストが上昇して固定資本形成を抑制することとなります。

伝統的な金融政策：貨幣と物価

　中央銀行の政策目的は物価の安定です。日本銀行はその金融政策の目的として「物価の安定を図ることを通じて国民経済の健全な発展に資すること」を掲げています。伝統的な金融政策では，どのような考えた方に基づいて物価の安定を図っているのかをみていきましょう。

　中央銀行は金融市場調節によってマネタリーベースの増減を行っていることをすでに示しました。また，マネーストックとマネタリーベースの比率は信用乗数と呼ばれており，信用乗数は現金・預金比率と預金準備率がともに安定していれば，安定的な値となることも示しました。伝統的な金融政策の世界においては，名目金利が正の値であることが想定されるため，経済主体は手元の現金を極力少なくしようとする誘因があります。また，金融機関も金利がつかない中央銀行当座預金に余分な資金を積み上げていくことを避けて，資金を金利のつく資産で運用することが求められます。そのような理由から，現金・預金比率と預金準備率がともに比較的安定的であり，信用乗数の値も安定したトレンド上にありました。もし，信用乗数 (c^M) が一定であれば，中央銀行がマネタリーベース (M^B) を一定率で増加させるとき，マネーストック (M^S) も同率で増加させることができます。

$$M^S = c^M M^B$$

　マネーストック (M^S) と物価水準 (P) の間には次のような貨幣数量方程式が想定されていました。

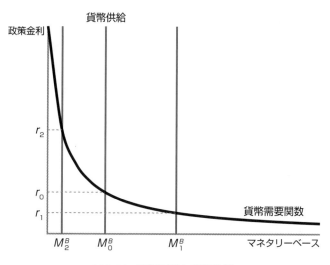

図 9.17　**貨幣需要と貨幣供給**

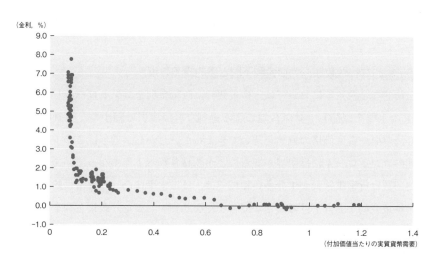

図 9.18　**観察された貨幣需要関数**

（出所）　内閣府『景気動向指数』，『国民経済計算』，日本銀行『マネタリーベース』
（注）　金利は新発 10 年債利回り，
　　　　付加価値当たりの実質貨幣需要はマネタリーベースを名目 GDP で割ったもの。

$$PY^R = M^S V$$

ここで，Y^R は経済における実質の取引量であり，実質 GDP であると考えること
もできます。PY^R は物価水準×実質の取引量ですから，一国における一定期間で
の名目取引金額と解釈されます。取引を行う際には商品の対価として貨幣が支払
われます。右辺の V はこの経済で取引に用いられる貨幣であるマネーストック
が一定期間に何回用いられたかという貨幣流通速度（Velocity of Money）を示し
ています（図9.19）。貨幣量と貨幣流通速度の積は一定期間の取引金額に等しい
という直感を貨幣数量方程式は示しています。貨幣数量方程式を展開して，信用
乗数の式を代入すると次のように書くことができます。

$$P = \left(\frac{V}{Y^R}\right) c^M M^B$$

この式は，信用乗数（c^M）および貨幣流通速度（V）が安定的であるとき，実質
GDP（Y^R）を予測しながらマネタリーベース（M^B）を調整すれば，中央銀行は
物価水準（P）を安定させることができることを示しています。このように，伝
統的な金融政策では金融市場調節によって政策金利をコントロールすることで実
質 GDP の水準を調整し，同時に物価の安定を図ってきました。

非伝統的な金融政策：ゼロ金利下限と量的緩和政策

伝統的な金融政策においては，中央銀行は政策金利をコントロールして実質
GDP の水準を調節し，景気後退による過剰な経済取引の縮小や，景気拡大によ
る経済取引や資産価格の過熱を防いできました。しかし，近年はこのような政策
金利のコントロールには限界があることが認識されるようになっています。貨幣
需要関数は貨幣供給量が十分多い領域では，ほぼ水平になり，貨幣供給を増やし
ても政策金利を引き下げることができなくなります。また，政策金利を強引に引
き下げることができたとしても，名目金利にはゼロ金利下限（Zero Lower
Bound on Nominal Interest Rate）が存在し，それ以上は金融緩和を実施すること
が難しくなります。このようなときに金融緩和の効果を生み出すには，伝統的な
金融政策では対応が難しくなることがわかります。

また 1990 年代末以降，日本を含めた主要先進国ではインフレ率の低下が進み，
ときにはマイナスのインフレ率が継続するというデフレーション（Deflation）も

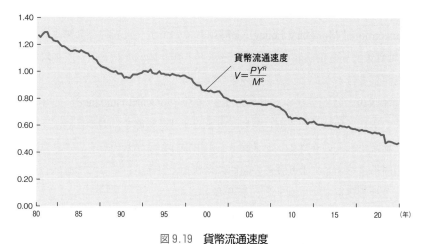

図 9.19 **貨幣流通速度**

（出所）内閣府『国民経済計算』，日本銀行『マネーストック』より作成。
（注）貨幣流通速度は『名目 GDP/M2』により計算。

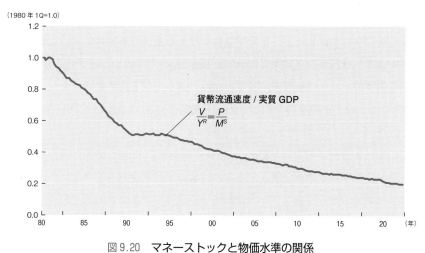

図 9.20 **マネーストックと物価水準の関係**

（出所）内閣府『国民経済計算』，日本銀行『マネーストック』より作成。

観察されるようになりました。こうした困難な経済状況を克服するために新たな金融政策の方法が模索されてきました。

そうした経済環境で考案されていった一連の金融政策は非伝統的な金融政策（Unconventional Monetary Policy）と呼ばれています。代表的な金融政策として，「時間軸政策」，「量的緩和政策」，「イールド・カーブ・コントロール」政策について説明しましょう。

時間軸政策とは，フォワード・ガイダンス（Forward Guidance）とも呼ばれる政策であり，政策金利をゼロ金利下限まで下げた状態を，ある目標が達成されるまで継続するというコミットメントを中央銀行が示すものです。これにより金利の期間構造を通じてより長めの期間の金利まで引き下げることで金融緩和効果を発生させる政策です（図9.21，表9.8）。

量的緩和政策（Quantitative Easing）とは政策手段を短期金利から中央銀行当座預金やマネタリーベースといった量的指標に変更し，目標量まで増額させていく政策です。量的緩和政策は時間軸政策と補い合う性質を持ち，日銀当座預金やマネタリーベースを拡大することで，時間軸政策のコミットメントを強化させて，将来の予想短期金利を引き下げてイールド・カーブをフラットにする意味合いを持ちます。また，マネーの量を増加させることで，市場で流通する債券の利回りに含まれるリスクプレミアムを低下させる効果も意図されています。これはポートフォリオ・リバランス効果（Portfolio Rebalance Effect）と呼ばれる効果です。量的緩和政策では中央銀行当座預金を大幅に積み上げるための手段として，従来は0％であった当座預金の金利を，0.1％程度に引き上げるといった手法も用いられました。

イールド・カーブ・コントロール（Yield Curve Control）政策とは，中央銀行が長期国債を買切りオペで購入することによって長期金利を引き下げ，より直接的にイールド・カーブをフラットにしていくことを目的とするものです。日本では「長短金利操作付き量的・質的量的緩和」として，10年物国債の金利を0％近傍まで引き下げるという政策が2016年から実施されています（表9.8）。

日本においては1999年のゼロ金利政策の導入以降，デフレーションの克服を目的に非伝統的金融政策が実施されてきました（表9.8）。

_t_ 年に通常のゼロ金利政策を行うケースの期待短期金利と長期金利

	_t_ 年	_t_+1 年	_t_+2 年	_t_+3 年	_t_+4 年	_t_+5 年
期待短期金利	0.0	1.0	2.0	3.0	4.0	5.0
長期金利（6年物）	2.5	2.5	2.5	2.5	2.5	2.5

_t_ 年に3年後までのゼロ金利の時間軸政策を行うケースの期待短期金利と長期金利

	_t_ 年	_t_+1 年	_t_+2 年	_t_+3 年	_t_+4 年	_t_+5 年
期待短期金利	0.0	0.0	0.0	1.0	2.0	3.0
長期金利（6年物）	1.0	1.0	1.0	1.0	1.0	1.0

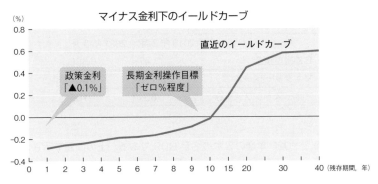

図 9.21　金利の期間構造と時間軸政策

（出所）　日本銀行ホームページ

表 9.8　日本における非伝統的金融政策の実施

期間	政策	内容
1999年2月から2000年8月	ゼロ金利政策	無担保コール翌日物金利を0％に誘導 時間軸政策：ゼロ金利政策を「デフレ懸念が払拭できるまで」継続
2001年3月から2006年3月	量的緩和政策	政策金利を0％にすると同時に，日銀当座預金残高を政策手段と位置づける（目標額は最終的に35-40兆円程度まで引き上げられた） 時間軸政策：「消費者物価指数上昇率が0％以上に」なるまで継続
2008年10月以降	補完当座預金制度の導入	日銀当座預金の超過準備に0.1％の利息を付す
2010年10月から2013年4月	包括的な金融緩和政策	ゼロ金利政策の再導入 インフレーション・ターゲット導入：「CPIインフレ率＋1％」 指数連動型上場投信（ETF），不動産投資信託（REIT）を購入
2013年4月から2016年1月	量的・質的金融緩和政策	マネタリーベースを政策手段に インフレーション・ターゲット「CPIインフレ率＋2％」 ETF，REITの購入額を倍増
2016年1月から同年9月	マイナス金利付き量的・質的金融緩和	日銀当座預金の一部（政策金利残高）にマイナス0.1％の金利を導入 ・基礎残高：金利+0.1％ ・マクロ加算残高：金利0.0％ ・政策金利残高：金利−0.1％
2016年9月以降	長短金利操作付き量的・質的金融緩和	イールドカーブ・コントロールの導入 （10年物国債利回りを0％にする目標） オーバーシュート型コミットメント： 「CPIインフレ率＋2％以上」にするまで継続

1. 10年物の割引債券の価格が10万円であったとき，利回りが2%であったとしよう。利回りが4%に上昇した際のこの10年債の価格はおよそ何円であろうか。

2. 表は2013年3月と2021年3月の日本の中央銀行当座預金，マネタリーベース，マネーストック（M2）の金額である。マネタリーベースは中央銀行当座預金と現金の合計であり，マネーストックは現金と預金の合計であると想定しよう。このとき，現金・預金比率，中央銀行当座預金・預金比率，信用乗数を2013年3月と2021年3月のそれぞれで計算し，信用乗数の変化の原因について考察しなさい。

(単位：兆円)

	2013年3月	2021年3月
日銀当座預金	47	538
マネタリーベース	135	662
マネーストック（M2）	834	1,183

3. 表は2012年度と2020年度の日本の名目GDPである。上の問題で示された2012年度末と2020年度末のマネーストック（M2）を用いて，2012年度と2020年度の貨幣流通速度を計算せよ。また，もし信用乗数が2012年度末の値で安定していたと仮定すると，2020年度の名目GDPはどのような値になっていたと考えられるだろうか？ マネタリーベース，信用乗数，貨幣流通速度を用いて計算せよ。

(単位：兆円)

	2012年度	2020年度
名目GDP	499	538

10

GDPとインフレ率は
どのように決まるのだろうか

：短期の財・サービス市場

レッスン

本レッスンでは，これまでのレッスンで学んできた知識をもとに，財・サービス市場で GDP とインフレ率がどのように決まるかを学びます。**レッスン 0** でみたように，財・サービス市場ではその財・サービスに対する需要と供給によって，経済全体の財・サービスの総量である GDP と物価水準または物価水準の変化であるインフレ率（マイナスの場合はデフレ率）が決まります。ここでは経済全体の需要と供給のことを考えているため，需要側は総需要，供給側は総供給と呼んでいます。

総供給は，財・サービスの生産によって実現されるので，**レッスン 3** における企業の生産活動をもとに考えます。しかし，**レッスン 3** では財・サービス市場の価格や生産要素の価格が伸縮的に動いて，企業はそれを受け入れるという前提で議論を進めています。しかし，ここで考える短期の財・サービス市場では，財・サービスや生産要素価格はそれほど伸縮的には動きません。そこでこのレッスンでは**レッスン 5.3** で説明したように，財・サービスの価格がそれほど伸縮的でなかったり，生産要素市場，特に労働市場の賃金調整との間にズレがあったりするといったことを考慮して供給サイドを考えます。

一方，総需要は財・サービスへの支出を指しますから，主に消費と投資で構成されます。この 2 つの項目はすでに**レッスン 7** と**レッスン 8** で学びました。そこで，私たちは消費や投資が実質利子率の影響を受けることを学んでいます。この実質利子率の決定には金融市場の動向が関わってくるので，**レッスン 9** の知識も必要になります。

以上の考え方は図 10.1 にまとめています。ただ注意したいのは，本レッスンでは，短期の GDP やインフレ率の変動に焦点をあてているため，説明を現在の財・サービス市場に限っています。消費や設備投資の解説では，現在の消費・所得だけでなく将来の消費・所得も扱っていましたが，本レッスンでは短い期間の財・サービス市場だけを考えます。

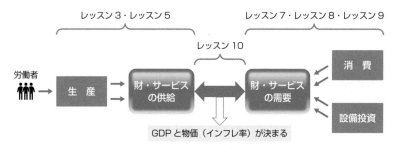

図 10.1　財・サービス市場の仕組み

コラム 10.1　デフレと長期停滞（1）

　本レッスンでは，総需要曲線と総供給曲線の交点で，物価上昇率（インフレ率）と GDP が決まる仕組みを学びます。しかしながら，物価は常に上昇しているわけではありません。図 1.4 でみたように，日本では 2000 年くらいから物価はほとんど上昇せず，むしろ下落気味になっています。このように物価が継続的に下落する現象をインフレーションの逆のデフレーションと呼んでいます。

　日本では，このデフレの時期と経済がほとんど成長しない長期停滞の時期とがほとんど重なっています。「長期停滞」というのは，1929 年に世界大恐慌が起きた後の米国経済の低迷についてアルビン・ハンセン（Alvin H. Hansen）ハーバード大学教授が使った言葉です。米国も 2008 年に起きた世界金融危機（日本ではリーマン・ショックと呼ばれています）後の低迷を表す言葉としてローレンス・サマーズ（Lawrence H. Summers）ハーバード大学教授が使って再び着目されるようになりました。それではこのデフレと長期停滞はなぜ起きるのでしょうか。これについては経済学者の間で長年議論がされています。最も一般的な考え方は図 8.9 の応用として考えることができます。図 8.9 では貯蓄曲線と投資曲線の交点で実質利子率が決定されます。貯蓄は，経済全体で消費されない部分ですから，均衡点では，消費されず需要が足りない部分を投資需要が満たしていることになります。つまりこの点では経済の総需要と総供給が均衡していることになるのです。このためここでの利子率はレッスン 5.3 で説明した均衡利子率（自然利子率）ということになります。

総供給曲線の導出

　レッスン5のフィリップス曲線に関する説明で，私たちは，失業率が増えるとインフレ率が低下し，失業率が低下するとインフレ率が上昇するという関係をみました。一方オークンの法則は，GDP ギャップ率が縮小すると，失業率も低下します。失業率を媒介としてこの2つの考え方を合わせると，GDP ギャップが縮小すると失業率が縮小し，インフレ率は上昇することになります。いまインフレ率の変化を $\Delta\pi_t$，t 期の GDP ギャップ率を Y_t とすると，

$$\Delta\pi_t = \gamma Y_t \tag{10-1}$$

という関係が成り立ちます。γ は定数で $\gamma > 0$ です。$\Delta\pi_t = \pi_t - \pi_{t-1}$ なので，(10-1) 式は，

$$\pi_t = \pi_{t-1} + \gamma Y_t \tag{10-2}$$

となります。

　(10-2) 式の背後にある考え方は次のようなものです。企業が直面する市場では，長期的には競争企業の参入などがあり，企業は市場価格を受け入れて自らの行動を決定します。しかし短期的には企業は一定の価格支配力を持ち，自らの生産する財またはサービスに対する需要に応じて価格設定をすると考えられます。その際企業はもし直面する需要の変更がなかった場合，$t-1$ 期と同じ価格上昇率が t 期も続くと想定します。ただ自分が直面する需要に対応して価格の変更は行います。自らが直面する需要は全体の景気動向（GDP ギャップ率）に比例して変動するので，t 期のインフレ率は Y_t にも依存するのです。

　(10-2) 式を変形し GDP ギャップ率（Y_t）を左辺に移動させて整理すると，

$$Y_t = (1/\gamma)(\pi_t - \pi_{t-1}) \tag{10-3}$$

(10-3) 式は，インフレ率の上昇とともに経済全体の財・サービスの供給（総供給）が増加することを示しています。この総供給曲線（AS 曲線）を図示したものが 259 頁の図 10.2 です。

しかしながら，均衡利子率が必ずしもプラスになるとは限りません。もし貯蓄が過剰であったり，投資が大きく不足しているような状況ですと，下図のように，均衡利子率はマイナスになる可能性があります。このとき貯蓄が投資需要を満たさないので，総供給が総需要を上回る状況が生じます。そうすると物価が下がり続けるデフレ現象が起きます。デフレ現象が起きると厄介なことが起きます。**レッスン9**や本レッスンで説明するように，通常の金融政策（伝統的金融政策）は名目金利を操作してGDPや物価を調節します。しかし均衡利子率がマイナスになると，たとえ名目金利をゼロにしても，需給を均衡させるマイナスの均衡利子率には届きません。いま名目金利が0％で，インフレ率が−2％（つまりデフレ）だとするとフィッシャー方程式から実質利子率は2％になります。この状況では貯蓄が投資を上回る貯蓄超過，すなわち供給超過の状況が続きます。こうしたことから日本では2000年代以降**レッスン9**で紹介した非伝統的金融政策をとり，日本銀行がマネタリー・ベースを急激に増加させたりマイナス金利を設定したりするようになります。

　それではどうして均衡利子率がマイナスになるような事態が起きるのでしょうか。この背景としては，バブル期の積極的な投資が，バブル崩壊後の低成長期には過剰設備となって，長期にわたって企業が国内投資を控えてきたことがあげられます。またこの時期に起きたICT革命にキャッチアップできず，投資収益率（投資の限界効率表）が低下したという点も指摘できるでしょう。

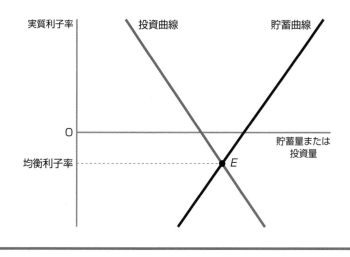

*IS*曲線

それでは次に総需要側を考えましょう。総需要の主要項目は消費と投資です。この消費と投資は，**レッスン7**と**レッスン8**から実質利子率に依存することがわかっています。復習すると，実質利子率が上昇すると消費および投資はともに減少します。この両項目が減少するということはGDP全体も減少することを意味します。したがって，GDPを横軸，実質利子率を縦軸にとった図10.3は，右下がりの曲線になります。この曲線を*IS*曲線と呼びます。

MP（金融政策）曲線

*IS*曲線はGDPと実質利子率との関係を示していますが，インフレ率との関係については不明です。**レッスン9**で学んだように，近年は，インフレ率に対応して中央銀行が実質利子率を操作することを通してGDPの変動に影響を与える金融政策が一般的となっています。金融政策のルールに様々なものがありますが，一般的に使われている金融政策のルールは，

$$i_t = \alpha + \beta(\pi_t^e - \pi_t^*) + \theta Y_t \tag{10-4}$$

となります。（α，β，θは定数。）

(10-4)式におけるi_tは短期金利です。π_t^eはt期における期待インフレ率で，π_t^*は，中央銀行が目標とする自然産出量に対応したインフレ水準です。さらにこのルールでは$\beta > 1$，すなわち将来インフレ率が目標インフレ率よりも上昇すると予想される場合には，そのインフレ率の上昇分以上に短期金利を上昇させます。そうすると，フィッシャー方程式から実質利子率は期待インフレ率以上に上昇します。将来インフレ率がさらに上昇するということは，景気がさらに過熱するという可能性があるということですから，実質利子率を上昇させ消費や投資を抑制する政策をとるのです。

同様のことは右辺第3項のGDPギャップ（Y_t）についてもあてはまります。GDPギャップが上昇するということは景気が過熱することを指しているので，

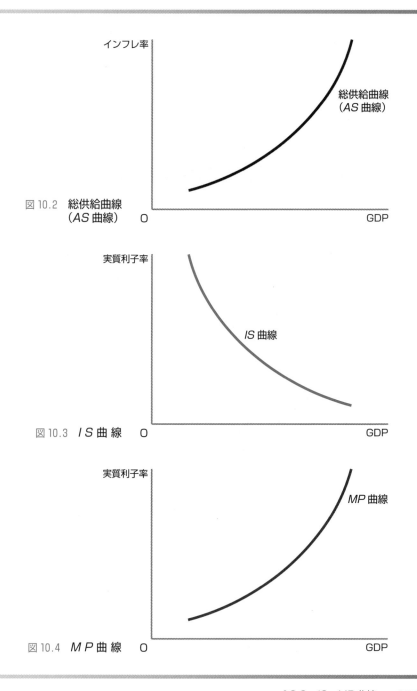

図 10.2　総供給曲線
（*AS* 曲線）

インフレ率

総供給曲線
（*AS* 曲線）

O　　　　　　　　　　　　　　　　GDP

図 10.3　*I S* 曲 線

実質利子率

IS 曲線

O　　　　　　　　　　　　　　　　GDP

図 10.4　*M P* 曲 線

実質利子率

MP 曲線

O　　　　　　　　　　　　　　　　GDP

中央銀行は名目利子率を引き上げ，過熱した景気を鎮静化させます。したがって $\theta > 0$ となります。

　したがってインフレ率が一定だとすると，GDP の増加は実質利子率を上昇させることになります。これは IS 曲線を描いた同じ平面では図 10.4 のように右上がりの曲線になります。この曲線を MP 曲線と呼びます。

レッスン 10.4　総需要曲線の導出

　IS 曲線と MP 曲線を同じ平面で書くと，図 10.5 のようになります。両曲線の交点で総需要側の GDP と実質利子率が決定されます。いまレッスン 10.3 で一定だった期待インフレ率が上昇したとします。そうすると中央銀行は実質利子率を引き上げるために名目の利子率を期待インフレ率以上に引き上げます。そうすると，MP 曲線は上方にシフトするので，当初の IS 曲線と MP 曲線の交点 E は，E' へと移ります。E' 点は E 点に比べて実質利子率が上昇して GDP が低下しています。つまり期待インフレ率の上昇は，GDP を低下させることになります。この関係を図 10.2 と同じ平面で表すと，図 10.6 のような右下がりの曲線になります。この曲線を総需要曲線（AD 曲線）と呼びます。

レッスン 10.5　財・サービス市場での需給均衡と均衡点の経済学的意味

　図 10.2 における総供給曲線と図 10.6 における総需要曲線を 1 つの図の中で描くと図 10.7 のようになります。ここでは総供給曲線は右上がりで総需要曲線は右下がりなので，交点は 1 つに決まります。この交点が財・サービス市場で均衡する GDP とインフレ率です。

　すでに説明したようにここで GDP と呼んでいるものは正確には GDP ギャップ率ですから長期的な均衡点（Y^*）は GDP ギャップ率が 0 になる点です。この

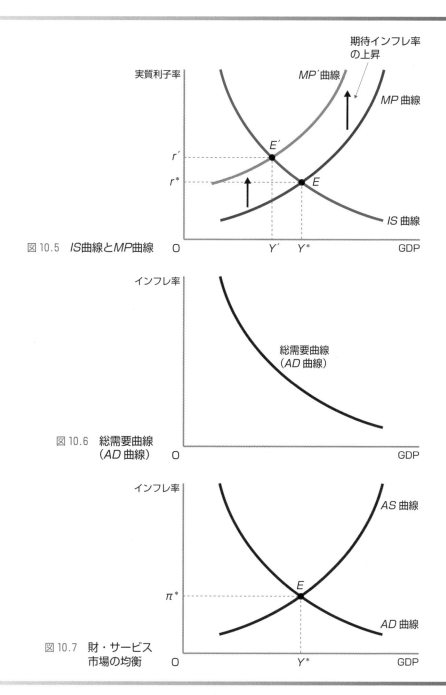

図 10.5　*IS*曲線と*MP*曲線

図 10.6　総需要曲線
　　　　（*AD* 曲線）

図 10.7　財・サービス
市場の均衡

点での産出量は自然産出量でこれに対応する失業率は自然失業率となります。すなわちこの点では摩擦的な失業以外の失業は存在しません。そして，この E 点に対応するインフレ率も長期的な均衡インフレ率になります。

レッスン10.6 様々なショックと財・サービス市場の変動

　財・サービス市場で決定される GDP やインフレ率は，外部からのショックによって短期的に変動します。ここではどのような変動が生じるかを，総供給側と総需要側に分けてみていきましょう。

総供給ショック

　総供給側のショックというのは，(10-2)式のインフレ率に変動をもたらすようなショックを指します。いま総供給ショックを表す項を v_t として，(10-2)式を次の (10-5)式のように変形します。

$$\pi_t = \pi_{t-1} + \gamma Y_t + v_t \tag{10-5}$$

　v_t の例としては，エネルギー価格の変化など広範な物価に影響を与える生産要素価格の変動を考えます。いまエネルギー価格が上昇するようなショックが起きたとすると，(10-5)式から今期のインフレ率（π_t）は上昇することになります。このため総供給曲線は上方へとシフトします。一方でこの物価上昇に伴って，中央銀行は金融引き締めを行うため GDP も減少します。総需要側では図 10.5 のように MP 曲線の上方シフトが起き，実質利子率の上昇と GDP の減少が起きます。こうして新たな財・サービス市場の均衡点は，図 10.8 でみると，E 点から E' 点へと移ることになります。2022 年 2 月にロシアがウクライナに侵攻したため，原油や天然ガスの価格が上昇しました。こうしたエネルギー価格の上昇は，先進諸国のインフレ率を上昇させ，先進国の中央銀行は金利を引き上げたためこれらの国の景気は減速しました。まさに図 10.8 でみたことが起きたのです。

　この E' 点が一時的か長期的かは，総供給ショックが一時的かそうでないかに依存します。もし総供給ショックが一時的であれば，中央銀行による金融引き締

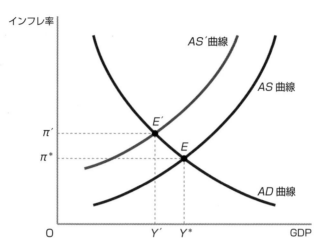

図 10.8　総供給ショックによる財・サービス市場の変化

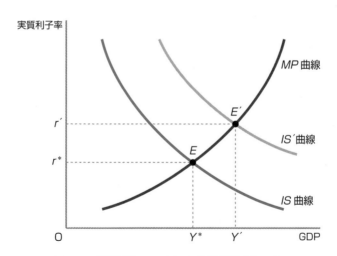

図 10.9　総需要ショックによる*IS*曲線のシフト

めによりインフレ率も徐々に低下し財・サービス市場の均衡点は E' 点から E 点へと徐々に戻っていきます。しかし，総供給ショックが長期化すると経済は E' 点にとどまることになります。この均衡を E 点へと戻し GDP を以前のような水準に回復させようとする場合は金融政策ではなく構造改革を伴う政策が必要になります。たとえば，1970 年代の石油危機時にも原油価格の高騰が起きましたが，この時に経済を回復させた要因は，金融政策だけでなく企業の省エネルギー努力などによる経済構造の改革でした。

総需要ショック

次に総需要側のショックを考えましょう。本レッスンでは総需要（Y^D）は消費（C）と投資（I）で構成されていると考えましたが，これに総需要ショック（ε_t）を加えて（10-6)式のように表せると考えます。

$$Y^D = C_t + I_t + \varepsilon_t \tag{10-6}$$

ここで総需要ショックというのは，政府が財政支出額を長期的なトレンド以上に増加または減少させたり，外国の需要の増減を指しています。たとえば中国がゼロコロナ政策によって厳しい行動規制をしたために，日本から中国への輸出が急減した場合などが総需要ショックの一例として考えられます。

いま正の総需要ショックが起きたと考えると，実質利子率の変更がなくても，日本で生産される財・サービスに対する需要が増えるわけですから，図 10.9 のように IS 曲線は右方にシフトし，これによって GDP が増加し，実質利子率が上昇します。この GDP の増加は財・サービス市場では総需要曲線の右方へのシフトとして表されます。これによって新たな均衡点は図 10.10 の A 点から B 点へと移ります。B 点では A 点に比べ GDP が増加しインフレ率が高まっています。

それでは，経済は長期的に B 点にとどまるでしょうか。図 10.10 の B 点ではインフレ率が上がりますので，そのインフレ率をもとにした総供給曲線は，図 10.11 の AS' 曲線のように上方にシフトします。このため経済は図 10.11 の B 点から C 点へと移ることになります。C 点では A 点や B 点に比べてインフレ率はより高まりますが，GDP は A 点の水準に戻ってしまいます。

ただこの C 点も安定的な点ではありません。C 点では中央銀行が考えているインフレ率よりも高いインフレ率になっているので，中央銀行は金融引き締めを

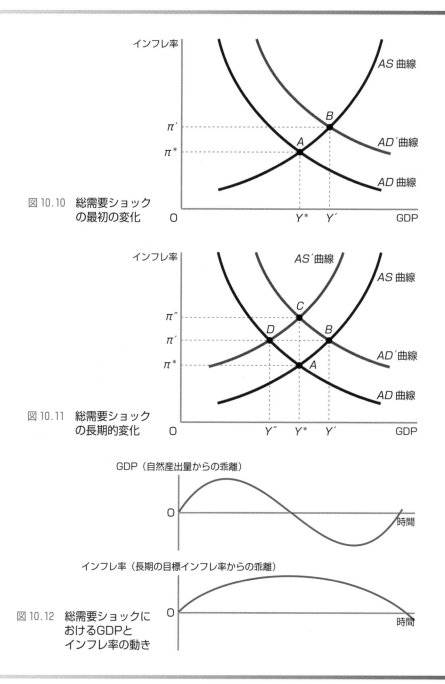

図 10.10　総需要ショック
　　　　　の最初の変化

図 10.11　総需要ショック
　　　　　の長期的変化

図 10.12　総需要ショックに
　　　　　おけるGDPと
　　　　　インフレ率の動き

行います。これによって GDP は A 点や C 点の水準よりも低下しますが，インフレ率も低下するので，総供給曲線も下方へシフトしていきます。したがって財・サービス市場の均衡は D 点を経て徐々に A 点へと戻っていきます。こうした GDP とインフレ率の動きを時間とともに描いたものが図 10.12 です。

レッスン10.7 所得・支出アプローチ

　ここからは，総需要側について，別のアプローチを紹介します。このアプローチでは価格が総需要の動向にあまり影響を与えません。こうしたアプローチは従来のケインズ経済学の一部としてよく説明されてきました。

　最初に説明する所得・支出アプローチでは，消費関数は，典型的なケインズ型消費関数を想定しています。**レッスン7** でみたように，この消費関数では，現在の消費は，一定の基礎的な消費と現在の所得に依存する変動的な消費で構成され，財・サービスの価格に影響を受けません。また設備投資（I）は，価格などの経済変数から独立したものであると想定されます。したがって，総需要は，

$$Y^D = a + cY + I \tag{10-7}$$

で表されます。ここで Y は現在の所得です。

　いま国民所得を横軸に，縦軸に総供給量および総需要量をとると，総供給曲線は，総供給量（= GDP）と国民所得は等しくなることから，両軸から等距離になる 45 度線として描かれます（図 10.13）。一方，総需要曲線は，(10-7)式にあるように，縦軸の $a + I$ の点から c だけの傾きを持った直線として描くことができます。c は限界消費性向ですが，これは 0 と 1 の間の値をとるので，必ず 45 度線の傾きより小さくなります。したがって総供給曲線と総需要曲線は必ず交点を持ち，そこで国民所得 = GDP（Y^*）が決定されます。これが所得・支出アプローチです。所得・支出アプローチは，ケインズ派の考え方に基づいているので，Y^* が完全雇用生産量 Y^F を下回っていれば，労働市場では非自発的失業が存在することになります。この Y^F と Y^* の差が**レッスン5**で説明した GDP ギャップにあたります。

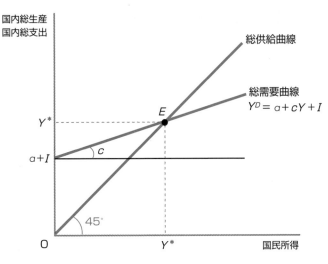

図 10.13　所得・支出アプローチ

コラム 10.2　　デフレと長期停滞（2）

　コラム 10.1 で述べたようなことから経済全体の物価が下落し続けるデフレが起きるわけですが，それではデフレはどのような問題を引き起こすのでしょうか。いま下表を使って，簡単な例をあげてみましょう。デフレ前にある企業が 1 億円の売り上げを記録していたとします。売上高営業利益率が 10% だと，利払い前の利益額は 1,000 万円です。この企業が 6 億円の借入金をしていて利子率が 1.5% だとすると，支払利息は 900 万円になります。この支払利息を引いた最終的な利益は，100 万円になります。しかしデフレで売上単価が低下した場合，同じ数量を売ったとしても売上高は減少してしまいます。

	デフレ前	デフレ後
売上高	1 億円	7000 万円
営業利益（＝売上高×0.1，売上高営業利益率 10%）	1000 万円	700 万円
支払利息（＝6 億円の借入金×利子率 1.5%）	900 万円	900 万円
最終損益	100 万円	△ 200 万円

乗数効果とは？

　さて所得・支出アプローチによる財・サービス市場の均衡は，どのような要因で変化していくのでしょう。いま独立投資がΔIだけ増加した場合を考えてみましょう。そうすると，新しい有効需要Y^Dは，

$$Y^{D'} = a + cY + I + \Delta I \tag{10-8}$$

となり，総需要曲線はΔIの分だけ上方へシフトすることになります（図10.14）。

　図10.14から明らかなように，当初の需給均衡点Eでは，超過需要が生じることになります。このため先ほど述べた数量調整に従って，生産および所得も増加し，新しい需給均衡点はE'点となり，Y'が新しい所得となります。このように所得・支出アプローチでは，総需要に見合うように生産が調整されていく数量調整によって財・サービス市場の均衡が達成されます。この所得・支出アプローチにおける総需要を有効需要と呼び，有効需要がGDPや所得，雇用量を決定する過程を有効需要原理と呼んでいます。

　ところで図10.14をみると，有効需要の増加はΔIですが，所得の増加はそれ以上になっています。すなわち有効需要の増加に対応した生産量は図10.14のB点ですが，新しい需給均衡点での生産量はB点を上回っているのです。このように，所得・支出アプローチにおいて，当初の有効需要の増加以上に所得が増加する効果を乗数効果と呼んでいます。

　それでは，一体どれくらい所得が増加するのでしょう。いま乗数効果によって増加した所得の増加分をΔYとしましょう。そうすると，新しい均衡点E'では，総需要と総供給が一致しているのですから，

$$Y^{S'} = Y + \Delta Y = Y^{D'} = a + c(Y + \Delta Y) + I + \Delta I \tag{10-9}$$

が成り立つはずです。(10-9)式を整理すると，

$$(1+c)(Y + \Delta Y) = a + I + \Delta I \tag{10-10}$$

となります。乗数効果が始まる以前の需給均衡は$(1+c)Y = a + I$となりますから，これを両辺から除いて整理すると，(10-10)式は，

この表の例で，この売上高が7,000万円まで下がったとします。そうすると売上高営業利益率が同じ10％としても利払い前の利益額は700万円にしかなりません。ここで困ったことが起きます。もし企業の借入金がデフレとともに低下してくれればよいのですが，これは過去からの契約により変更できません。つまり900万円の利息を支払わなければならないのです。そうすると最終損益は200万円の赤字になってしまいます。つまりデフレといっても，過去の負債金額は変化しないので，売上高や利益が低下した分だけ，企業の最終利益は低下または赤字に転落し企業経営を苦しめることになるのです。もし企業がこの利払いの見直しをするということになると，この企業の借入金は，取引をしている金融機関にとっては不良債権となり，今度は金融機関の経営にも影響が出てきます。バブル崩壊後の日本ではこうした状況が長く続いたため，デフレや長期停滞とこれらを克服するための政策に関して経済学者の中で多くの議論がなされてきました。

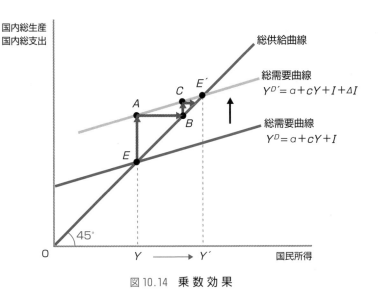

図 10.14　乗 数 効 果

$$\Delta Y = \frac{1}{1-c} \Delta I \tag{10-11}$$

となります。(10-11)式からわかるように、有効需要がΔIだけ増加した場合、その$1/(1-c)$倍だけ所得が増加するのです。この$1/(1-c)$を乗数と呼んでいます。乗数は、1から限界消費性向を引いた値、すなわち限界貯蓄性向の逆数になります。

乗数効果の数値例

いま数値例でこのことを確かめてみましょう（図10.15）。まず独立投資の増加分を100万円とします。これによって有効需要は100万円増加するので、生産および国民所得も100万円増加します。限界消費性向を80%とすると、増加した国民所得のうち80万円が新たに消費に回されることになります。すると、さらに80万円分有効需要が増加し、再び生産および国民所得が80万円増加します。そしてこの国民所得の増加に伴って64万円分消費が増加します。こうした過程が続いていくと、100万円の独立投資によって引き起こされた有効需要の増加分は、図10.15に示したように計算されます。このように、100万円の独立投資で、500万円分の新しい有効需要が創出されるのです。

節約のパラドックス

(10-11)式や数値例からわかるように、乗数は限界消費性向が高いほど、すなわち限界貯蓄性向が低いほど大きくなり、独立的な有効需要の増加に対して、派生的に有効需要が増加する割合が大きくなります。不況期には、個々の家計は財布の紐を引き締めるため、貯蓄性向が高まりがちです。これは個人としては合理的な行動ですが、経済全体としては、有効需要を減らしてしまい、それが所得の減少や失業の増加を引き起こし、結局貯蓄を増加するという当初の目論見は達成できないことになります。

これを図10.16でみるために、限界消費性向cの下で、経済が当初E点で均衡していたとしましょう。ここで、各家計が貯蓄を増やし、限界消費性向をc'に落としたとします。これは総需要曲線の傾きが小さくなるということを意味します。そうすると、総需要曲線と総供給曲線の交点はE'となり、需給が均衡するときの国民所得Y'は、以前の需給均衡時の国民所得を下回っています。

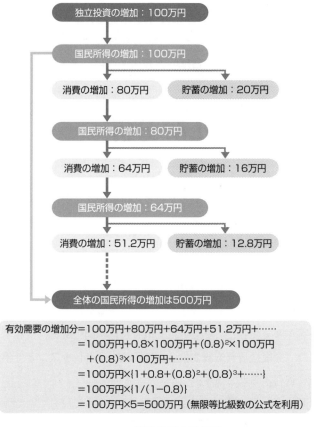

図 10.15 **乗数効果の数値例**

コラム 10.3　デフレをより詳しく学びたい人のために

　デフレに関しては，**レッスン1**でも紹介した渡辺努東京大学教授の『物価とは何か』がお薦めです。一方長期停滞に関しては，福田慎一東京大学教授の『21世紀の長期停滞論――日本の「実感なき景気回復」を探る』平凡社新書，2018年が読みやすいでしょう。デフレと金融政策との関連では多くの書籍が出版されました。ここでは多少専門的ですが，吉川洋編『デフレ経済と金融政策』慶應義塾大学出版会，2009年をお薦めします。その理由は，金融政策ではデフレを解決できないとした白川方明元日本銀行総裁やアベノミクスの理論的支柱といわれ積極的な金融政策によってデフレの解消を主張した浜田宏一エール大学名誉教授の論稿が収められ，この問題に関する経済学者の見解が網羅的に収集されているからです。

ケインズは，各家計が合理的な考え方で節約をしても，経済全体として良い方向には向かわないことを，節約のパラドックスと呼びました。この「節約のパラドックス」は，経済主体が個人レベルでは合理的に行動しても，経済全体では誤った結果に陥るということで，合成の誤謬とも呼ばれます。

レッスン 10.9 *IS/LM 分析*

所得・支出アプローチでは，財・サービス市場が総需要側によって決定されることを学びましたが，これに金融市場を加えて財・サービス市場と金融市場の同時均衡を考えたのが *IS/LM* 分析です。

IS 曲線の導出：財・サービス市場の均衡

所得・支出アプローチでは，物価が一定で，総需要に従って，総供給量が調整されるケースを考えました。そこでは，消費だけが国民所得に依存すると考えられていました。今度は消費も設備投資も**レッスン 7** と**レッスン 8** で学んだように実質利子率に依存するとします。

$$Y^S = Y^D = C(r, Y) + I(r) + G \qquad (10\text{-}12)$$

となります。(10-12)式から所得（または GDP）と利子率の関係を導き出すことができます。すなわち，いま（10-12）式を所得・支出アプローチの枠組みで考えると図 10.17 のようになります。当初の均衡は *E* 点ですが，このとき利子率が低下したとすると，消費および設備投資が増加し，総需要曲線は上方にシフトします。このため，乗数効果が働いて国内総生産（国民所得）は増加することになります。

このように，財・サービス市場の新たな均衡は，低下した利子率と増加した所得の組み合わせによって達成されます。すなわち，財・サービス市場の均衡を表す，GDP（国民所得）と実質利子率の組み合わせは，図 10.3 のように右下がりの曲線になります。したがってこの曲線についても *IS* 曲線と呼びます。ただ図 10.3 を説明した際の GDP は自然産出量からの乖離でしたが，*IS/LM* 分析での

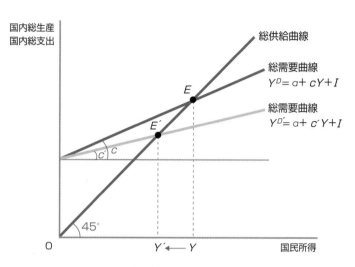

図 10.16　限界消費性向と所得・支出アプローチ

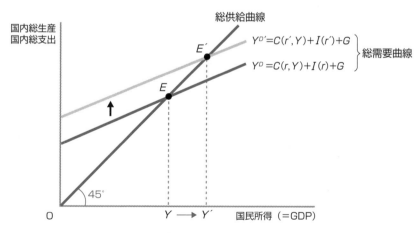

図 10.17　所得・支出アプローチにおける利子率の上昇

GDP（国民所得）は実質 GDP の水準になります。この実質 GDP は，後に述べるように，必ずしも完全雇用水準に対応したものではありません。

LM 曲線の導出：金融市場の均衡

次に金融市場について考えましょう。ここでは貨幣需要は，名目利子率と名目国民所得に依存すると考えます。ただしここでは物価の変動を考えないので，名目利子率と実質利子率は同じで，実質国民所得が貨幣需要に影響を及ぼすと考えることができます。中央銀行は，貨幣供給量をコントロールして金融市場に影響を与えます。

$$M^S = M^d = L(r, Y) \tag{10-13}$$

(10-13)式において，所得が増加した場合を考えましょう。このとき金融市場では，貨幣の取引需要が増加するため，この需要を債券に振り替えるため，利子率が上昇し，債券価格が低下します。この結果新しい金融市場の均衡では，所得の増加と利子率の上昇が起きます。

図 10.3 と同様，横軸に所得をとり，縦軸に利子率をとると，金融市場の均衡を達成する所得と利子率の組み合わせは，図 10.18 に描かれたように右上がりの曲線になります。この曲線は LM 曲線と呼ばれます。

なお利子率が一定水準以下になると，貨幣だけを保有するようになる流動性のワナが存在する場合，ある一定水準以下には利子率は下がらないので，LM 曲線は，低い利子率の領域では水平になります（図 10.19）。

IS/LM 分析

財・サービス市場と金融市場の同時決定は，IS 曲線と LM 曲線の交点で達成されます。所得を横軸に利子率を縦軸にとると，IS 曲線は右下がりで，LM 曲線は右上がりですから，必ず交点があります（図 10.20）。IS 曲線上では財・サービス市場の均衡が達成されており，LM 曲線では金融市場の均衡が達成されているわけですから，その交点 E では，両方の市場の均衡が達成されていることになります。この 2 つの市場の均衡によって所得（GDP）と利子率が決まります。

この IS 曲線と LM 曲線の交点で決まる所得は，必ずしも完全雇用に対応した所得ではありません。以上のような IS/LM 分析で決定された所得を生み出すの

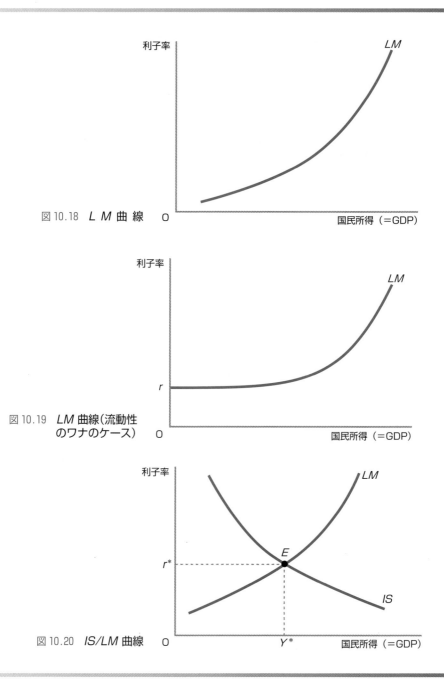

図 10.18 *L M* 曲 線

図 10.19 *LM* 曲線（流動性
のワナのケース）

図 10.20 *IS/LM* 曲線

に必要な労働需要量は，図 10.21 のように生産関数を通して決まります。ケイン
ズ派では，貨幣賃金が固定しており，労働需給の調整機能を果たしていません。
実質賃金が古典派の第 1 公準で決まっていて，そこでの労働需要と労働供給の間
に差があるとすれば，その差は非自発的な失業者になります。

レッスン 10.10 景気安定化政策の役割

総需要・総供給曲線のケース

　景気安定化政策とは，経済に短期的なショックが生じたとき，政府が金融政策
や財政政策を使って総需要側をコントロールして，経済の安定を目指す政策を指
しています。

　本レッスンの前半で説明した総需要・総供給曲線のモデルでは，金融政策はル
ールに従って発動されます。したがって外的なショックによってインフレ率や
GDP が長期的な均衡から乖離することがない限り金融政策が発動されることは
ありません。しかし総供給ショックや総需要ショックによってインフレ率が上昇
したり，GDP が自然産出量を上回るようになると，実質利子率を引き上げる金
融引き締め政策がとられます。インフレ率や GDP が逆の方向に動いた場合は，
金融緩和政策がとられます。

　一方，財政政策は，すでにみたように短期の需要ショックとして捉えることが
できます。財政拡張政策は図 10.9 および図 10.10 でみたように，*IS* 曲線および
総需要曲線を右方へシフトさせ，GDP を増加させますが，同時にインフレ率を
上昇させるため総供給曲線を上方へシフトさせます。そうすると今度はルールに
基づいた金融引き締め政策が発動され，最終的には図 10.11 にみられるように，
経済は当初の GDP 水準やインフレ率に戻ります。

IS/LM 分析における金融政策

　IS/LM 分析の場合はすでにみたように，有効需要原理によって経済（GDP や
雇用の水準）は総需要側によって決まると考えられています。また金融政策はル

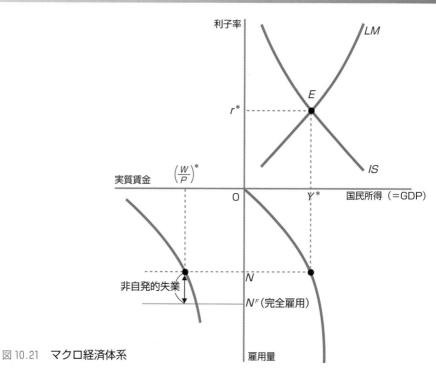

図 10.21　マクロ経済体系

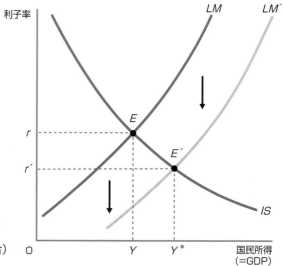

図10.22　ケインズ派における
金融政策の効果
（*IS/LM* 分析の場合）

ールにしたがって実質利子率を操作するのではなく，中央銀行が裁量的に貨幣供給量（マネーストック量）をコントロールできると想定しています。

それでは金融政策のケースから考えていきましょう。貨幣供給量を増加させる金融政策は，一定のGDP（国民所得）の下で，実質利子率を低下させます。このことは，図10.22にみられるように，*LM*曲線を下方にシフトさせます。実質利子率の低下は，民間投資を刺激し，総需要が増加します。この結果，貨幣供給量を増加させる金融政策は，利子率の低下を伴って国民所得を増加させます。

流動性のワナと金融政策

さて私たちは，先ほど利子率の低下が進むと，ある一定の水準において貨幣に対する需要が無限大になる流動性のワナが存在する可能性を指摘しました。この流動性のワナが存在する場合，*LM*曲線は，GDPが増加しても，しばらくは一定の利子率にとどまる水平線のような形状をとります。このような「流動性のワナ」が存在するとき，金融政策は，どのようになるのでしょうか。

先程と同様に貨幣供給量を増加させる金融政策を考えてみましょう。「流動性のワナ」が存在する状況では，増加した貨幣供給量は，人々の貨幣需要にすべて吸収されてしまいます。したがって利子率が低下し，債券から貨幣へと資産保有が変化することはありません。利子率は一定にとどまるのです。図10.23のように，*LM*曲線も水平部分は全く変化しません。このため，*IS*曲線との交点も金融政策実施前と変わらず，GDPにも変化はありません。このように「流動性のワナ」が存在する状況で金融政策を行っても，GDPを変化させることはできないのです。

*IS/LM*分析における財政政策

それでは*IS/LM*分析において財政政策は，どのような効果を持つのでしょうか。ここでは財政支出を増加させる財政拡張政策を考えます。*IS*曲線は，所得・支出アプローチを発展させた財・サービス市場の均衡式ですから，財政支出の増加は乗数効果を伴ってGDPを増加させます。このため*IS*曲線は，右方にシフトします。

図10.24をみると，当初の利子率の下で，*IS*曲線がシフトしたとき，金融市

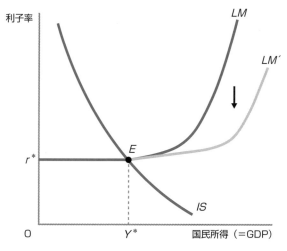

図10.23　金融政策と流動性のワナ

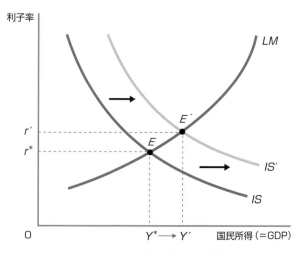

図10.24　*IS/LM*分析における財政政策

場では GDP の増加に伴う貨幣需要の増加で，貨幣の超過需要が生じています。このため利子率が上昇して，貨幣需要を抑えることによって金融市場の均衡が回復します。一方，利子率の上昇によって消費や投資が抑制される結果，GDP は *IS* 曲線のシフトほどには増加しません。結果的に財政支出の増加によって，GDP が増加するとともに，利子率も上昇します。

　このように，財政支出の増加が利子率の上昇を伴って，民間設備投資を抑制されています。このように財政支出の増加により利子率が上昇し，民間投資が一部でも減少する状況をクラウディングアウトと呼んでいます。ただし金融市場で「流動性のワナ」が生じている場合は，貨幣需要は無限に増加しているので，利子率の上昇は起きず，したがってクラウディングアウトも生じません。

▰▰▰ レッスン 10　演習問題 ▰▰▰

1. 本文中に書かれている金融政策のルールに関して正しい叙述を 1 つ選んで番号で答えなさい。ただし名目金利がゼロになっていない状況について考える。
  ① マイナスの GDP ギャップ率が縮小した際には名目金利を引き下げる操作を行う。
  ② マイナスの GDP ギャップ率が拡大した際には ETF や J-REIT を購入する。
  ③ 期待インフレ率が上昇した際には，名目金利を期待インフレ率の範囲内で引き上げる。
  ④ 期待インフレ率が上昇した際には，名目金利を期待インフレ率以上に引き上げる。
  (注) ETF（Exchange Traded Funds）は東京証券取引所や金融商品取引所に上場している投資信託を指す。たとえば日経平均株価や東証株価指数の動きに連動して運用されるインデックス型の投資信託などがある。J-REIT は日本版の不動産投資信託である。REIT は Real Estate Investment Trust の略である。ETF は株式に関する金融商品だが，J-REIT では投資資金は不動産投資で運用されることになる。

2. コロナ禍における行動制限は，経済にどのような影響を及ぼすか。

3. 所得・支出アプローチにおいて，1 兆円の財政支出の増加が生じると，乗数はいくらになり，国民所得（＝GDP）はいくら増加するか。ただし限界消費性向は 87.5 ％とする。

政府の役割

11

：政府の財政支出の マクロ的影響について考える

レッスン 11.1　日本の財政

　本書の最初で，マクロ経済の枠組みを学んだ際に，マクロ経済を構成する主要な国内経済主体として，家計，企業，政府（および中央銀行）という3つの経済主体をあげていました。政府のうち，中央銀行の役割についてはすでに金融を扱ったレッスンで説明しました。このレッスンでは政府の財政がマクロ経済に与える影響について解説していきます。

政府の3つの役割

　財政を用いた公的財・サービスの供給や支出，租税の徴収を財政政策と呼びます。日本経済は法人企業・家計からなる民間部門と，中央政府・地方政府・社会保障基金・公的企業等からなる政府部門が組み合わされた混合経済（Mixed Economy）です。表11.1に日本の国民経済計算における経済主体分類での一般政府と公的企業の位置づけを示します。

　マクロ経済において，政府は財政を用いて3つの機能を果たしています（図11.1）。一つ目は，資源配分（Resource Allocation）機能です。これは防衛，警察，消防，上下水道，廃棄物処理といった公共財・サービスを供給することによって「市場の失敗」を是正する機能となります。二つ目は，所得再分配（Income Redistribution）機能です。社会保障制度による所得再分配（年金，健康保険，雇用保険等）を行うことで，所得格差を是正して国民の生活を安定させる機能となります。三つ目はマクロ経済の安定化（Macroeconomic Stabilization）機能です。これは財政支出や租税の徴収額を調整することで，景気循環の変動幅を抑制して，景気の過熱や景気後退の深刻化を防ぐ機能です。

中央政府の予算

　政府は財政支出を行うにあたり，あらかじめその支出先や目的を明示した計画と，そのためにどこから資金を調達するか（これを財源といいます）を明らかにした計画書を作成します。この支出先と財源を示した計画書が予算（Budget）

表 11.1　国民経済計算における政府の分類

SNA における分類			諸機関
生産者分類	制度部門分類		
非市場生産者	一般政府	中央政府	一般会計，外国為替資金特別会計，国債整理基金特別会計等，国立大学等
		地方政府	普通会計，下水道事業等，公立大学等
		社会保障基金	年金特別会計，国民健康保険事業，労働保険特別会計，介護保険事業等
	対家計民間非営利団体（NPISHs）		日本赤十字社，放送大学等
市場生産者	非金融法人企業	公的企業	特殊会社（NTT，国際空港，高速道路，日本郵政等），NHK 等
		民間企業	―
	金融機関	公的企業	日本銀行，日本政策投資銀行，国際協力銀行，日本政策金融公庫，学生支援機構等
		民間企業	―
	家計		―

（注）　水色で示した部分が政府部門に相当する。

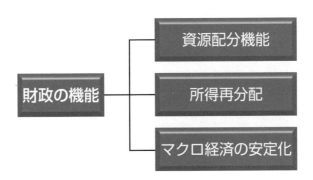

図 11.1　財政の3つの機能

です。予算は毎会計年度（その年の4月から翌年の3月まで）が始まる前に国会に提出され，国会の審議と議決を経た上で執行されます。国会の議決を受ける予算としては，一般会計予算，特別会計予算，政府関係機関予算があります。このうち，一般会計予算が政府の代表的な予算です。特別会計予算とは特定の歳入と特定の歳出を一般会計と区分して経理することにより，特定の事業や資金運用の状況を明確化したものです。特別会計には年金・国民健康保険の財政を経理する「年金特別会計」，雇用保険制度の財政を経理する「労働保険特別会計」等，現在，13の会計が存在しています（表11.2）。政府関係機関には先にあげた公的企業が相当しますが，現在は国会承認を伴う政府関係機関は日本政策金融公庫，国際協力銀行，国際協力機構，沖縄振興開発金融公庫の4機関です。

歳出計画

この予算のうち，中央政府の基本的な予算である一般会計予算の2021年度歳出（支出）計画を図11.2に示します。2021年度の歳出総額は約107兆円です。そのうち，22.3%にあたる約24兆円は債務償還費や利払費にあてられる国債費です。残りの77.7%は政策を実施することに用いられる政策的経費となります。歳出総額の15%は地方交付税交付金として，地方自治体の財政力の格差を埋めるために財政力の弱い自治体に配分されます。残りが中央政府の施策のために用いられる一般歳出と呼ばれる項目となります。一般歳出の半分以上は社会保障費として，年金財政への組み入れ金や医療費として用いられます。公共事業関係費は歳出総額の5.7%，文教及び科学振興費は同5.1%，防衛関係費は同5.0%，その他は同8.7%となっています。

歳入計画

政府はこの歳出計画（Expenditure Plan）を執行するために，どのように資金を調達しているのでしょうか。歳出のための財源を示す計画は歳入計画（Revenue Plan）と呼ばれています。図11.3は2021年度の一般会計の歳入計画を示したものです。政府の収入のうち，40.9%にあたる約44兆円が公債金収入と呼ばれる国債発行による借入に依存していることがわかります。政府の基礎的な収入である租税および印紙収入は53.9%に過ぎません。租税収入のうち最も大きなシェア

表11.2 特別会計

・交付税及び譲与税配付金特別会計 （内閣府，総務省及び財務省）	・国有林野事業債務管理特別会計 ※経過特会 （農林水産省）
・地震再保険特別会計 （財務省）	・特許特別会計 （経済産業省）
・国債整理基金特別会計 （財務省）	・自動車安全特別会計〈4〉 （国土交通省）
・外国為替資金特別会計 （財務省）	・東日本大震災復興特別会計 （国会，裁判所，会計検査院，内閣，内閣府， デジタル庁，復興庁，総務省，法務省，外務 省，財務省，文部科学省，厚生労働省，農林 水産省，経済産業省，国土交通省，環境省及 び防衛省）
・財政投融資特別会計〈3〉 （財務省及び国土交通省）	
・エネルギー対策特別会計〈3〉 （内閣府，文部科学省，経済産業省及び 環境省）	
・労働保険特別会計〈3〉 （厚生労働省）	
・年金特別会計〈6〉 （内閣府及び厚生労働省）	
・食料安定供給特別会計〈7〉 （農林水産省）	

（出所）　財務省「令和4年版　特別会計ハンドブック」
（注）　〈　〉は勘定数，（　）は所轄府省を表す。

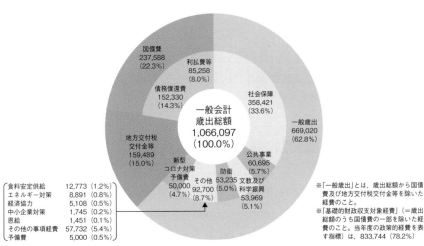

図11.2　2021年度一般会計予算歳出の内訳
（出所）　財務省「日本の財政関係資料（令和3年4月）」
（注1）　計数については，それぞれ四捨五入によっているので，
　　　　 端数において合計とは合致しないものがある。
（注2）　一般歳出における社会保障関係費の割合は53.6％。

となってるのが消費税で歳出総額の19.0%，次いで所得税で同17.5%，法人税が8.4%です。政府の政策的経費が租税等の公債金によらない収入で賄われている状態を均衡財政（Balanced Budget）と呼びます。国債は基本的には公共事業や出資を目的とした資金調達のためにのみ発行が許されています。こうして発行される国債を建設国債と呼びます。建設国債発行による収入は，後掲の図11.5（289頁）では建設公債と書かれています。一方，経常的経費に用いるために発行する赤字国債は毎年，発行額を国会で議決する必要があります。赤字国債発行による収入は図11.5では特例公債と書かれています。2021年度の予算では公債金収入のうち8割5分が赤字国債発行による収入となっています。

政府の規模

　日本国における政府部門の規模は中央政府，地方政府，社会保障基金および公的企業の支出規模で決まりますが，これらの経済主体の間では互いの会計の組み入れがあるため，単純な合計では日本における政府部門の経済的規模を測るには不適切です。政府部門の経済的規模を知るには国民経済計算を用いてこれらの部門の支出項目である最終消費支出，総公的資本形成，在庫品増減の合計を計算するのが適しています。図11.4には政府支出のGDPに占める比率とその構成を示しています。一般政府と公的企業を合わせた支出規模はGDPの約27%になることがわかります。政府部門全体に占める中央政府の支出割合は18%程度に過ぎず，地方政府や社会保障基金のウェイトが大きいことがわかります。

財政赤字と国債依存

　国債の発行額による収入（一般会計歳入の公債金）が歳出額にしめる比率を公債依存度と呼びます。図11.5は赤字国債および建設国債の発行額と公債依存度を示しています。1980年代の後半から1990年代の初頭にかけては，景気拡大による税収増の恩恵で公債依存度は下がっていましたが，バブル崩壊後の不況期，世界金融危機後，最近では新型コロナウイルス感染症の拡大による緊急事態宣言や対策費の増大を受けて公債依存度は上昇しています。2020年度には赤字国債と建設国債の発行額は史上最高の112.6兆円に達しました。

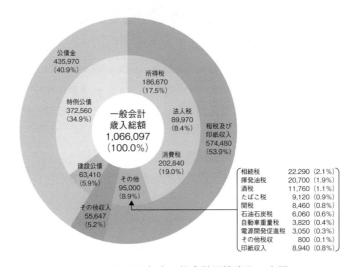

図11.3　**2021年度一般会計予算歳入の内訳**
（出所）　財務省「日本の財政関係資料（令和３年４月）」

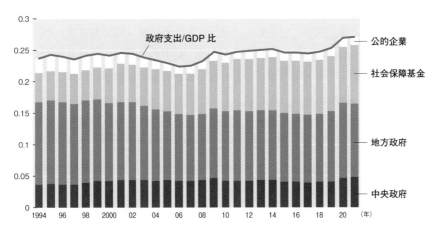

図11.4　**政府支出・GDP比率の内訳**
（出所）　内閣府『国民経済計算』より作成。

政府の予算制約式と財政の持続可能性

財政収支と基礎的財政収支

政府の一般会計の用語から政府の予算制約について，考察を深めましょう。歳出総額のうち，国債費（債務償還費＋利払費）を除いた額を政策的経費と呼びましょう。

> **歳出＝政策的経費＋債務償還費＋利払費**

政府の歳入総額のうち，公債金収入の除いた部分を税収等と呼びましょう。

> **歳入＝税収等＋公債金収入**

歳出と歳入が等しいことから次のように書くことが出来ます。

> **政策的経費＋債務償還費＋利払費＝税収等＋公債金収入**

この式を「債務償還費－公債金収入」について解くと，国債残高の純減額を計算することが出来ます。この国債残高の純減額を財政収支（Fiscal Balance）と呼びます。

> **財政収支＝債務償還費－公債金収入＝税収等－政策的経費－利払費**

財政収支がプラス（黒字）であれば，債務元本の返済額（債務償還費）が，新たに発行する国債の額（公債金収入）を上回り，政府の債務残高は減少します。一方，財政収支がマイナス（赤字）であれば，債務元本の返済額（債務償還費）が，新たに発行する国債の額（公債金収入）を下回り，政府の債務残高は増加します。財政収支は税収等から政策的経費と利払費の合計額を差し引いた額として計算することもできます。日本の中央政府と地方政府による財政収支・GDP 比率の推移を図 11.6 に示します。ほとんどすべての期間で日本では財政収支が赤字であり，政府債務残高が増加してきたことを示しています。

次に，もう一つの重要な財政収支の指標である基礎的財政収支（Primary Balance）についても紹介しましょう。

> **基礎的財政収支＝税収等－政策的経費**
>
> **　　　　　　　＝債務償還費－公債金収入＋利払費＝財政収支＋利払費**

基礎的財政収支は政策的経費を税収等によってどれだけ賄うことができたかとい

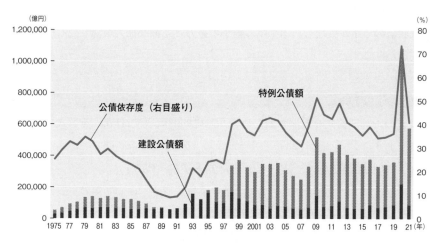

図 11.5　**国債発行額（決算）と公債依存度**
（出所）　財務省「国債発行額の推移（実績ベース）」より作成。

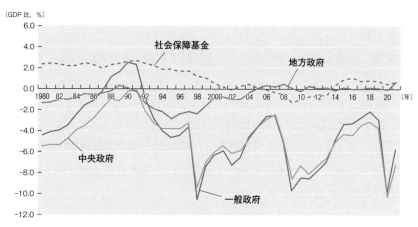

図 11.6　**一般政府の財政収支**
（出所）　内閣府『国民経済計算』より作成。

う財政指標と考えることができます。基礎的財政収支は財政収支に利払費を加えた額であると考えることもできます。日本の中央政府と地方政府による基礎的財政収支・GDP比率の推移を図11.7に示します。1992年以降，日本では基礎的財政収支の赤字が継続し，赤字幅の縮小の努力と急激な拡大を繰り返してきたことがわかります。

政府の予算制約式

政府の予算制約式を展開するために，基礎的財政収支（PB_t）を数式で表してみましょう。

$$PB_t = P_t T_t - P_t G_t = -(B_{t+1} - B_t) + i_t [B_t + (P_t G_t - P_t T_t)]$$

ここで，P_tはt年の物価水準，T_tはt年の実質税収等，G_tはt年の実質政策的経費，B_tはt年の政府債務残高，i_tはt年の名目金利を表します。

基礎的財政収支は名目税収等から名目政策経費を差し引いた額ですから，$PB_t = P_t T_t - P_t G_t$となります。また，基礎的財政収支は財政収支に利払費を足したものです。財政赤字はt期から$t+1$期にかけての政府債務の政府債務残高の純減額と定義できますから，政府債務の純増額である$B_{t+1} - B_t$にマイナスの符号をつけて表すことができます。利払費にはt期の期初にあった政府債務残高に名目利子率を掛けたものである$i_t B_t$，および，t期の政策経費の税収等に対する超過分も新規に国債を発行しますので，そこに対する利子分$i_t(P_t G_t - P_t T_t)$が含まれます。

この政府の予算制約式を$t+1$期の政府債務残高について解きます。

$$B_{t+1} = (1 + i_t)[B_t - (P_t T_t - P_t G_t)]$$

このような形に直すと，$t+1$期の政府債務残高は，t期の政府債務残高から基礎的財政収支を差し引いた額（$B_t - (P_t T_t - P_t G_t)$）に粗名目利子率（$1 + i_t$）を掛けた額になることがわかります。

財政の持続可能性

図11.9に1980年以降の日本の政府債務残高・GDP比率を示します。これは国の経済規模に対して政府債務残高が何倍あるかを示しています。国債の返済の原資となる税収等は国の経済規模が規定しますので，この比率が上昇を続ければ

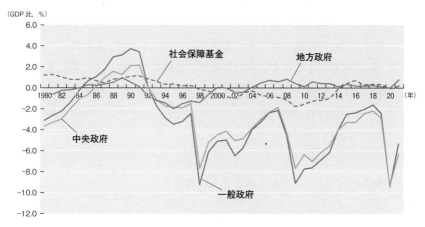

（GDP比，％）

図 11.7　日本の一般政府の基礎的財政収支・GDP比率
（出所）　内閣府『国民経済計算』より作成。

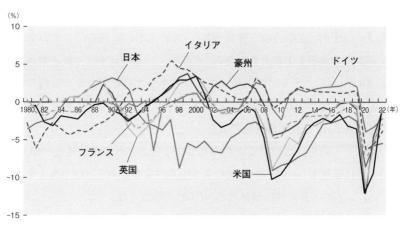

（％）

図 11.8　世界各国の一般政府の基礎的財政収支・GDP比率
（出所）　OECD　*Economic Outlook*

財政の持続可能性は非常に厳しい状況となることがわかります。図11.10には一般政府の債務残高GDP比率の国際比較のグラフを示してあります。日本は先進国の中でも突出してこの指標が高く，財政の持続可能性という点で大きな問題を抱えていることが見て取れます。

　ここでは，財政の持続可能性を考える際に一つのポイントとなる「ドーマー条件」について考察しましょう。先の政府の予算制約式をもう一度示します。

$$B_{t+1} + (1+i_t)[B_t - (P_tT_t - P_tG_t)]$$

ここで，基礎的財政収支が均衡している状態を想定します。つまり，$PB_t = P_tT_t - P_tG_t = 0$ という状態です。

$$B_{t+1} = (1+i_t)B_t$$

両辺を名目GDP（Y_t）で割ると次のように書けます。

$$\frac{B_{t+1}}{Y_t} = (1+i_t)\frac{B_t}{Y_t}$$

ここで，t期の名目GDP成長率をg_tとすると，$Y_{t+1} = (1+g_t)Y_t$となります。これを上記の式に代入します。

$$\frac{B_{t+1}}{Y_{t+1}} = \left(\frac{1+i_t}{1+g_t}\right)\frac{B_t}{Y_t}$$

この式は，$t+1$期とt期の政府債務残高・GDP比率の関係を示しています。右辺のカッコ内の値が1より大きいなら，t期から$t+1$期にかけて政府債務残高・GDP比率は上昇し，カッコ内の値が1より小さいなら低下，カッコ内の値がちょうど1なら不変となることを示しています。カッコ内の値を左右するのは，名目金利と名目GDP成長率の関係です。

　したがって，基礎的財政収支が均衡しているとき，政府債務残高・GDP比率がどのように推移するかについて次のような条件を考えることができます。

- $i_t > g_t$ のとき，政府債務残高・GDP比率は上昇
- $i_t = g_t$ のとき，政府債務残高・GDP比率は不変
- $i_t < g_t$ のとき，政府債務残高・GDP比率は下落

このような条件をドーマー条件（Domar Condition）と呼びます。長期的に財政が持続可能であるかどうかは，政府債務残高・GDP比率が際限なく上昇するのか，一定にとどまるのか，下落していくのかで決まると考えられます。それは長

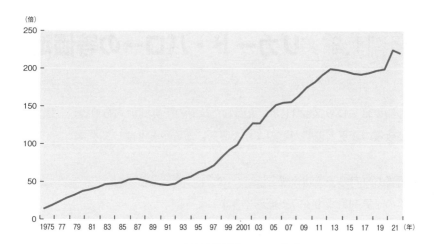

（倍）

図 11.9　政府債務残高・GDP比率

（出所）　財務省『国債及び借入金並びに政府保証債務残高』，内閣府『国民経済計算』より作成。
（注）　政府債務残高は「国債及び借入金残高」，名目 GDP は 1993 年までは 93SNA ベース，
　　　　1994 年以降は 08SNA ベース。

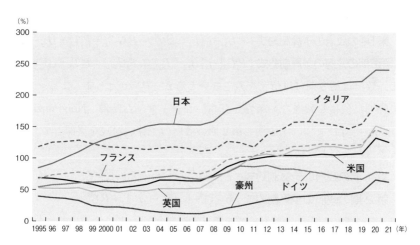

（%）

図 11.10　一般政府債務残高・GDP比率

（出所）　OECD *Statistics* より作成。

期的な名目金利と名目経済成長率の関係が規定していると考えることができます。

リカード・バローの等価定理

この節では，**レッスン11.2** で説明した政府の予算制約式を前提に，国債発行や徴税政策の変更と消費がどのような関係にあるかを考察します。

2期間の政府の予算制約式

政府の予算制約式をもう一度みてみましょう。

$$P_tG_t + i_t[B_t - (P_tT_t - P_tG_t)] = P_tT_t + (B_{t+1} - B_t)$$

左辺は政策的経費と利払費の合計であり，歳出から債務償還費を差し引いたものであると考えることができます。右辺は税収と政府債務残高の純増額であり，歳入から債務償還費を差し引いた額と考えることができます。

ここで2期間存在する政府を考えましょう。2期間の政府の予算制約式を次のように書くことができます。

第1期の政府の予算制約式：$P_1G_1 + i_1[B_1 - (P_1T_1 - P_1G_1)] = P_1T_1 + (B_2 - B_1)$

第2期の政府の予算制約式：$P_2G_2 + i_2[B_2 - (P_2T_2 - P_2G_2)] = P_2T_2 + (B_3 - B_2)$

ここで，政府は第3期には債務を残さないと考え，$B_3 = 0$ としましょう。このように最終期に負債を残さない条件を非ポンジー・ゲーム条件（Non-Ponzi Game Condition）と呼びます。第1期と第2期の政府の予算制約式を展開して，$B_3 = 0$ を代入すると次のように書けます。

第1期の政府の予算制約式：$B_2 = (1 + i_1)[B_1 - (P_1T_1 - P_1G_1)$

第2期の政府の予算制約式：$0 = (1 + i_2)[B_2 - (P_2T_2 - P_2G_2)]$

ここで，第1期の政府の予算制約式を第2期の予算制約式に代入して，一つにまとめてみましょう。

$$0 = (1 + i_2)\{(1 + i_1)[B_1 - (P_1T_1 - P_1G_1)] - (P_2T_2 - P_2G_2)\}$$

これを整理すると，次のように書くことができます。

財政について学ぶ

　本レッスンでは，日本の財政全般について述べているわけではありません。日本の財政の状況を述べた後は，財政の維持可能性を説明し，その後財政支出のための資金調達に焦点をあて，この資金調達方法によって従来マクロ経済学で述べられていた財政政策の考え方は大きく変化しています。こうしたマクロの財政政策の考え方の変化は，オリビエ・ブランシャール『21世紀の財政政策——低金利・高債務下の正しい経済戦略』田代毅訳，日本経済新聞出版，2023年に詳しく書かれています。

　しかし，財政の役割は，単にGDPのような経済の集計量を変化させるだけではありません。税や補助金等を使って分配の不公正を是正したり，年金制度の維持を通して社会を安定化するといった役割を持っています。こうした財政の幅広い枠割を学ぶためには，やはり財政学のテキストを読む必要があります。ここでは次の3冊のテキストをあげておきます。

　　小塩隆士『コア・テキスト財政学　第2版』新世社，2016年
　　麻生良文・小黒一正・鈴木将覚『財政学15講』新世社，2018年
　　林　宏昭・玉岡雅之・桑原美香・石田和之『入門財政学　第3版』中央経済社，
　　　2021年

本レッスンでは，物価の財政理論という耳慣れない理論も解説しています。しかしこれは極めて新しい理論というのではなく，今世紀の初めから日本で紹介されています。齊藤誠『成長信仰の桎梏　消費重視のマクロ経済学』勁草書房，2006年の中でこの理論をわかりやすく紹介しています。もう少し専門的にこの理論を知りたい方は，渡辺努・岩村充『新しい物価理論』岩波書店，2004年をお読み下さい。

$$P_1 T_1 + \frac{P_2 T_2}{1 + i_1} - B_1 = P_1 G_1 + \frac{P_2 G_2}{1 + i_1}$$

これは政府の通時的な予算制約式（Intertemporal Budget Constraint of Government）と呼ばれるものです。

政府の通時的な予算制約

ここで，議論の単純化のために物価変動はないものとして，$P_1 = P_2 = 1$ と想定しましょう。したがって，名目利子率 i_1 は実質利子率 r_1 と書き換えることができます。

$$T_1 + \frac{T_2}{1 + r_1} = G_1 + \frac{G_2}{1 + r_1} + B_1$$

左辺は税収等の割引現在価値合計であり，右辺は政府支出の割引現在価値合計に初期の政府債務残高を足したものとなります。

この式を用いて政府の租税政策の変更について考えてみましょう。政府が財政支出の計画 $\{\overline{G_1}, \overline{G_2}\}$ をあらかじめ決めているなら，第1期の負債額 (B_1) は固定されているため右辺の額は定値となり，左辺のそれに等しい税収等の割引現在価値額を徴収しなくてはならないということです。

もし，第1期に国債を発行して $\Delta\tau$ の額の減税を行うなら，第2期には $(1 + i)$ $\Delta\tau$ の額の増税をして，その国債の元本と利回り分を支払わなければなければならないということです。

$$(T_1 - \Delta\tau) + \frac{T_2 + (1 + r_1)\,\Delta\tau}{1 + r_1} = \left[\overline{G_1} + \frac{\overline{G_2}}{1 + r_1} + B_1 \right]$$

逆に，第1期に $\Delta\tau$ の額の増税を行って第2期に持ち越す政府債務額を減額するなら，第2期には $(1 + i)\,\Delta\tau$ の額の減税をしなければならないということになります。

$$(T_1 + \Delta\tau) + \frac{T_2 - (1 + r_1)\,\Delta\tau}{1 + r_1} = \left[\overline{G_1} + \frac{\overline{G_2}}{1 + r_1} + B_1 \right]$$

つまり，政府の通時的な予算制約式が満たされるとき，第1期に税を用いて資金調達するのか，国債を発行して資金調達するのかは，支出計画にとっては無差別であることを示しています。

コラム 11.2　　非ポンジー・ゲーム条件の説明

　1920 年，米国のボストンにおいてチャールズ・ポンジーという男の投資ファンドが破綻しました。ポンジーは高い利回りの配当金を約束して出資者から資金を集めたのですが，その資金を事業活動には投資せずに，後続の出資者から集めた資金を先行した出身者への配当金として配分することを繰り返しました。このような投資スキームはポンジー・スキーム（Ponzi Scheme）と呼ばれ，日本ではネズミ講として知られています。ポンジー・スキームでは指数関数的に増大する配当金額を上回るスピードで出資金を集めなければいけないため，時間が経てば投資スキームは必然的に破綻することになります。

　このエピソードの重要なポイントは，投資ゲームの終端時において正の負債を残すことは経済合理性に反するというということです。2 期間にわたり存在する政府が 3 期目に正の値の債務残高を抱えたままであるならば，それは経済合理性に反します。つまり，3 期目の債務残高の割引現在価値は次の条件を満たさねばなりません。

$$\frac{B_3}{(1+r_1)(1+r_2)} \leq 0$$

　これを，非ポンジー・ゲーム条件 (Non-Ponzi Game Condition) と呼びます。i_1, i_2 が正で有限の値ならば，この条件は $B_3 \leq 0$ に等しくなります。

　もし，この投資ゲームが無限期間続くのであれば，無限期後の債務残高の割引現在価値が非正であることが非ポンジー・ゲーム条件となります。

$$\lim_{T \to \infty} \frac{B_T}{\prod_{t=1}^{T}(1+r_t)} \leq 0$$

　このケースでは無限期後の債務残高が正の値であっても有限の値にとどまるとき，分母が無限大に発散するならば，この条件は成立します。

（参考文献）Hunter Monroe, Ana Carvajal, and Catherine Pattillo. (2010) "Perils of Ponzis", *FINANCE & DEVELOPMENT*, Volume 47, Number 1.

家計の２期間モデル

　ここで，**レッスン7**の消費と貯蓄の理論を思い出しましょう。家計はt期にA_tの資産を持ち，t期に労働所得Y_tを稼ぎ，t期に消費C_tを行い，消費C_tから効用を得ます。２期間生きる家計の効用関数は以下のように書けます。

$$U = U(C_1, C_2)$$

$$\frac{\partial U}{\partial C_1} > 0, \frac{\partial U}{\partial C_2} > 0, \ \frac{\partial^2 U}{\partial C_1^2} < 0, \frac{\partial^2 U}{\partial C_2^2} < 0$$

家計の２期間の予算制約式は以下の通りです。

　　第1期の家計の予算制約式：$C_1 + (A_2 - A_1) = r_1[A_1 + (Y_1 - T_1 - C_1)] + Y_1 - T_1$
　　第2期の家計の予算制約式：$C_2 + (A_3 - A_2) = r_2[A_2 + (Y_2 - T_2 - C_2)] + Y_2 - T_2$

ここでは政府の徴税の影響を考慮するために，資産所得$r_t[A_t + (Y_t - T_t - C_t)]$と労働所得$Y_t$の合計から租税$T_t$が差し引かれた額が$t$期の可処分所得となっています。期初に労働所得から租税と消費計画の額を差し引いた分$(Y_t - T_t - C_t)$はその期の貯蓄となり，利子所得，$r_t(Y_t - T_t - C_t)$，が発生しています。t期の家計は右辺の可処分所得をt期の消費とt期の資産の純増分$(A_{t+1} - A_t)$に使用することになります。

　ここで，家計は第３期には資産を残さないと考え，$A_3 = 0$としましょう。このように最終期に資産を残さない条件を終端条件（Terminal Condition）と呼びます（**コラム11.3**）。第１期と第２期の家計の予算制約式を展開して，$A_3 = 0$を代入すると次のように書けます。

　　第 1 期の家計の予算制約式：$A_2 = (1 + r_1)[A_1 + (Y_1 - T_1) - C_1]$
　　第 2 期の家計の予算制約式：$0 = (1 + r_2)[A_2 + (Y_2 - T_2) - C_2]$

ここで，第１期の家計の予算制約式を第２期の予算制約式に代入して，１つにまとめてみましょう。

$$0 = (1 + r_2)\{(1 + r_1)[A_1 + (Y_1 - T_1)] - C_1 + (Y_2 - T_2) - C_2\}$$

これを整理すると，次のように書くことができます。

$$C_1 + \frac{C_2}{(1 + r_1)} = A_1 + \left[Y_1 + \frac{Y_2}{(1 + r_1)}\right] - \left[T_1 + \frac{T_2}{(1 + r_1)}\right]$$

これは家計の通時的な予算制約式（Intertemporal Constraint of Household）と呼ばれるものです。左辺は家計の生涯消費と呼ばれ，消費の割引現在価値の合計と

　家計が 2 期間存続し，それぞれの期で行う消費（C_1, C_2）から正の効用を得る状況を考えましょう。このことを本文中の数式で表せば，次のように書くことができます。

$$U = U\ (C_1, C_2)$$

$$\frac{\partial U}{\partial C_1} > 0, \quad \frac{\partial U}{\partial C_2} > 0$$

これは消費が正の限界効用を持つことを意味しています。

　また，家計の（C_1, C_2）平面上で無差別曲線が原点に対して凸であるためには次の条件を満たす必要があります。

$$\frac{\partial^2 U}{\partial C_1^2} < 0, \quad \frac{\partial^2 U}{\partial C_2^2} < 0$$

ミクロ経済学では，この条件を限界効用逓減 (Diminishing Marginal Utility) と呼んでいます。これは無差別曲線が予算制約線と一点で接する条件となります。効用関数を用いて無差別曲線を表現すると，効用関数の全微分を用いて以下のように書くことができます。

$$dU = \frac{\partial U}{\partial C_1} dC_1 + \frac{\partial U}{\partial C_2} dC_2 = 0$$

これを次のように展開します。

$$\frac{dC_2}{dC_1} = -\frac{\partial U/\partial C_1}{\partial U/\partial C_2}$$

これは無差別曲線の傾きを表しています。

　消費の限界効用が正であるなら，家計は第 3 期目に正の資産を残すことはありません。消費に用いることが出来る原資が残っているなら，家計は効用をさらに高める余地があるからです。家計が効用をさらに高める余地がないところまで持てる資源を効率的に使っている状態を効用最大化（Utility Maximization）の状態と呼びます。家計の 2 期間モデルにおいて効用最大化の状態では以下の条件が成立する必要があります。

$$-\frac{\partial U/\partial C_1}{\partial U/\partial C_2} = -(1 + r_1)$$

$$\frac{A_3}{(1 + r_1)(1 + r_2)} \leq 0$$

一つ目の条件は（C_1, C_2）平面上で無差別曲線の傾きが予算線の傾きと等しくなるある 1 点で接することを求めるものです。マクロ経済学ではこの式をオイラー方程式（Euler Equation）と呼びます。二つ目の条件は第 3 期に正の資産を残さないという条件となります。これを終端条件（Terminal Condition）と呼びます。資産運用の対象が負債 B_t であるなら，$A_3 = B_3$ となり，これは非ポンジー・ゲーム条件と同じものとなります。

$$\frac{B_3}{(1 + r_1)(1 + r_2)} \leq 0$$

　ここで留意すべきなのは，第 3 期の資産額が負になる可能性です。

$$\frac{A_3}{(1 + r_1)(1 + r_2)} < 0$$

ある経済主体の最終期の資産が負になるということは，他の経済主体のうちいずれかの最終期の負債が正になることを意味しますが，これは非ポンジー・ゲーム条件を満たしません。

　したがって，どの経済主体も終端条件と非ポンジー・ゲーム条件を満たすためには，次の終端条件を課す必要があります。

$$\frac{A_3}{(1 + r_1)(1 + r_2)} = 0$$

もし，経済主体が無限期間にわたって生存するなら，終端条件は以下のものとなります。

$$\lim_{T \to \infty} \frac{A_T}{\prod_{t=1}^{T}(1 + r_t)} = 0$$

なります。右辺は家計の生涯所得と呼ばれ，家計の初期保有資産に労働所得の割引現在価値合計を足して，租税の割引現在価値合計を引いたものとなります。

この式を，C_2 について解くと，次のように書けます。

$$C_2 = -(1+r_1)C_1 + (1+r_1)\left\{A_1 + \left[Y_1 + \frac{Y_2}{(1+r_1)}\right] - \left[T_1 + \frac{T_2}{(1+r_1)}\right]\right\}$$

この家計の通時的な予算制約式を (C_1, C_2) 平面に描いたのが図 11.11 です。予算制約式の傾きは $-(1+r_1)$ であり，縦軸への切片は右辺の第2項の値となります。

最適な消費点 $\{C_1^*, C_2^*\}$ は家計の予算制約式と無差別曲線 $\overline{U} = U(C_1, C_2)$ の接点で決まります。ここで，家計の資産とは政府の発行する国債であるとの条件（$A_t = B_t$）を入れて，家計の通時的な予算制約式に，政府の通時的な予算制約式を代入してみましょう。

$$C_2 = -(1+r_1)C_1 + (1+r_1)\left\{\left[Y_1 + \frac{Y_2}{(1+r_1)}\right] - \left[\overline{G_1} + \frac{\overline{G_2}}{(1+r_1)}\right]\right\}$$

すると，第1期の租税額 T_1 を減税しても増税しても，金利 r_1 と労働所得 $\{Y_1, Y_2\}$ が一定であれば，家計の予算制約式は全く動かず，最適な消費点 $\{C_1^*, C_2^*\}$ は不変であることがわかります。つまり，政府が国債を発行して資金調達しても，徴税して資金調達しても，家計消費には影響がないということです。この政府の資金調達方法の選択が家計行動に対し実質的な影響を持たないという主張をリカード・バローの等価定理（Equivalence Theorem of Ricardo and Barro）と呼びます。

レッスン10 では，財政支出を増加した際の資金調達と，それが将来の消費需要に及ぼす影響を考慮していませんでした。リカード・バローの等価定理が教えているのは，こうした財政支出の裏側にある資金調達と将来の消費需要を考慮に入れて現在の意思決定を行った場合，財政支出の効果は，**レッスン10** で述べたものとは異なるということです。

レッスン 11.4 物価水準の財政理論

ここで近年注目されるようになった，財政と物価の関係について考察しておき

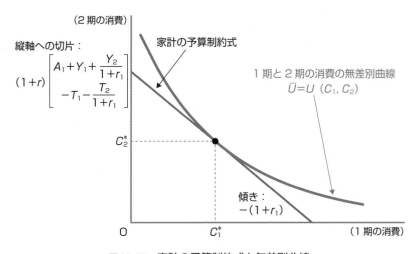

縦軸への切片：

$$(1+r)\begin{bmatrix} A_1 + Y_1 + \dfrac{Y_2}{1+r_1} \\ -T_1 - \dfrac{T_2}{1+r_1} \end{bmatrix}$$

（2期の消費）

家計の予算制約式

1期と2期の消費の無差別曲線
$\bar{U} = U\,(C_1, C_2)$

C_2^*

傾き：
$-(1+r_1)$

0　　　　C_1^*　　　　（1期の消費）

図 11.11　家計の予算制約式と無差別曲線

　本文のリカード（David Ricardo）・バローの等価定理を説明する際，課税の方法は，所得に依存しない一括税方式でした。リカード・バローの等価定理の妥当性は，この課税方法に依存します。たとえば，もし国債発行に伴って，将来，所得税を増税すると考えると，人々は現時点での労働供給を多くするでしょう。それは，税引き後の可処分所得が将来よりも現在の方が多くなるからです。そうすると，現在と将来の労働の配分，ひいては所得配分も影響を受けることになり，等価定理は成立しなくなります。

　このように課税方法によって，現在と将来の労働投入に変化が生じるため，税率は時間を通して一定であることが望ましいといわれています。これを課税標準化の理論と呼んでいます。この議論に従えば，景気が悪化し，それによって税収が減少した場合，国債を発行することは妥当性があることになります。

ましょう。2期間の通時的な政府の予算制約式を用いてその考え方を紹介しましょう。

$$P_1 T_1 + \frac{P_2 T_2}{1+i_1} - B_1 = P_1 G_1 + \frac{P_2 G_2}{1+i_1}$$

この式を，B_1 について解いて，両辺を P_1 で割ります。

$$\frac{B_1}{P_1} = (T_1 - G_1) + \frac{P_2/P_1}{1+i_1}(T_2 - G_2)$$

ここで，第1期から第2期にかけてのインフレ率を $\pi_1 = \frac{P_1}{P_2} - 1$，実質金利を r_1 として，フィッシャー方程式を考えます。

$$1 + r_1 = \frac{1+i_1}{1+\pi_1}$$

これを代入すると，以下の表現を得ることができます。

$$\frac{B_1}{P_1} = (T_1 - G_1) + \frac{T_2 - G_2}{1+r_1}$$

このとき，左辺は第1期の期初の政府債務残高の実質価値であり，それは実質基礎的財政収支（$T_t - G_t$）の実質金利による割引現在価値合計が決定するということがわかります。

　ここで，政府支出の計画が一定のとき，政府が第2期に減税を実施することを発表したケースを考えましょう。その際，実質金利が一定であれば，右辺の値は小さくなります。左辺も小さくなる必要がありますが，分子の政府債務残高は額面が固定されており，分母の物価水準が上昇することになります。

　次に，政府の徴税計画が一定のとき，政府が第2期に財政支出の増加を実施することを発表したケースを考えましょう。その際，実質金利が一定であれば，右辺の値は小さくなります。左辺も小さくなる必要がありますが，分子の政府債務残高は額面が固定されており，このケースでも分母の物価水準が上昇することになります。このように，政府の通時的な予算制約式を用いて，物価水準と政府の財政運営の関係を考察する理論は，物価水準の財政理論（Fiscal Theory of the Price Level）と呼ばれています。**コラム 11.5** では物価水準の財政理論について解説しています。

　2013 年 4 月以降，日本では量的質的金融緩和が実施されましたが，物価上昇率は 0% 近傍にとどまっておりデフレーション（物価の持続的な下落）を十分に払しょくすることはできませんでした。2016 年 8 月，ノーベル経済学賞の受賞者でもあるクリストファー・シムズ（Christopher A. Sims）教授は米国ジャクソンホール会議で，長期的な物価水準の決定について財政政策を考慮した理論（物価水準の財政理論（FTPL））について講演しました。2017 年以降，当時の内閣官房参与だったイエール大学の浜田宏一教授の紹介によって，FTPL は日本でも広く知られるようになり，デフレーション克服のための政策手段として政府，民間エコノミスト，経済学者の間で議論が行われました。従来の議論では，貨幣数量方程式による物価水準の決定が重視されていましたが，FTPL では政府の基礎的財政収支や中央銀行の貨幣発行が物価水準に与える影響を予算制約式から厳密に考察することができます。この際，政府と中央銀行がお互いにどのような前提に基づいて政策を行っているのかを理解することが重要になります。なお，マクロ経済政策の焦点が再び財政政策に移る中で，齊藤誠『財政規律とマクロ経済』名古屋大学出版会，2023 年は，忘れ去られてしまった財政規律の問題をどのように位置づけるべきかを考察しています。

　財政支出を積極的に変化させなくても，所得に比例した税制を採用していれば，財政支出が自動的に景気循環を和らげる働きをするという議論があります。これをビルトイン・スタビライザーと呼んでいます。

　いま，独立投資が減少して，総需要が減少したとしましょう。総需要の減少は，所得の減少をもたらし，同時に所得税も減少してしまいます。当初財政が均衡しており，その後も財政支出を一定に保っていたとすると，税収が減少するために財政は赤字になります。つまり，財政を一定に保っていても，財政赤字を生ずるような財政政策がとられていることになり，その分だけ景気の悪化を食い止めていることになるのです。逆に，総需要が増加したときに，財政支出を一定にしておくと景気の過熱を防ぐことになります。

中央銀行と財政

量的緩和政策と中央銀行の国債保有

　貨幣と金融市場についてのレッスン（レッスン9）でも説明した通り，現代の中央銀行は非伝統的な金融政策として，量的緩和政策と呼ばれる政策を実施することがあります。量的緩和政策では，中央銀行が金融緩和政策を続けて，政策金利がゼロ金利下限に達した際に，政策手段を金利から量的指標（中央銀行当座預金やマネタリーベース）に切り替えて，量的指標を拡大することで更なる金融緩和を行うことが企図されています。量的緩和を実施する際には中央銀行が国債を主な対象として買い切りオペを実施し，その対価を市中金融機関が保有する日銀当座預金に振り込むという形でマネタリーベースを増加させていきます。したがって，中央銀行のバランスシートでは貸方の負債で日銀当座預金が増加する一方，借方に資産として国債が増加していきます。2013年3月末と2021年3月末の日本銀行のバランスシートを表11.3に示します。この政策は国債の中央銀行保有を増やすという政策であるため，財政政策の資金調達が中央銀行の金融政策に深く関わってくることになりました。

統合政府の予算制約式

　量的緩和政策と財政との関係を考察するために，政府の予算制約式と中央銀行の予算制約式について考えていきましょう。

　t 期の政府の予算制約式は以下のように書けます。

$$B_{t+1} = (1+i_t)\left[B_t - (P_tT_t - P_tG_t)\right]$$

ここで，国債残高を中央銀行の保有する残高 B_t^C と民間経済主体が保有する残高 B_t^P に分けて考えてみましょう。

$$B_t = B_t^C + B_t^P$$

したがって，政府の予算制約式を次のように書くことができます。

$$B_{t+1}^C + B_{t+1}^P = (1+i_t)\left[B_t^C + B_t^P - (P_tT_t - P_tG_t)\right]$$

次に中央銀行の予算制約式を考えましょう。t 期の中央銀行は国債保有額，B_t^C，

表 11.3　日本銀行のバランスシートの変化（再掲）

【2013 年 3 月末】　　　　　　　　　　　　　　　　　　　　（単位：兆円）

資産		負債・純資産	
国債	91.3	日本銀行券	83.4
CP等	1.2	日銀当座預金	58.1
社債	2.9	政府預金・売現先	16.0
株式投資信託	1.5	その他	3.2
不動産投資信託	0.1	準備金・資本金他	3.6
貸付金等	67.3		
資産合計	164.3	負債・純資産合計	164.3

【2021 年 3 月末】　　　　　　　　　　　　　　　　　　　　（単位：兆円）

資産		負債・純資産	
国債	511.2	日本銀行券	119.9
CP等	2.5	日銀当座預金	563.2
社債	8.6	政府預金・売現先	13.9
株式投資信託	36.6	その他	34.3
不動産投資信託	0.7	準備金・資本金他	5.0
貸付金等	176.7		
資産合計	736.3	負債・純資産合計	736.3

（出所）　日本銀行『2012 年度の金融調節』，『2020 年度の金融調節』，『日本銀行勘定』より作成。

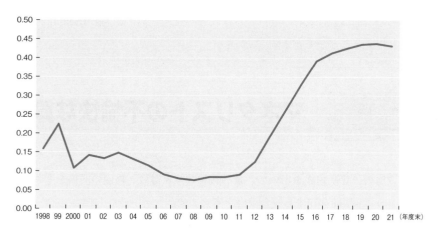

図 11.12　政府債務残高に占める日銀保有国債の割合
（出所）　日本銀行『日本銀行勘定』，財務省『国債及び政府債務残高』より作成。

を増加させるとき，マネタリーベースの増加額（$M_{t+1}^B - M_t^B$）と保有する国債の利子収入を元手にしています。

$$B_{t+1}^C - B_t^C = i_t(B_t^C + M_{t+1}^B - M_t^B) + (M_{t+1}^B - M_t^B)$$

中央銀行の利子収入は期初に保有していた分（$i_t B_t^C$）だけではなく，t期中にマネタリーベースを増やして買い取った国債からも発生しています（$i_t(M_{t+1}^B - M_t^B)$）。

この予算制約式を整理すると次のように書くことができます。

$$B_{t+1}^C = (1+i_t)(B_t^C + M_{t+1}^B - M_t^B)$$

この中央銀行の予算制約式を政府の予算制約式に代入することで，政府と中央銀行を連結した統合政府の予算制約式（Consolidated Government Budget Constraint）を得ることができます。

$$B_{t+1}^P = (1+i_t)(B_t^P - P_t(T_t - G_t) - (M_{t+1}^B - M_t^B))$$

統合政府の予算制約式を展開してみましょう。

$$P_t G_t + i_t(B_t^P - P_t(T_t - G_t) - (M_{t+1}^B - M_t^B)) = (B_{t+1}^P - B_t^P) + (M_{t+1}^B - M_t^B) + P_t T_t$$

この式の左辺は統合政府の支出を右辺は収入を示しています。支出は名目政策経費と民間への利払費からなります。収入は民間へ国債を売った公債金収入，マネタリーベースを増加させたことによる収入，税収等からなっています。マネタリーベースの増加は統合政府の観点からは政府の収入，貨幣発行益（Seigniorage）であると捉えることができます。

レッスン11.6　マネタリストの不愉快な算術

統合政府の予算制約式を用いて，量的緩和政策と財政と物価の関係を考察してみましょう。2期間存在する統合政府を考えます。

第1期の統合政府の予算制約式：$B_2^P = (1+i_1)(B_1^P - P_1(T_1 - G_1) - (M_2^B - M_1^B))$

第2期の統合政府の予算制約式：$B_3^P = (1+i_2)(B_2^P - P_2(T_2 - G_2) - (M_3^B - M_2^B))$

これまで同様，統合政府は第3期には債務を残さないと考え，$B_3^P = 0$ としましょう。マネタリーベースは交換手段なので必要な取引が終わっても民間に残ると考

　レッスン 11.6 で解説する物価水準と政府・中央銀行の財政・金融政策の関係を考察する理論は，マネタリストの不愉快な算術と呼ばれています。

　米国の経済学者トーマス・サージェント（Thomas J. Sargent）ニューヨーク大学教授とニール・ウォレス（Neil Wallace）ペンシルベニア州立大学教授が 1981 年に講評した論文「Some Unpleasant Monetarist Arithmetic」（マネタリストの不愉快な算術）は，政府と中央銀行の連結の予算制約を分析した研究です。政府が基礎的財政収支の赤字を継続する行動をとるとき，中央銀行が国債を買い取ることで貨幣発行益を収入とし，当期の国債の実質価値を維持します。そのような状況下では，中央銀行の金融引き締め（利上げ）が将来のより高いインフレーションを引き起こす可能性を示したものでした。

　2008 年の世界金融危機を経て，政府の財政赤字が拡大するなか日本，米国，EU では中央銀行が債等の金融資産の買い取りによる量的緩和政策を実施しました。このような状況下で再び「マネタリストの不愉快な算術」が議論されるようになりました。2012 年に日本銀行の白川方明総裁は「財政の持続可能性——金融システムと物価の安定の前提条件」という論文において，政府の基礎的財政収支の赤字が拡大し，将来的にも黒字化する見込みがない状態を考察して，中央銀行が貨幣発行益によって統合政府の予算成約式を成立させて，インフレにより国債の実質債務負担を減少させるケースを考察しています。白川総裁はそうした状態について「物価の安定を放棄することは，経済の持続的な成長基盤を損ない，結局広く国民に損害を及ぼすことにつながる」と論じています。

　上述のように，サージェント教授とウォレス教授は政府と中央銀行の予算制約式を統合して，財政・金融政策と物価水準（あるいはインフレーション）の関係を論じました。ここでは数値シミュレーションを行って，量的緩和政策の影響をケース別に考えてみましょう。中央銀行は第 1 期の名目マネタリーベース増加額を基準ケースよりも 1.5 倍に増やす政策を実施することを考えます。簡単化のために実質金利は $r_1 = 0$ とします。政府は実質基礎的財政収支をバランスさせる政策をとっているものとしましょう（$PB_1 = PB_2 = 0$）。

$$\frac{B_1}{P_1} = PB_1 + PB_2 + \frac{M_2 - M_1}{P_1} + \frac{M_3 - M_2}{P_2}$$

えることにします。2つの式を合わせると次のように書けます。

$$0 = (1+i_2)\left(\left[(1+i_1)\left(B_1^P - P_1(T_1-G_1) - (M_2^B - M_1^B)\right)\right] - P_2(T_2-G_2) - (M_3^B - M_2^B)\right)$$

これを B_1^P について整理すると，次の式が導出されます。

$$B_1^P = P_1(T_1-G_1) + (M_2^B - M_1^B) + \frac{P_2(T_2-G_2)}{1+i_1} + \frac{M_3^B - M_2^B}{1+i_1}$$

さらに，両辺を第1期の物価水準で割って，フィッシャー方程式（$P_2/P_1 = 1+\pi_1$ $= (1+i_1)/(1+r_1)$）を代入すると，民間保有国債の実質価値の決定式を導くことができます。

$$\frac{B_1^P}{P_1} = (T_1-G_1) + \frac{T_2-G_2}{1+r_1} + \frac{M_2^B - M_1^B}{P_1} + \frac{(M_3^B - M_2^B)/P_2}{1+r_1}$$

この式は，民間保有国債の実質価値は政府の基礎的財政収支の割引現在価値合計と実質貨幣発行益の割引現在価値合計で決まることを示しています。これは物価水準の財政理論を中央銀行と政府の連結予算制約式により拡張したものです。

　ここで，政府の基礎的財政収支の計画が一定のとき，中央銀行が第1期に実質マネタリーベースの大幅増加を実施することを発表したケースを考えましょう。第1期の期初の時点で民間保有債務の額面価値は固定されていることを思い出しましょう。また，実質金利は一定と仮定しましょう。その際のシナリオは2つあります。

　一つは第2期の物価水準は変わらずに，貨幣発行益の増加による右辺の値の上昇分だけ，左辺の分母の第1期の物価水準が下落するシナリオです。これは急激なデフレーションを作り出す政策といえます。

　もう一つは，第1期の物価水準は変わらずに，つまり，左辺の民間保有債務の実質価値は変わらずに，左辺の第1期の実質マネタリーベースの増加を打ち消す形で，第2期の物価が上昇するケースです。これはマネーが増えれば若干のラグをもって物価も上昇するというシナリオです。

　実際には，価格改定のコストといった経済構造の問題や，経済主体の行動が影響を与えるので，どちらのシナリオが実現するかは，あるいは両者が同時に実現するかはそれらの条件に依存しています。

　このように，統合政府の通時的な予算制約式を用いると，マネタリーベースの増加が物価を上昇させるというマネタリストが描いた単純な図式があてはまらな

マネタリストの不愉快な算術のシミュレーション

	基準ケース	第1期に量的緩和政策を実施		
		ケース1	ケース2	ケース3
		P_2 を固定	P_1 を固定	P_1, P_2 固定
民間保有債務残高	100	100	100	100
P_1	1	0.5	1	1
P_2	1	1	2	1
インフレ率	0	100	100	0
1期の実質 PB	0	0	0	-25
2期の実質 PB	0	0	0	0
1期の名目 MB 増価額	50	75	75	75
1期の実質 MB 増価額	50	150	75	75
2期の名目 MB 増加率	50	50	50	50
2期の実質 MB 増価額	50	50	25	50
実質民間保有債務	100	200	100	100
左辺合計	100	200	100	100

　ケース1（第2期の物価が固定）：第2期の物価水準（P_2）と第2期の名目 MB 増加率は一定なので，実質民間債務保有残高と左辺（PB の合計＋実質貨幣発行益の合計）をバランスさせるには，第1期の物価水準（P_1）が下落する必要があります。第1期の物価水準が0.5まで下落することで，実質民間債務保有残高は2倍に，第1期の実質貨幣発行益は3倍になっています。このとき，第1期から第2期にかけて物価水準は2倍となります。

　ケース2（第1期の物価が固定）：第1期の物価水準（P_1）と第2期の名目 MB 増加率は一定なので，実質民間債務残高の値は変わりません。実質民間債務残高と左辺（PB の合計＋実質貨幣発行益の合計）をバランスさせるには，第2期の物価水準（P_2）が2倍に上昇して，第2期の実質貨幣発行益を半分に減らす必要があります。このときも，第1期から第2期にかけて物価水準は2倍となります。

　ケース3（第1期と第2期の物価が固定）：物価水準がいずれの期も固定されているので，実質民間債務残高と第2期の実質貨幣発行益の値は変わりません。実質民間債務残高と左辺（PB の合計＋実質貨幣発行益の合計）をバランスさせるには，政府が財政政策を変更して，実質基礎的財政収支を悪化させるほかありません。ここでは，第1期の PB を赤字にすることで予算制約式を成立させています。

くなり，政府の財政政策や中央銀行の量的緩和政策が物価水準に影響を与える経路を考察することができます。

■■■ レッスン11 演習問題 ■■■

1. 財政の3つの役割について説明しなさい。

2. 次の用語の意味を説明しなさい。
   （1）一般政府と政府部門　（2）財政収支　（3）基礎的財政収支

3. 図11.4から図11.8に基づいて，日本の財政の状況について説明しなさい。

4. 図は1985年から2021年までの日本の名目GDP成長率（前年同期比）と新発10年物国債の利回りの推移である。2012年以前と2013年以降の時期に分けて，財政の持続可能性をドーマー条件から論ぜよ。また，2013年以降の時期について名目GDP成長率を新発10年物国債利回りが下回るようになった原因について考察せよ。

名目GDP成長率と長期金利

（出所）　内閣府『国民経済計算』，日本相互証券『マーケットデータ』
より作成。

5. リカード・バローの等価定理について説明しなさい。また，t 期の家計消費が t 期の可処分所得に依存するような消費行動を家計が取るとき，一般にリカード・バローの等価定理は成立しないが，その理由を説明せよ。

12

財・サービスや金融資産を
海外と取引した場合のマクロ経済学

開放マクロ経済学とは

　レッスン0の図0.7で説明したように，財やサービス，そして金融資産は必ずしも一国内や一地域内だけで取引されているわけではありません。図0.7で示したように，海外の国々と財やサービス，そして金融取引を行っています。こうした国際的な取引を含めたマクロ経済学を開放マクロ経済学と呼んでいます。

名目為替レートの決定

購買力平価説

　国内的な経済取引と国際的な経済取引との最も大きな違いは，国内取引で使われている通貨が国際的には利用できない場合があることです。私たちが海外旅行に行く際に，日本の通貨である円をあらかじめ，行先の国の通貨に両替していかなくてはならないのは，国内では「円」を使って購入できる財やサービスでも，海外では現地の通貨を使わなければ購入できないからです。この両替をする際の円と海外通貨との交換比率を為替レートと呼びます。為替レートは基本的には2つの通貨の交換比率ですので，国内側，海外側双方の測り方があります。たとえば円と米ドルの交換比率を考えた場合，1ドル100円と1円0.01ドルの2種類の表示の仕方があります。通常，前者は邦貨建て，後者は外貨建てと呼ばれています。

　それではこの為替レートは，どのように決まってくるのでしょうか。為替レートの決まり方には2種類あります。一つは財・サービスの国際取引から決まる為替レートで，もう一つは国際的な金融取引から決まる為替レートです。最初に国際的な財・サービスの国際取引から決まる為替レートについて述べていきましょう。

　いま図12.1にあるように，1本100円のコーラを考えて下さい。1ドル100円の為替レートの下で，米国で同じコーラが，1本1ドルで売られていたとしたら，

レッスン0でみたように，国境を超える経済取引には財・サービスの取引と金融取引の2種類があります。したがって多くの大学では，前者の取引に伴う経済的なメカニズムを「国際経済学」（または国際貿易）という授業で，後者の取引に関する経済メカニズムを「国際金融論」という授業で教えています。そして教科書もおおむねこの2つに対応して出版されています。このうち**レッスン12**は，後者の国際金融論の一部をマクロ的な視点から解説しています。国際貿易では，生産要素の賦存量に応じて，1国がどの生産物を中心に生産を行いそれを輸出すればよいか，またどの生産物を外国から輸入すれば効率的かということや，関税政策がこうした資源の配分にどのような影響を及ぼすかを学びます。したがって，国際貿易ではマクロ経済学よりもミクロ経済学やゲーム論の知識がより必要になります。国際経済学の教科書としては，石川城太・椋寛・菊地徹『国際経済学をつかむ　第2版』有斐閣，2013年と古沢泰治『国際経済学入門』新世社，2022年をあげておきます。

ただ**レッスン12**で学ぶ内容は，国際金融の側面だけではありません。むしろ為替取引の詳細などは「国際金融論」に任せて，国際的な金融取引を通した為替変動とその為替変動が，GDPや貿易量など実体経済のマクロ的な変数にどのような影響を及ぼすかが中心となっています。こうした分析は，1970年代に入って，ブレトン・ウッズ体制が崩壊し，米国以外の先進諸国の通貨がドルとの固定的な交換比率をやめ，自由に変動する変動相場制へと移行したことにより，国際間の資金取引が大きく膨れ上がったことから起きています。そして1980年頃から，これらの分析を「国際マクロ経済学」（または「開放マクロ経済学」）と呼ぶようになっています。当初は国際マクロ経済学の教科書や専門書が出版されましたが，最近は，国際マクロ経済学単独の教科書というのはみられず，マクロ経済学，国際経済学，国際金融論の一部として教えられることが多いようです。

日米どちらでコーラを購入しても同じだけの支払をすることになります（円をドルに交換する際の手数料や，購入場所の移動に要する費用は無視します）。しかし，日本の物価が上昇し，1本100円のコーラが1本150円に値上がりしたとしましょう。そうすると，1ドル100円の為替レートであれば，米国のコーラを買うのに100円の支払で済みますから，多くの人が円をドルに換えて米国製コーラを買おうとするでしょう。そうすると円が売られドルが買われますから，ドルの円に対する交換比率は上昇します。つまり円安・ドル高が生じます。どこまでドルの価値が上昇するかというと，日米どちらでコーラを購入しても同じ支払になるところまで，ドルが上昇するのです。それは1ドル150円になります。このように，自国と外国とで，同一の財・サービスに対する支払が同じになる（**国際的な一物一価**）ように為替レートが決定されるという考え方を，**購買力平価説**と呼びます。

　そこで，話を物価の上昇に戻しましょう。購買力平価説を適用すれば物価の上昇は，自国の通貨価値を低下させ，外国の通貨価値を上昇させます。もし為替レートがこのように変化すれば，自国，外国どちらで財・サービスを購入しても同じですから，実体経済には影響がありません。

国内外の金融資産取引によって決まる為替レート

　購買力平価説は，財やサービスの国際的取引を通じて決まる為替レートです。しかし，現実にはすべての財・サービスが国際的に取引されているわけではありません。特にサービス分野ではタクシーや電力サービスなど輸出入が困難なものが多くあります（こうした財を**非貿易財**と呼びます。この逆は**貿易財**です）。このため日々の為替レートは，購買力平価とは乖離しています。それではより短期の為替レートはどのように決まっているのでしょうか。それは日々の国際的な金融資産取引の中で決まってくると考えられています。

　いま日米間で金融資産の取引をしていると考えます。このとき日本側の金融資産を**円建て資産**，米国側の金融資産を**ドル建て資産**と呼びます。円建て資産は日本の国債であると考え，この名目利子率を $i=5\%$ としましょう。一方，米国の金融資産の名目利子率は，$i^*=10\%$ とします。最初に100万円の資金があり，これをすべて円建て資産に運用すると，翌期には利子を加えて105万円が得られます。

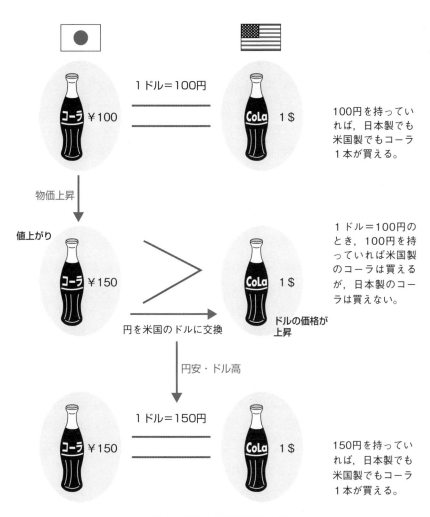

図12.1　購買力平価説の考え方

一方，米国の資産に投資した場合はどのようになるでしょう。米国の資産に投資する場合，まず円をドルに交換しなくてはなりません。いま図 12.2 の例のように，現在の為替レートが 1 ドル 100 円であったとしましょう。私たちは，まず100 万円をドルに換えてから米国債を購入します。1 ドル 100 円とすれば，米国債の購入資金は，ドル・ベースでは 1 万ドルになります。この 1 万ドルを使って米国債を購入すると翌期には，1 万 1,000 ドルが得られます。しかし今度はこのドルを円に換えなくてはいけません。翌期の為替レートは，必ずしも今期の為替レートと同じではありません。ここで翌期の予想為替レートが 1 ドル 98 円だとしましょう。これは 1 ドルで交換できる円の金額が少なくなっているので，円高・ドル安の予想です。このレートで，1 万 1,000 ドルを円に換えると，107.8 万円になります。

　以上，日本国債へ投資した場合と，米国債に投資した場合の収益率を比較すると，前者は 5%で，後者は 7.8%ですから，米国債に投資した方が有利となり，人々はこぞって円をドルに換えていくことになるでしょう。そうするとドルの需要が増すため，ドルの値段が高くなり，円安・ドル高が生じます。現時点で円安・ドル高が進行すると，将来はドル安になると予想しているので，ドルを保有することによる損失が膨らみ，外債投資は不利になります。こうしてちょうど国内への投資収益率と海外への投資収益率が見合うところで，為替レートが決まるのです。この場合，国際的な金融資産間の裁定取引で為替レートが決まります。

短期の為替レート決定の仕組み

　この為替レートの決定を，もう少し詳しくみてみましょう。いま今期の邦貨建て為替レートを e_t（来期は e_{t+1}）としましょう。そうすると，日米の資産どちらに投資しても，同様の収益率が得られるという条件は，

$$i_t = i_t^* + \frac{e_{t+1} - e_t}{e_t} \tag{12-1}$$

となります。(12-1)式の左辺 i が日本の金融資産に投資した場合の収益率，すなわち名目利子率で，右辺が米国の金融資産に投資した場合の収益率です。右辺第1項が，米国資産の収益率で，第 2 項は為替レートの変動による収益または損失になります。

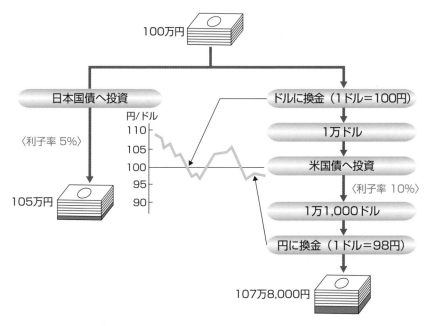

図 12.2　**内外資産の取引**

いま米国の金融資産の収益率 i^* が上昇したとします。このとき米国の金融資産への投資収益率は，日本の金融資産への投資収益率を上回ります。すでにみたように，この場合，日本から米国への金融資産投資によって今期の為替レート e_t が上昇します。来期の予想為替レート e_{t+1} は一定とすると，(12-1)式の右辺第2項は減少しますから，この減少と米国の金融資産の収益率の上昇が釣り合うところまで，為替レートは円安・ドル高になります。

図 12.3 は，日米の国債金利と邦貨建て円・ドルレートの動きを示しています。これをみると米国の国債金利は日本の国債金利を大きく上回っていたため，為替レートは，円安・ドル高方向へと動いています。1990 年代の後半も日本の金融危機により日本がゼロ金利政策をとったため，日米の金利差が拡大し，円安・ドル高が起きています。またアベノミクスが始まった 2013 年から大幅な金融緩和策がとられたため，やはり円安・ドル高になっています。そして 2022 年には米国が厳しい金融引き締めを取る一方で日本は金融緩和策を続けたため，円は一時 1 ドル 150 円まで下落しました。

ただ図 12.3 をみてもわかるように，長い期間をとると為替レートが常に金利差で説明できるわけではありません。というのは，外国の金融資産に投資する場合はしばしば為替レートの変動を回避するため，将来収益を得て米ドルを円に戻す場合の為替レートを確定してくことがあります。この将来の通貨同士の交換取引をする市場を先物市場と呼んでいます。(12-1)式で表される内外の収益の均等化式は，この先物市場での取引を考えていないので，カバーなしの金利平価式と呼ばれています。カバーというのは，先物市場を使って為替取引による損失を避ける行為のことを示しています。

実質為替レート

実質為替レートの考え方

ここまで財・サービス市場の国際取引と金融資産の国際取引で決まる為替レートを紹介してきました。前者の場合，自国の物価 P と外国の物価 P^* は，為替レ

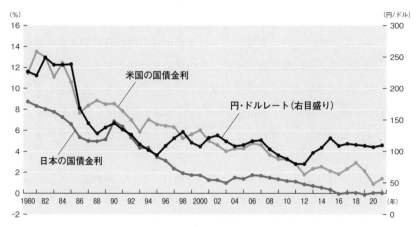

図 12.3 日米の国債金利と円・ドルレート
（出所）財務省，IMF ホームページ

基軸通貨と最適通貨圏

　通貨と国とは 1 対 1 で対応していると思われがちですが，必ずしもそうではありません。ちょうど英語やフランス語が複数の国で使われているように，ある国の通貨が，国際的な経済取引において，他の通貨よりもよく使われることはしばしば起きています。このように，国際的な経済取引において，圧倒的な比重で利用されている通貨を基軸通貨と呼んでいます。たとえば，原油は主に中近東地域から産出されますが，取引はドル建てでなされています。

　第 1 次世界大戦前までは，英国の通貨であるスターリング・ポンド（£）が基軸通貨でしたが，第 2 次世界大戦が終わった時点では，米国が圧倒的な経済力を持っていたので，米ドル（＄）が基軸通貨となって現代に至っています。最近では，ドルの保有量に合わせて自国通貨発行量を決めるカレンシー・ボード制や，自国の通貨をドルに切り替えて経済取引を行う「ドル化政策」などをとる国も出てきています。

　このように，一国が必ず自国の通貨を使って経済取引を行っているわけではありません。その代表的な例は，1999 年から EU（欧州連合）の単一通貨として発行されているユーロです。このユーロ（€）は，英国，デンマーク，スウェーデンを除く EU 加盟国 12 ヶ国（ユーロ圏）が使用しています。2002 年 1 月からは，硬貨や紙幣も発行されています（2 月 28 日までにユーロ圏各国の通貨は法定通貨としての効力が停止し，以降はユーロのみが使用されることになりました）。

　どの地域圏であれば，通貨が最もよく利用されるかを考察した議論を，最適通貨圏の理論と呼んでいます。

ート e を媒介として，等しくなります。すなわち，

$$P = eP^* \tag{12-2}$$

です。しかしながら，通常，為替レートは金融市場の国際取引で決定されていますから，必ずしも e が内外の財・サービスの価格を等しくするとは限りません。つまり（12-2）式は等式では成り立たないのです。このとき，為替レートを媒介とした自国物価と外国物価の比率（P/eP^*）の値は1ではなく様々な値をとります。このような為替レートを媒介とした自国物価と外国物価の比率を実質為替レートと呼んでいます。

　自国と外国が同じような財を生産している場合，この自国物価と外国物価の比率である実質為替レートが輸出や輸入に大きな影響を与えます。実質為替レートは一種の相対価格ですから，もし外国価格の方が自国の価格よりも高ければ，自国からの輸出は増加し，逆に自国への輸入は減少することになります。

　実質為替レートの場合，その変動要因は名目為替レートを変化させる内外の名目金利差だけではなく，両国の物価の変化にも左右されます。いま（12-2）式の変化を考えると，

$$\text{実質為替レートの変化率} = \text{名目為替レートの変化率} + \text{外国物価の変化率}$$
$$- \text{自国物価の変化率} \tag{12-3}$$

になります。（12-1）式でみたように，名目為替レートの変化率が両国の名目利子率の差に依存すると，

$$\text{実質為替レートの変化率} = \text{自国の名目利子率} - \text{自国物価の変化率}$$
$$- (\text{外国の名目利子率} - \text{外国物価の変化率})$$
$$= \text{自国の実質利子率} - \text{外国の実質利子率} \tag{12-4}$$

となります。（12-4）式から自国の実質利子率が不変で，外国の実質利子率が上昇した場合，実質為替レートの変化率は低下します。このことは将来に期待される実質為替レートが変わらないとすると，現在の実質為替レートが上昇し，現在と将来の実質為替レートの差が縮小することを意味します。すなわち外国の実質利子率の上昇によって，実質為替レートは減価することになります。

実質実効為替レート

　先ほど紹介した実質為替レートは，2国間の取引だけを考えていました。しか

コラム 12.3　　ドーンブッシュのオーヴァーシューティングモデルについて

　為替レートでよく議論になるのは，時としてその変動が大きくなることです。特にある国の金融政策が大きく変更すると，その国との為替レートが大きく変動し，実体経済にも大きな影響を与えます。**レッスン 1** の図 1.6 や図 1.7 でみられるように，米国の政策変更により，円・ドルレートは急激に円高になったり，円安に振れたりします。後で述べるマンデル・フレミングモデルは，ケインズ経済学の枠組みをもとに内外の資本移動を含めた明快なモデルですが，枠組みが静学的で，残念ながら為替レートの不安定な動きを説明することができません。

　このマンデル・フレミングモデルの問題点を改善したのがルディガー・ドーンブッシュ（Rudiger Dornbusch）MIT 教授のオーヴァーシューティングモデルです。彼のモデルは，財・サービス市場の価格調整スピードと，内外の資本移動に影響を与える為替レートの変動スピードに差があることを考慮した点に特徴があります。通貨の取引の場である為替レート市場の変動スピードは，実際の財やサービスの価格の需給調整スピードよりも速く，将来の経済動向に対する期待に基づいて動きます。これは株式市場にある企業の投資情報が流れただけで，その企業の株価が将来の収益を期待して上昇するのと似た現象です。

　こうした状況の下で，たとえば自国で金融緩和が起きると，**レッスン 12.6** で述べるマンデル・フレミングモデルでは最終的に為替レートが自国通貨安になった状態で GDP が増加します。しかしその状態に至るまでに，為替レートは最終的な自国通貨安状態よりもさらに大きく低下し，その後自国の総需要が増加して自国の物価が上がり利子率も上昇していくにつれて緩やかに自国通貨高になっていきます。ただ最終的には自国通貨は，金融政策の変更が起きる前よりは自国通貨安になっています。こうした一時的に自国通貨が最終的に想定されている水準よりも通貨安（または通貨高）になる現象をオーヴァーシューティングと呼んでいます。

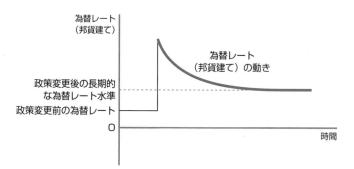

ドーンブッシュ・オーヴァーシューティングモデルの図解

し実際には，どの国も複数の国と取引をしています。この複数の国の物価と自国の物価の比率をとったものを実質実効為替レートと呼んでいます。実質実効レートを示す場合は，通常自国財の価格を分子に，複数の外国財価格を集計したものを分母にとります。すなわち，

$$実質実効為替レート＝\frac{P}{(\omega_A e_A P_A + \omega_B e_B P_B + \omega_C e_C P_C + \cdots \omega_N e_N P_N)} \quad (12\text{-}5)$$

となります。ここで P は自国の物価水準，$P_I(I = A, B, C, \cdots, N)$ は外国の物価水準です。そして ω_I は，自国と I 国との貿易取引量の全体の貿易量に対する比率です。最後に e_I は自国と I 国との為替レートです。(12-5)式の分母は，複数国の為替レートの集合なので，実質実効為替レートはある時点を 100 とした指数で表されます。図 12.4 は，2010 年を 100 とした日本の実質実効為替レートの推移です。これをみると 1995 年をピークとして日本の実質実効為替レートが徐々に低下していることがわかります。1995 年から 2020 年にかけて日本の経済力は他国に比べて相対的に低下を続けましたが，図 12.4 は，そのことが通貨価値の低下に反映されていることがわかります。

交易条件

　実質為替レートは，自国の財・サービス全体を集計した物価水準と，自国と経済取引のある外国の同様の物価水準の集計量との比率ですが，貿易している財・サービスに限った価格の比率も経済的に需要な指標です。この指標は輸出物価指数を輸入物価指数で割った値で交易条件と呼ばれています。

　交易条件が高いということは，輸出財価格の方が輸入財価格よりも高くなりますから，高い財を売って安い財を購入することになり，自国にとっては利得が生じます。逆に交易条件が低くなると，安い輸出財で高い輸入財を購入していることになり，自国の所得が流出することになります。

　図 12.5 で交易条件の推移をみると，実質実効為替レートとよく似た動きをしているのがわかります。すなわち，1980 年代から交易条件が上昇し，1990 年代半ば過ぎから徐々に低下していきます。そして新型コロナウイルスの感染拡大が起きた 2020 年から一層の下落が生じているのです。

　それでは，交易条件の変化による利得や損失はどれくらいあるのでしょうか。

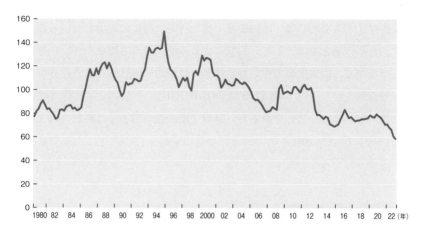

図 12.4　実質実効為替レート（2010年＝100）の推移
（出所）　日本銀行ホームページ

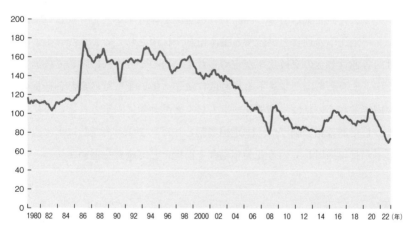

図 12.5　交易条件の推移（2020年＝100）
（出所）　日本銀行ホームページ

この交易利得（損失）は，実質国内総所得（Gross Domestic Income，GDI）から実質国内総生産（GDP）を引いた値で求められます。もしこの値が正であれば，国内で生産した金額以上に，交易によって所得を得ていることになります。逆にこの値がマイナスであれば，国内生産で得た所得は海外に流出していることになります。日本の場合で考えると，円安による原油高が電力料金やガソリン代の高騰へとつながり，国内生産で稼いだ所得が，結果的に海外へ支払う部分が多くなることを意味しています。図 12.6 は，GDP，GDI，そして交易利得（損失）の推移を描いています。これをみると，世界金融危機の前まではおおむね交易利得を得ていましたが，2010 年代に入ってからは交易条件の悪化により交易損失を計上するようになっています。

変動相場制と固定相場制

さてこれまで述べてきた為替レートの決定を考える際，為替レートは，内外の金融資産取引を通じて日々変動すると考えてきました。このように為替レートが常に変化していく為替制度を変動相場制といいます。

日本は，変動相場制をとっていますが，昔からこの制度だったわけではありません。第 2 次世界大戦以前は，国際的には各国が保有する金を背景として，それに対して一定比率の通貨を供給する金本位制が採用されていました。この制度の下では，各通貨と金の交換比率が定められていたので，それに応じて各通貨間の交換比率，すなわち為替レートも自動的に決まっていました。金と各通貨の交換比率が固定されていれば，為替レートも日々変動せず，固定されることになります。こうした為替相場制度は，固定相場制と呼ばれます。ただし以下の説明では，現在日本が長年採用している変動相場制を前提として議論を進めます。

レッスン 12.4 対外取引を含むマクロ経済

開放経済における *IS* 曲線

レッスン 10 で学んだように *IS* 曲線というのは，財・サービスの総需要側を表

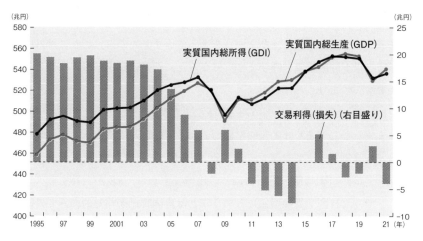

図 12.6　**GDP, GDI と交易利得（損失）**
（出所）　内閣府『国民経済計算』

コラム 12.4　固定相場制から変動相場制へ

　第 2 次世界大戦後，世界の通貨制度を再編成する中で中心的な役割を果たしたのは当時最も経済力の大きかった米国でした。1948 年に成立したブレトン・ウッズ体制では，米ドルと金の間に一定の交換比率を設定し，各国はそのドルとの交換比率を維持するという固定相場制を採用しました。こうした為替制度をドル本位制と呼んでいます。日本も 1949 年に 1 ドル＝ 360 円という為替レートで，このブレトン・ウッズ体制に入りました。

　固定相場制は，各国の経済主体が，日々の為替レートを考慮しながら海外取引をするという必要はありませんが，各国の経済状況に差が出ると，不都合が生じます。たとえば，米国で日本よりインフレが進行したり，日米間の貿易で日本側の経常黒字が続いたりすると，米ドルを売って円を買おうとする動きが起こります。このため，米ドルの需要は減少し，円の需要は高まります。このとき変動相場制であれば，円高・ドル安という為替レートの変化が起きますが，固定相場制では，為替レートを維持しなくてはならないために，政府・中央銀行は，ドルを買って円を売ることによって，為替相場を維持しようとします。固定相場制では，こうした政府・中央銀行の為替市場への介入によって為替レートが一定に保たれます。しかし，すでにみたように，こうしたドル本位制も，1971 年 8 月の米国側からの一方的な放棄によって崩壊し，それ以降，先進国間の為替相場に関しては変動相場制が続いています。

現したものでした。そこでは（10-12）式で表したように，総需要項目として消費，投資，財政支出が考えられていました。（10-12）式は財・サービスの国内取引だけの経済（以下閉鎖経済と呼びます）を考えていましたから，これに対外取引を含む経済（以下開放経済と呼びます）になると，新たに輸出と輸入が加わることになります。つまり，

$$Y^S = Y^D = C(r, Y) + I(r) + G + EX(RE) - IM(RE) \tag{12-6}$$

となります。ここで EX は実質輸出額で IM は実質輸入額になります。そして輸出も輸入も邦貨建て実質為替レート（$RE = P/eP^*$）に依存すると考えます。実質為替レートは，自国物価と外国物価との比率ですから，RE が上昇する（実質為替レートでみた自国通貨の増価）ということは自国物価が相対的にみて外国物価より高くなることを意味します（図 12.4 でみた実質実効為替レートとは逆の動きになります）。このため自国からの輸出は減少します。一方輸入は外国の財価格が安くなるわけですから増加します。このため輸出から輸入を引いた貿易収支の黒字は減少します（または赤字が増加することになります）。

　いま自国の実質利子率が低下した場合を考えましょう。この場合**レッスン 10**でみたように，消費や投資は増加します。もし外国の実質利子率が変わらないとすると，自国の実質利子率の低下は，実質為替レートを減価させ，輸出を増加させ輸入を減少させます。これは総需要側にとっては海外からの純需要が増えることを意味するので，消費や投資の増加以上に GDP を増加させます。つまり，実質利子率が低下すると閉鎖経済の場合以上に GDP が増えます。このことは図 12.7 にみられるように，開放経済の IS 曲線の傾きが閉鎖経済の IS 曲線よりも緩やかになることを意味します。

開放経済における総需要曲線

　一方，MP 曲線の方は自国の中央銀行の金融政策のルールを表していますから，開放経済になっても特に変わりはありません。しかしインフレ率の変化があった場合，そのインフレ率に対応して金融政策のルールを発動した場合，GDP とインフレ率の関係は，閉鎖経済と開放経済では異なってきます。

　図 12.8 は，図 10.5 で描かれた図に開放経済のケースの IS 曲線（IS' 曲線）を加えたものです。まず 3 つの曲線が一点（E 点）で交差しているところから始め

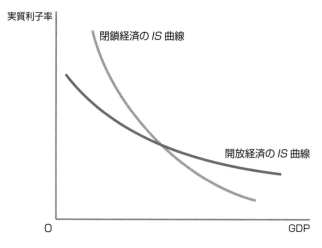

図 12.7　閉鎖経済と開放経済の IS 曲線

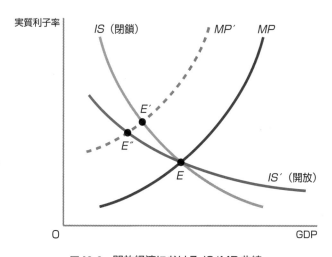

図 12.8　開放経済における IS/MP 曲線

ます。ここでインフレ期待の上昇に対応して中央銀行が実質利子率を引き上げたため MP 曲線が上方にシフトしたと考えましょう。そうすると，閉鎖経済の場合は E' 点へと均衡が移りますが，開放経済の場合は E'' 点へと均衡が移ります。この2つの均衡点を比較すると，開放経済のケースの IS 曲線の傾きが緩やかなために，閉鎖経済に比べて実質利子率の上昇は低めですが，GDP の減少幅は閉鎖経済より大きくなっています。このためインフレ率を縦軸に GDP を横軸にした図では，右下がりの総需要曲線の傾きは，閉鎖経済のケースよりも緩やかになります（図 12.9 参照）。なお，輸出や輸入は総需要側の項目に追加されるだけなので，総供給曲線の考え方は開放経済になっても変わりません。

レッスン 12.5 開放経済における総需要ショックと総供給ショック

開放経済における総供給ショック

それでは，開放経済における様々なショックについて考えてみましょう。まず総供給側のショックですが，これは**レッスン 10** と同じように，エネルギー価格が上昇するような供給ショックが起こり，総供給曲線が上方にシフトした場合を考えてみましょう。この場合，総供給曲線のシフトに変わりはありませんが，総需要曲線の傾きが閉鎖経済と開放経済で異なるので，新たな均衡点も閉鎖経済の場合は E' 点，開放経済の場合は E'' 点となります（図 12.10 参照）。いずれの場合も総供給曲線の上昇はインフレ率を上昇させるため，中央銀行は引き締め政策をとり，実質利子率が上昇します。閉鎖経済の場合，この実質利子率の上昇は消費と投資を減少させ，その分 GDP が減少することになります。ところが，開放経済の場合は，これに加え実質利子率の上昇が自国の実質為替レートを増価させるため，輸出が減少し，輸入が増加するという追加的な効果をもたらします。この追加的な効果は，いずれも総需要を減少させる方向に働きますから，開放経済における GDP の減少は閉鎖経済における GDP の減少よりも大きくなります。

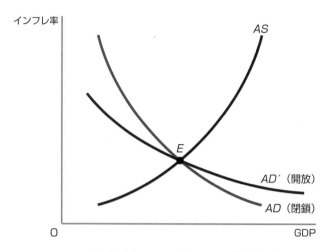

図 12.9　開放経済における総需要・総供給曲線

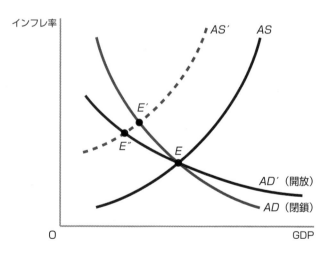

図 12.10　開放経済における総供給ショック（初期時点）

開放経済における総需要ショック

閉鎖経済における総需要ショックでは財政支出の増加などが代表的な例でしたが，開放経済ではこれに加えて外国で生じた需要ショックが輸出の増加となって自国に波及する例が考えられます。いずれの場合も正の需要ショックであれば，*IS* 曲線が右方にシフトしますが，開放経済の場合より閉鎖経済の場合の方がシフト幅は小さくなります。これは，総需要ショックが起きて実質利子率が上昇すると，開放経済の場合は自国の実質為替レートが増価するために，輸出が減少し輸入が増加するため，その分プラスの総需要ショックの効果が削減されるためです。*IS* 曲線の右方シフトの幅が小さくなるため，図 12.11 にみられるように総需要曲線のシフト幅も小さくなります。ただし，これは総需要ショックの最初の変化です。**レッスン 10** でもみたように，続いて総供給曲線のシフトと金融政策の変更が起きるので，長期的には元の均衡点へと戻ります。

レッスン 12.6 マンデル・フレミングモデルと財政金融政策

マンデル・フレミングモデル

レッスン 12.5 では財政政策は，総需要ショックとして位置づけられ，ショックが起きた時点では，その効果は閉鎖経済よりも小さくなることがわかりました。一方，金融政策は GDP の変化やインフレ率の変化に対応して実質利子率を操作することになっているので，裁量的な変化を考えていませんが，緩和政策，引き締め政策いずれの場合でも閉鎖経済の場合より開放経済の方が GDP を変化させる効果は大きいことがわかります。

レッスン 10 では，総需要と総供給から考えるモデルの他に，物価の変化を考えず総需要の側面だけをみた *IS/LM* モデルを紹介しましたが，このモデルを開放経済にするとどうなるのでしょうか。

財・サービス市場は，(12-6)式と同じで，金融市場の均衡は，*LM* 曲線と同じ (10-13)式で表されます。ただ金融資産についても海外の取引がありますから，(12-1)式のように金利平価式が成立します。ここで，翌期の予想為替レートも今

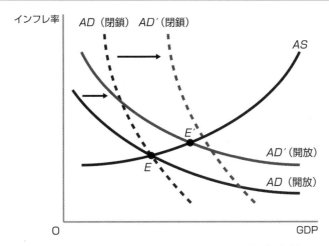

図 12.11　開放経済における総需要ショック（初期時点）

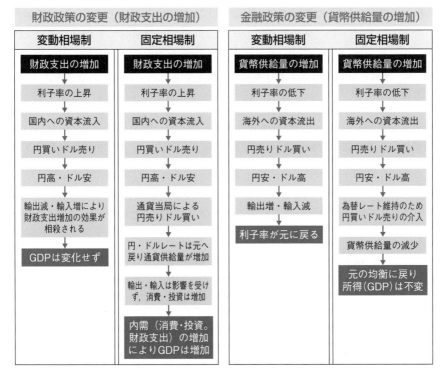

図 12.12　開放経済下における財政政策と金融政策（マンデル・フレミングモデル）

期と同じ水準が続く（すなわち $e^{t+1} = e^t$）と想定します。そうすると，(12-1)式は，

$$r = r^* \qquad\qquad\qquad (12\text{-}7)$$

となります。ただしこのモデルでは物価を一定としているので名目利子率と実質利子率の違いはなく（$i = r$, $i^* = r^*$），名目為替レートと実質為替レートの動きは同じです。この（12-6），（10-13），（12-7）の3つの式で表される，開放マクロ経済体系をマンデル・フレミングモデルといいます。

　いま為替レートを一定とすると，*IS/LM*分析と同様，図12.13では，(10-13)式は右上がりの曲線，(12-6)式は右下がりの曲線となります。そしてこの交点で，所得と利子率が決まりますが，*IS/LM*分析との違いは，*E*点での利子率は，(12-7)式を満たして海外での利子率と等しくなっていることです。

変動相場制における財政金融政策

　マンデル・フレミングモデルは*IS/LM*分析の開放経済版ですから，財政支出が増加したときには，図12.14のように*IS*曲線が右方へシフトします（①のシフト）。このとき国内の利子率は上昇しようとするため，海外から資金が流入し，自国通貨の価値が上昇します。いま自国が日本，外国が米国であるとすると，円高・ドル安が生じます。これによって輸出が減少し，輸入が増加するため，財政支出によって増加した総需要は，結局海外需要の減少によって相殺されることになります。図12.14でみると，いったん右方へシフトした*IS*曲線は，結局再び元の位置へ引き戻されるのです（②のシフト）。この結果，総需要は変化せず，国民所得も元のままです。為替レートだけが円高方向へと変化したことになります。

　一方，金融政策のケースですが，ここでは貨幣供給量を増加させる金融緩和政策を考えます。このとき*LM*曲線は下方にシフトし，国内の利子率は下落する方向に向かいます。しかし国内の利子率が海外の利子率よりも低下すると，国内の金融資産に魅力がなくなり，資金は海外へ流出しようとします。このため為替レートは自国通貨安の方向へ動きます。日米間で国際取引を考えると円安・ドル高になるのです。そうすると，輸出が増加し輸入が減少するため，総需要が増加し図12.15のように*IS*曲線が右方へシフトします。そして利子率が元の水準に戻

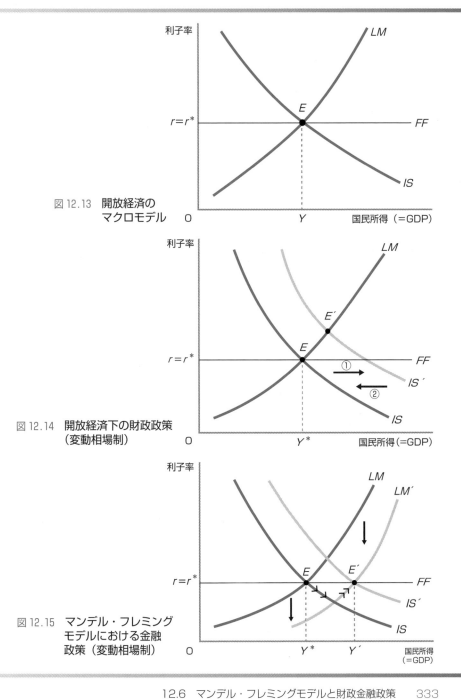

図 12.13　開放経済の
　　　　　マクロモデル

図 12.14　開放経済下の財政政策
　　　　　（変動相場制）

図 12.15　マンデル・フレミング
　　　　　モデルにおける金融
　　　　　政策（変動相場制）

るまで国民所得は増加します。国民所得の増加は，取引需要による貨幣需要を増加させ，利子率の低下がなくとも増加した貨幣供給量を吸収し，金融市場を均衡させます。以上から変動相場制の下での金融政策は，為替レートを自国通貨安にするとともに，国民所得の増加をもたらします。

　この変動相場制におけるマンデル・フレミングモデルでの財政金融政策の効果は，**レッスン 12.5** で説明した開放経済モデルにおける効果と本質的には同じです。すなわち，財政拡張政策の場合，為替レートが自国通貨高に動き輸出の減少と輸入の増加によって，財政拡張による GDP の増加効果が削減されています。また金融緩和政策が起きると，自国通貨安になり輸出の増加と輸入の減少がGDP の増加を閉鎖経済より増幅させることになります。

固定相場制における財政金融政策

　レッスン 12.5 では固定相場制のケースについて考えませんでしたが，マンデル・フレミングモデルでは固定相場制について考えることができます。これは固定相場制では，金融政策は為替レートの維持のために利用されますが，**レッスン 12.5** のモデルでは金融政策が国内の景気安定化のためにルール化されており，為替レートの維持のために使うことができません。このように，ある政策は一つの政策目標のためにしか利用できないという政策割当の問題もロバート・マンデル（Robert A. Mundell）教授が提起したことです。

　固定相場制下でも，財政支出の拡大により *IS* 曲線は右方へシフトします。この結果為替レートは自国通貨価値を高める方向へと動きますが，固定相場制では，金融政策によって為替レートを維持する必要があります。日本と米国の例でいえ，財政支出の増加に伴う円高・ドル安の動きに対して，日本銀行は円を売ってドルを買う円安・ドル高の介入政策をとって，為替レートを元の水準に維持しなくてはなりません。円を売るということは，国債の買いオペレーションと同じで，民間に貨幣を供給することを意味します（購入の対象が国債かドル資産かの違いです）。

　貨幣供給量の増加は，*LM* 曲線の下方シフトをもたらします（図 12.16）。十分貨幣が供給され，利子率が低下し，資本移動が生じず，為替レートが元の水準に維持されるようになった E' 点が新たな均衡となります。このとき利子率や為替

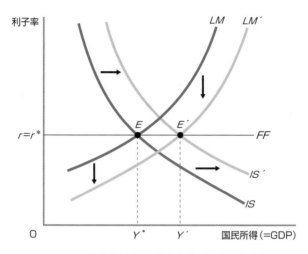

図12.16　開放経済下の財政政策（固定相場制）

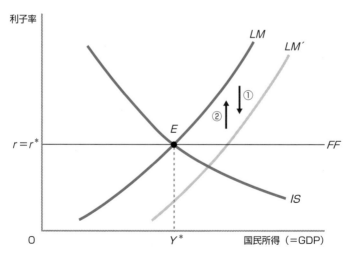

図12.17　マンデル・フレミングモデルにおける金融政策（固定相場制）

レートは元の水準ですが，GDP は増加しています。この GDP の増加は，財政支出の増加の効果というよりも，それによる為替レートの変化を抑えるためにとられた金融政策の副産物といってよいでしょう。

最後に固定相場制の下での金融政策を考えてみましょう（図 12.17）。貨幣供給量を増加させる金融政策をとると，変動相場制の場合と同じく，LM 曲線は下方にシフトし，利子率の低下が見込まれます（①のシフト）。このため為替レートは自国通貨安へと動きますが，固定相場制では，金融政策によって為替レートを維持する必要があります。したがって自国通貨安を食い止めるために，自国通貨を購入しなくてはなりません。先ほどと同様，日米間で国際取引が行われているとすると，円安・ドル高に対して，ドルを売って円を購入することによって，為替レートの維持を図るのです。

変動相場制下の財政政策のケースでもみましたが，円を購入するということは，民間への貨幣供給を減少させることを意味します。したがって先ほどの貨幣供給量を増加させる政策とは逆の政策をとることになります。いったん増加した貨幣供給量が減少するのですから，利子率も元の水準に戻り資本移動も起こらず，為替レートは元の水準に維持されます（②のシフト）。これによって GDP は全く変化しません。

■■■■■ レッスン 12　演習問題 ■■■■■

1. いま日本と米国で同じ財を生産しているとする。この財の日本での価格は，1 個 300 円とする。一方，米国ではこの財が 1 個 2 ドルで売られているとすると，両国の財の価格を均等化する購買力平価は，1 ドルいくらになるか。

2. 金融拡張政策が GDP を増加させる効果は，開放経済の方が閉鎖経済よりも大きい。これはなぜかを答えなさい。なおこれは変動相場制のケースを考える。

13

所得分配と再分配政策を考える

：マクロでみる所得分配や格差是正策

レッスン 13.1　なぜ所得分配を考えるのか

　レッスン4では，産業や企業毎に生産性に格差があることを学びました。つまり経済理論で学ぶ企業は，その理論の本質を理解するために平均的な企業を取り上げているわけですが，実際の経済ではいろいろなタイプの企業が存在し，それは時間をかけても必ずしも1つのタイプの企業に収束する気配をみせません。

　企業と並ぶもう一つの経済主体である家計についても同じことがいえます。レッスン7では代表的な家計の消費と貯蓄行動を学びましたが，予算制約式で描かれる家計の所得は，実際には各家計によって異なり，それに伴って，皆が同じように財・サービスを消費できるわけではありません。このため，あの人は贅沢な暮らしをしているのに，なぜ自分はそうした暮らしができないのかという所得格差（または消費格差）の問題が生じることになります。

　すでに説明したように，1人当たりのGDPというのは，そのGDPを算出している国に住んでいる人の経済的豊かさを示す指標ですが，これは1国全体のGDPを人口で割った平均値です。国民すべてがこの平均的な所得を得ていれば問題はありませんが，大抵の場合，各人の所得には差があります。図13.1では，各人の所得の分布に関して2つの図を描いています。どちらも平均的な所得は同じですが，下の図の場合，上の図に比べて，分布のすそ野が広くなっており，極端に豊かな人と，極端に貧しい人が存在することがわかります。つまり，平均的な所得は同じでも下の図の場合，高所得層と低所得層の格差は，上の図のケースよりも大きいことになります。図13.1は，わかりやすくするために左右対称の図を描いていますが，所得分布の厚みが高所得層に薄く，低所得層に厚いケースもあります。この場合は，極端に高い所得の人たちが平均的な所得を引き上げており，多くの人たちは低い所得層に位置しています。この場合，分布の中央値は，平均値よりも低い値をとります。図13.2は，1985年を100として，それ以降の日本の1人当たりGDPと所得分布の中央値の推移をとったものです。この図をみると，1人当たりのGDPは伸びていますが，所得分布の中央値は21世紀に入ってどんどんと低下しています。その意味では，日本でも所得の高い層と所得の

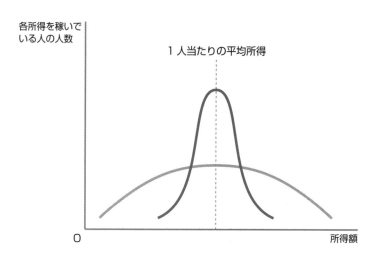

図 13.1　二種類の所得分布

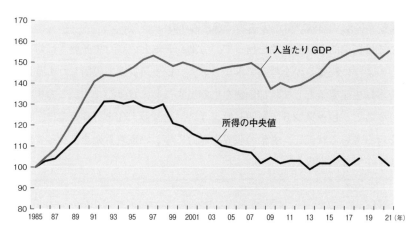

図 13.2　1 人当たり GDP と所得の中央値（名目値）　1985 年＝100
（出所）　GDP：内閣府『2021 年度国民経済計算（2015 年基準・2008SNA）』
　　　　　　　　　『2015 年（平成 27 年）基準支出側 GDP 系列簡易遡及』
　　　　　人口：総務省統計局『人口推計』
　　　　　所得の中央値：厚生労働省『国民生活基礎調査』
（注）2019 年の所得の中央値データは調査が実施されなかったため欠損している。

低い層の格差が拡大している可能性があります。

　本レッスンでは，所得分配の中でも特にマクロ経済的な動向について様々な議論を紹介し，所得格差を縮小する政策を考えます。ただ気を付けてもらいたいのは，こうした所得格差の問題は，資本主義や市場経済の問題に限らないということです。万葉集に収められた有名な山上憶良の貧窮問答歌にもあるように，所得格差あるいは貧困問題は，律令制度初期の奈良時代にも存在しました。現在我々が旅行で訪れている世界文化遺産の多くは，所得格差の産物といってもよいでしょう。その意味で所得格差の問題は，市場経済が抱える課題よりもはるかに大きく，哲学，歴史学，政治学，社会学，心理学などからの多くの知見を導入しなくてはならない問題だということを理解しておいて下さい。

レッスン 13.2　所得分配に対する経済学からのアプローチ

生産要素に対する報酬はどのように決まるのか

　ここでは標準的な経済理論を使って，労働や資本といった生産要素に対する報酬がどのように決まるかを考えてみましょう。**レッスン3**で説明したように，労働や資本は生産要素として付加価値を生み出すことに貢献します。この中で労働に注目すると，**レッスン6**で説明したように，利潤最大化を行う企業は，最適な雇用を行っている状況で，労働の限界生産力に等しい実質賃金を支払っています。この条件をもう一度書くと，

$$\frac{\Delta Y}{\Delta L}=\frac{W}{P} \tag{13-1}$$

となります。ここで，Y は実質の付加価値額（産出額），L は労働投入量，W は名目賃金，P は物価水準です。

　この（13-1）の両辺に L/Y をかけると，

$$\frac{\Delta Y}{\Delta L}\frac{L}{Y}=\frac{W}{P}\frac{L}{Y} \tag{13-2}$$

となります。この（13-2）式の左辺は，人件費総額（賃金×労働投入量）を名目

コラム 13.1	所得分配論についてより詳しく知りたい人のために

　所得分配や貧困の問題は，決して現代の問題ではありません。大正時代に大阪朝日新聞に連載された河上肇の『貧乏物語』岩波文庫，1947 年では，ジニ係数や所得分配の国際比較を通して貧困の問題が語られています。本レッスンの最後に紹介する『社会的共通資本』岩波新書，2000 年を提案した宇沢弘文は，この『貧乏物語』に啓発され，経済学を志しました。

　所得分配あるいは所得格差の問題は主に労働経済学者によって議論されています。そもそも格差とは何か，ということから始めたい人は，石川経夫『所得と富』岩波書店，1991 年や玄田有史『人間に格はない　石川経夫と 2000 年代の労働市場』ミネルヴァ書房，2010 年の第 1 章「格差とは何だったのか」をお読み下さい。

　日本における所得格差の議論は，21 世紀に入って盛んになりました。先述した玄田氏の論稿にもいくつかの書籍が紹介されていますが，ここでは所得格差の実証に関する代表的な著作である大竹文雄『日本の不平等』日本経済新聞社，2005 年と橘木俊詔『格差社会』岩波新書，2006 年をあげておきます。

　所得格差が生じる理論的背景と歴史的な所得格差の推移をまとめたトマ・ピケティの『21 世紀の資本』（原題：*Capital in the Twenty-First Century*，日本語訳山形浩生，みすず書房）は 2014 年の公刊と同時に世界的な反響を呼びました。本レッスンで紹介するツヴィ・グリリカスの議論は専門雑誌に掲載されていますので，ここではその分析を日本に応用した櫻井宏二郎専修大学教授の『市場の力と日本の労働経済』東京大学出版会，2011 年を紹介しておきます。

　負の所得税については，ミルトン・フリードマン教授が 1962 年に公刊した『資本主義と自由』（原題：*Capitalism and Freedom*，熊谷尚夫，西山千明，白井孝昌訳，マグロウヒル好学社，1975 年）の第 12 章で解説されています。最低賃金について詳しく知りたい方は，**レッスン 6** で紹介した労働経済学の教科書を参照して下さい。ベーシック・インカムとベーシック・サービス双方を説明したものとしては，佐々木隆治・志賀信夫編著『ベーシック・インカムを問い直す』法律文化社，2019 年を紹介しておきます。

付加価値額で割った値ですから労働分配率になります。一方，右辺は，労働の限界生産力を労働生産性（Y/L）で割ったものになります。(13-1)式から労働の限界生産力は実質賃金に等しいので，(13-2)式は左辺と右辺を入れ替えて整理すると，

実質賃金＝労働分配率×労働生産性　　　　　　　　　　　　　　　　(13-3)

となります。

　(13-3)式は，労働分配率一定の下で，実質賃金を上昇させるためには労働生産性を上昇させる必要があることを意味しています。もちろん労働分配率を引き上げる方法もありますが，その場合，資本分配率＝1－労働分配率から資本分配率が低下します。資本分配率が低下するということは，企業にとって最適な資本量が増加することを意味します。もし資本と労働が代替的で，付加価値の増加がないならば，企業は資本量を増加する一方で労働投入量を減少させますから，雇用量が減る可能性があります。つまり雇用を維持しながら賃金を増加させるためには労働生産性の上昇が必要なのです。

クズネッツ仮説

　これまでは，経済を単一の企業や労働者に代表させて議論してきました。この議論から導かれる，賃金の上昇のためには労働生産性の上昇が重要だという結論は長期的には成立しますが，短期的には留意すべき点があります。一つは，企業や労働者は，常に最適な雇用量や職場を選択できているわけではないということです。二つ目は，企業や労働者はすべて同種ではなく，技術やスキルに差があります。こうした点から，現実の時間の中では所得格差や所得分配の問題が起きてしまいます。

　1971年にノーベル経済学賞を受賞したサイモン・クズネッツ（Simon S. Kuznets）ハーバード大学教授は，資本主義経済では，当初所得分配が悪化するものの，時間が経つにつれて，不平等度は改善されるという楽観的な仮説を述べました。図13.3は，このクズネッツ教授の仮説を図示したものです。横軸に時間をとり，縦軸に不平等度の指標をとった場合，時間の経過とともに経済は発展していきますが，その発展の初期では不平等度が上がります。しかしさらに経済が発展すると不平等度は低下していきます。この逆U字型の曲線をクズネッツ

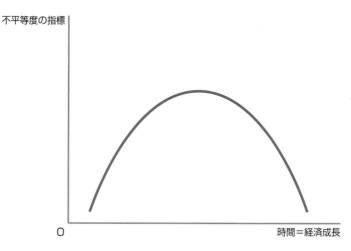

図 13.3 **クズネッツ曲線**

コラム 13.2　　環境クズネッツ曲線について

　所得分配の議論とは離れますが，縦軸の不平等度の指標の代わりに，地球環境の悪化を示す指標をとり，横軸に GDP などの経済規模を取った場合に，同じく逆 U字型の曲線が描けるのではないかという仮説があり，その曲線を環境クズネッツ曲線と呼んでいます。環境クズネッツ曲線は，クズネッツ教授が提案したものではなく，1990 年代に入って環境問題が重視されるようになるとともに，各国の経験から提起されたものでした。たとえば高度成長期における日本は大気汚染や公害などで多くの犠牲者を出しましたが，その後経済がさらに発展するとともに，高度成長期に比べて住みよい環境へと変わっていきました。これは理論的には，汚染物質が家計の効用に与えるマイナス効果が通常の財・サービス消費に与えるプラス効果を超える場合，環境改善技術が採択されることになり，GDP が増加しながら環境が改善する局面へと移行します。内山勝久「二酸化炭素排出と環境クズネッツ曲線」『経済経営研究』vol. 27，日本政策投資銀行設備投資研究所，2007 年は，環境クズネッツ曲線の理論的，実証的側面を紹介しながら，自らも国際的なデータを使って環境クズネッツ曲線が成立することを示しています。

曲線と呼びます。

　本当にクズネッツ仮説は成立しているのでしょうか。この後に紹介するトマ・ピケティ（Thomas Piketty）パリ経済大学教授は，資本主義が始まった19世紀から先進国の所得分配に関するデータを整備する中で，先進国の上位10％に属する階層の所得が全体の所得に占めるシェアが，1920〜30年頃をピークに低下し第2次世界大戦を経て1950年代から70年代にかけて大きく低下したことを示しています。つまりこの時期までは確かにクズネッツ仮説は成立していたのです。

ピケティの反論

　このクズネッツ仮説はあまりに楽観的で，クズネッツ自身は，もう少しデータを我慢強く観察すべきだったと批判したのは，ピケティ教授でした。彼は，2014年に発表した大著『21世紀の資本』の中で，上位所得層のシェアを2010年まで延長して推計しています。

　図13.4は，上位1％の所得層の所得が全体の所得に占める割合を，それぞれ米英などのアングロサクソン諸国，大陸ヨーロッパ諸国，アジア諸国についてみたものです。図13.4をみるとすべての国が1980年を底に，上位1％の所得層のシェアが上昇していることがわかります。特に米国は，所得格差の進行が早く2010年には1920年頃のシェアに戻っています。これに対して大陸ヨーロッパ諸国ではドイツのシェアがあまり低下していませんが，フランスやオランダ，スエーデンなどは，21世紀に入っても上位所得層のシェアはアングロサクソン諸国ほど上昇していません。特にオランダは非常に低いシェアで推移しています。日本は，第2次世界大戦前は他の先進国と同じく，上位所得層のシェアが高かったのですが，第2次世界大戦後はおおむね安定的な動きをしてきました。しかしながら今世紀に入ってからは上位所得層のシェアが高くなったままの状態が続いています。その他のアジア諸国については，発展段階が異なるため，異なる時期に所得分配の不平等度が高まりをみせています。ただ日本も含めていずれの国も21世紀に入ってから，上位1％の所得層のシェアは15％程度となっています。これは米国ほどではありませんが，英国やオーストラリア，カナダなどのアングロサクソン諸国と同じ水準です。

　ピケティは，1980年頃から所得分配の不平等度が拡大していく傾向を，2つの

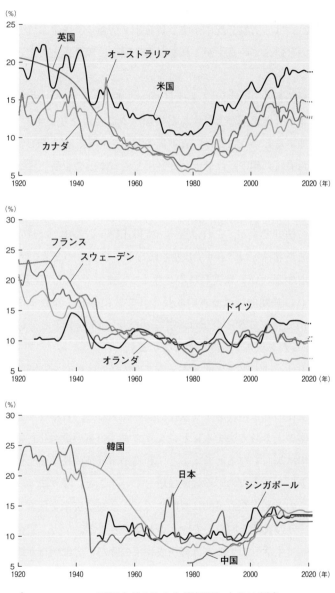

図13.4　所得上位1%の全体所得に占める割合
（出所）World Inequality Database

法則から説明しようとしています。一つは、資本分配率＝利潤率×資本／所得比率（資本係数ともいいます）に等しいという法則です。これは、(13-2)式の資本版です。(13-2)式は、労働分配率が実質賃金率×労働／所得比率（労働生産性の逆数）に等しいと述べていますがこれを資本分配率に置き換えた定式がピケティの法則1です。

　先ほどは労働分配率が増加する要因について述べましたが、法則1では資本分配率は、資本／所得比率が上昇すると増加することになります。しかし資本／所得比率が増加するということは、資本量の増加を意味しますから資本の限界生産力（すなわち実質利潤率）は低下し、必ずしも資本への報酬、すなわち資本分配率が増加するとは限りません。つまり、資本の増加ほどには利潤率が低下しないという条件の下で法則1は成立します。

　次に二つ目の法則ですが、これは資本／所得比率＝貯蓄率／経済成長率というものです。いま貯蓄率 s は、$s=\frac{\Delta K}{Y}$ で表されるとします。つまり、所得から貯蓄分は、資本の増加分（ΔK）に使われると考えています。一方、経済成長率は $g=\frac{\Delta Y}{Y}$ ですが、これは長期的には資本の成長率 $\left(\frac{\Delta K}{K}\right)$ に等しくなります。そうすると貯蓄率を経済成長率で割った値は、$\frac{\Delta K/Y}{\Delta K/K}$ となり、ΔK が分子と分母で消しあうので、K/Y、すなわち資本／所得比率になります。

　この法則2における資本／所得比率＝貯蓄率／経済成長率を法則1の資本／所得比率に代入すると、資本分配率＝貯蓄率×利潤率／経済成長率ということになります。経済全体の貯蓄率にあまり変化がないとすると、資本への分配分は利潤率と経済成長率の大きさで決まることになります。企業の最適化行動の結果利潤率は実質利子率に等しくなると考えると、利潤率が経済成長率を上回る場合には資本分配率は上昇し、所得の不平等度は増していくことになります。

　ピケティのこの考え方を直感的に説明すると、最初に資産を保有している人は、毎年 r の率で自分の資産を増やしていくことができます。一方、資産を保有せず、労働所得に頼って生活している人は経済成長率の分だけ労働所得が増えていきます。もし利潤率＞経済成長率であれば、資産家の所得の増え方は労働所得の増え方よりも大きく、所得格差は拡大する方向へ進みます。

　果たして、現実の経済でピケティのいうような条件が成立しているでしょうか。図13.5は、今世紀に入ってからの労働分配率の推移です。ここで労働分配率は、

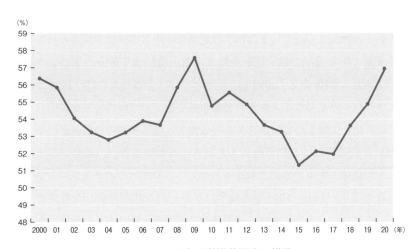

●ピケティの法則1 ‥‥‥‥‥‥‥‥‥‥‥‥‥‥‥‥‥‥‥‥‥‥‥‥‥‥

$$資本分配率＝利潤率×\frac{資本}{所得} \qquad (1)$$

●ピケティの法則2 ‥‥‥‥‥‥‥‥‥‥‥‥‥‥‥‥‥‥‥‥‥‥‥‥‥‥

$$\frac{資本}{所得}＝\frac{貯蓄率}{経済成長率} \qquad (2)$$

(2) を (1) に代入

$$資本分配率＝貯蓄率×\frac{利潤率}{経済成長率}$$

図 13.5　**日本の労働分配率の推移**
（出所）　内閣府『国民経済計算』

『国民経済計算』の賃金・俸給を国民所得（市場価格表示）で割った値です。労働分配率は景気循環に応じて上下する特徴がありますが，これをみると，やや下がり気味ですが，一方的な方向への変化はみられません。資本分配率は100％から労働分配率を引いた値になりますから，日本の場合資本分配率も傾向的に上昇しているわけではないことがわかります。

　一方，利潤率と経済成長率の条件ですが，いま2000年時点で日経平均株価と同額の株式を保有した人と，労働所得のみで生活しておりその所得は名目経済成長率に従って増加していく人を比べてみましょう。株式の保有者の収益率（利潤率）は，配当がない場合，毎年の値上がり率になります。この値上がり率は，2020年までの20年間で年率3.5％になります。一方，日本の名目GDPを2000年と2020年で比べてみると，ほとんど変化がありません。つまり所得の増加率は0％です。つまり2000年の時点で同じ価値の株式と労働所得を得ていた人は，20年経つと株式の価値は労働所得の2倍になり，株式保有者と労働者の資産格差は広がることになります。

技術革新とグローバル化が引き起こす格差

　ピケティの議論は，数十年または1世紀単位で生じる所得や資産の格差です。それではもう少し近年の経済状況を踏まえた所得格差を紹介しましょう。ツヴィ・グリリカス（Hirsh Z. Griliches）ハーバード大学教授たちは，1990年代の後半にグローバル化と異なるスキルの労働市場を想定して所得格差を説明しようとしました。いま労働市場には高スキルの労働者と低スキルの労働者がいるとします。1990年代後半にはICT革命により高スキルの労働者への需要が高まりました。しかし高いスキルの労働者数は限られているので，このタイプの労働者の賃金は上昇します。一方，1990年代後半はグローバル化が進展した時期でもあります。このグローバル化によって，開発途上国からも低スキルの労働力が大量に供給されることになります。これによって低スキルの労働市場では賃金の低下が起きます。

　図13.6では先進国の高スキルの労働市場と低スキルの労働市場の2種類を描いています。ICT革命のような技術革新やグローバル化が起きる前は，高スキルの労働者の賃金と低スキルの労働者の賃金の格差（図13.6の $W_H - W_L$）はそれ

（1）高スキル労働者の市場

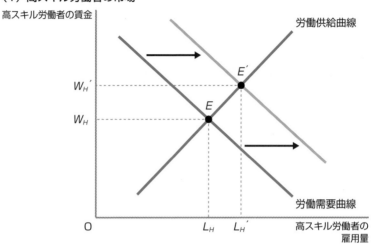

高スキル労働者の賃金

労働供給曲線

W_H'

E'

W_H

E

労働需要曲線

O　　　　　L_H　L_H'　高スキル労働者の雇用量

（2）低スキル労働者の市場

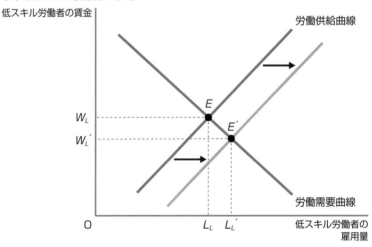

低スキル労働者の賃金

労働供給曲線

E

W_L

W_L'

E'

労働需要曲線

O　　　　　L_L　L_L'　低スキル労働者の雇用量

図13.6　ICT革命とグローバル化による所得格差

ほど大きくありませんでしたが，技術革新により高スキル労働者への需要が増え賃金が上昇する一方で，グローバル化によって低スキル労働者の供給が増え，この市場での賃金が下落したため賃金格差が拡大（図 13.6 の $W_H' - W_L'$）していったのです。

レッスン 13.3　所得格差の指標

ジ ニ 係 数

　所得格差を表す指標の中で最も有名なものは，ジニ係数です。ジニ係数をどのように描くかは，次頁を参照してください。図 13.8 は，日本のジニ係数の推移を示したものです。ここでは 2 種類のジニ係数を示しています。一つは当初の所得水準をもとに算出したジニ係数の推移です。これをみると，1990 年代後半からジニ係数が上昇していることがわかります。ただ，この当初所得の中には，生活保護世帯への給付金や高齢者への年金の支給は含まれていません。実際の人々の生活水準の格差を測る場合は，こうした再分配所得を考慮に入れる必要があります。図 13.8 では当初所得で測ったジニ係数と同時に，再分配所得を考慮した後のジニ係数も示しています。これをみるとジニ係数は 21 世紀に入ってからも安定的に推移しています。つまり，当初所得でみたジニ係数が上昇するのは，高齢化が進んで，年金所得に依存する高齢者の割合が増えたことが大きいということがわかります。

　この再分配所得調整後のジニ係数を国際的に比較した図が図 13.9 です。これをみると，やはり米英のジニ係数が他国よりも高い水準にあることがわかります。特に米国のジニ係数は今世紀に入ってから上昇傾向にあります。ドイツ，フランスなどの大陸ヨーロッパ諸国のジニ係数は，比較的低い水準で推移し，日本は米英と大陸ヨーロッパ諸国の中間の水準で推移してきました。最近は急速な経済成長を遂げた韓国のジニ係数が日本を上回るようになっています。

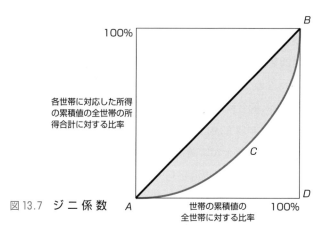

100%

各世帯に対応した所得
の累積値の全世帯の所
得合計に対する比率

B

C

図13.7 ジ ニ 係 数 A

D

世帯の累積値の
全世帯に対する比率　　100%

　図13.7を使ってジニ係数の算出方法を説明しましょう。まず横軸では世帯数を累積し，それを全世帯で割ったシェアをとります。したがって横軸の左端は0%で右端は100%になります。一方縦軸は，累積した所得のシェアをとります。これも世帯数と同じく，下端は0%で上端は100%になります。そこで所得の低い世帯順にその所得が全体の所得に占める比率をプロットしていきます。

　もし各世帯の所得が全く同じであれば，全所得に占める割合も等しくなりますから，累積した所得は同じ程度で上昇していきます。すなわち，累積所得を結んだ線は図13.7のA点とB点を結ぶ直線になります。しかし，所得の格差がある場合は，最初は平均的な所得よりも低い世帯の所得が並びますので，先ほどの直線ABよりも下の方に位置します。やがて所得の高い世帯が累積されるにつれ，累積された所得の位置は段々と直線ABに近づき，最後にはB点に達します。この場合各世帯の所得の累積値を結んだ曲線は，D点の方向に歪みを持った形状になります。

　所得の高い世帯と低い世帯の差が大きくなるほど，D点の方へ偏った曲線の歪みは大きくなります。したがって，図13.7における直線ABと曲線ACBで囲まれた部分の面積を三角形ADBの面積で割った比率をとれば，所得分配の不平等度を示す指標になります。この指標がジニ係数です。所得格差が大きいほどACBの面積も大きくなり，ジニ係数も高い値をとることになります。

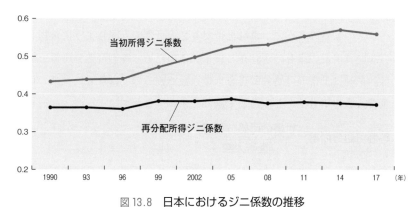

図13.8 日本におけるジニ係数の推移

（出所）　厚生労働省政策統括官付政策立案・評価担当参事官室『所得再分配調査』

絶対的貧困と相対的貧困

　ジニ係数は，所得格差を示す指標ですが，より所得の低い人々に焦点をあてた貧困に関する指標があります。どのような状態を貧困とみなすかについては，絶対的貧困と相対的貧困の2種類があります。絶対的貧困というのは，貧しさの金額的水準を示したものです。国際連合では2015年に購買力平価ベースで，年収693.5ドル以下を絶対的貧困水準と定めています。2015年の円・ドルレートは1ドル121円ですから，年収83,914円以下が絶対的貧困水準ということになります。2023年10月現在の最低賃金が時間当たり893円（最も低い県の値をとっています）です。これに2020年時点での平均的な労働時間数1646.8時間をかけると，年間の収入は147.1万円となります。これをみると，絶対的な貧困水準と，最低賃金から導出した日本の年収とは大きな差があることがわかります。

　ただ，日本の場合1人当たりの所得水準は高い方に位置しますから，生活のためのコストも高くなります。このため絶対的な貧困水準と比較するだけでは十分とはいえません。そこで国内の所得水準を踏まえた相対的な貧困を指標化したものが相対的貧困指標です。この相対的貧困というのは，等価可処分所得の半分に満たない所得水準の世帯の状況を指します。等価可処分所得という概念は，同じ世帯所得でも世帯人数によって経済的豊かさに違いが出ることから，この世帯人数を調整した可処分所得を求める必要があるという考え方から出発しています。最も単純な考え方は，可処分所得を世帯人数で割るというものですが，2人世帯が単身世帯の2倍の生活費用がかかるわけではありません。たとえば台所やお風呂のスペースの家賃のように，単身世帯でも2人世帯でも同じように負担しなくてはならない費用というものが存在します。このため，等価可処分所得を計算する際には，単純に世帯の可処分所得を世帯人数で割るのではなく，世帯の可処分所得を世帯人数の平方根をとった値で割ります。すなわち，

$$\text{等価可処分所得} = \frac{\text{世帯の可処分所得}}{\sqrt{\text{世帯人数}}}$$

となります。繰り返しになりますが，この等価可処分所得の半分に満たない所得に達しない世帯が全世帯に占める比率を相対的貧困率と定義しています。

　図13.10は，世帯類型別の相対的貧困率です。これをみると，大人1人と子供の世帯の半数以上が相対的貧困層に属していることがわかります。また世帯主が

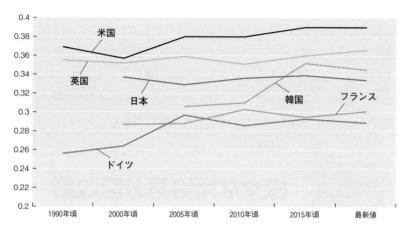

図 13.9　ジニ係数の国際比較

（出所）　労働政策研究・研修機構「データブック国際労働比較 2022」
（注）　最新値は日本は 2018 年，アメリカは 2017 年，イギリスは 2019 年，
ドイツは 2018 年，フランスは 2018 年，韓国は 2018 年

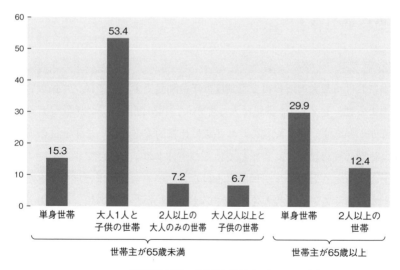

図 13.10　世帯類型別の相対的貧困率（2019 年）

（出所）　総務省統計局「2019 年全国家計構造調査　年間収入・資産分布等に関する結果
結果の概要」を参照して作成。

65歳以上の単身世帯の相対的貧困率も高く，総じて単身世帯は相対的貧困の度合いが高いことがわかります。

次に図13.11は，OECDによる相対的貧困率の国際比較です。日本はこの比率が高いグループに属しており，日本より高い比率の国は米国と韓国だけです。しかも日本の場合，表13.1からわかるように，90年代から2012年にかけて相対的貧困率は高まる傾向をみせています。恐らくこれも高齢化の影響で，相対的貧困率の高い高齢者世帯が増えたからだと考えられます。

レッスン13.4　様々な所得再分配政策

それでは，21世紀に入ってから人々の注目を集める所得格差に対して，政府はどのような所得格差の是正策をとってきたのでしょうか。ここでは，現在実施されている所得再分配政策と，さらに所得格差の是正に向けて提案されている政策について紹介します。

年金制度

日本における最大の所得再分配制度は年金制度です。すでにジニ係数の説明でもみたように，日本は21世紀に入ってから，再分配前のジニ係数が上昇しているにもかかわらず，再分配後のジニ係数は比較的安定しています。この再分配後のジニ係数の推移に大きく貢献しているのが日本の年金制度です。

年金は，もともと働いて労働所得を得ることができないほど年をとった場合のリスクを軽減するという役割を担っています。しかし日本の場合のこの労働可能な年齢を超えた所得を，過去からの積立金で賄う積み立て方式ではなく，高齢者への支払いの大部分を現役世代からの移転所得で賄う賦課方式をとっているので現役世代からの再分配機能も有しています。さらにこの年金制度の維持には，財政の部分でも述べたように多額の政府支援が入っているため，より再分配政策の色合いが濃くなっています。一方，米国のように，公的な年金制度ではなく私的年金制度が中心の国もあり，各国が採用している年金制度には違いがあるため，

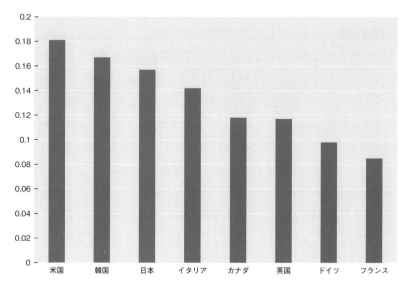

図 13.11 **相対的貧困率の国際比較（2018 年）**
（出所） OECD

表 13.1 **日本の相対的貧困率**

	1991	2000	2006	2009	2012	2015	2018	2018(新基準)
全体	13.5	15.3	15.7	16.0	16.1	15.7	15.4	15.7
子ども（17 歳以下）	12.8	14.4	14.2	15.7	16.3	13.9	13.5	14.0

（出所） 労働政策研究・研修機構「データブック国際労働比較 2022」
（原典） 厚生労働省『2019 年国民生活基礎調査』
（注） OECD の作成基準に基づき厚生労働省が算出したもの。2015 年は熊本県を除く。2018 年の
新基準は，2015 年に改定された OECD の所得定義の新たな基準による。子どもの相対的貧困
率は，17 歳以下の子ども全体に占める，等価可処分所得の中央値の一定割合（本表では 50
%）に満たない 17 歳以下の子どもの割合。

年金制度に関して一般的な議論を展開することはできません。したがってここでは日本の場合，年金制度が所得再分配の役割も果たしているということを述べるにとどめ，制度の詳しい内容は財政学や社会保障論に任せることにします。

生活保護制度

　貧困者の所得保障の代表的な政策として生活保護制度があげられます。日本の場合，単身や母子家庭などで条件が異なりますが，2022 年現在，世帯収入が月収 13 万円以下の場合は，生活最低限の収入に達するまで，生活保護の支給が受けられます。ただし預貯金や土地などの資産は売却する必要があります。

　生活保護を受けている世帯は 2022 年 3 月時点で，164 万 2,821 世帯（1ヶ月平均値）です。人数にして 203 万 6,045 人で，保護率は 1.63％ となっています。この水準は，人数でみると，戦後すぐの 1953 年と同じです。ただし世帯数は非常に少なく 70 万世帯程度です。この水準は，1995 年まで続いていましたが，それ以降は急増しています（図 13.12 参照）。人数も 1990 年代半ばまで減少していましたが，90 年代後半から同じように増加しています。しかしながら世帯数の増加も 2010 年代から横ばいで推移しています。

　この生活保護制度の問題点は，最低収入額以下の収入であれば，収入の多寡にかかわらず最低収入額までの金額が補填される点にあります。これは一見妥当なようにみえますが，全く働かないで無収入の人と少しでも自分で働いて収入を得ようとはしているものの最低収入額に届かない人が，補助を受けた後では同じ収入額になってしまうと，少しでも働いて収入を得ようとするインセンティブが薄くなってしまいます。

負の所得税

　この生活保護制度の問題点を指摘し，負の所得税を提案したのが，シカゴ大学教授だったフリードマンでした。彼の考え方を，図 13.13 を使って説明しましょう。いま横軸に所得をとり縦軸に所得または可処分所得をとります。課税前または補助を受ける前の金額は，0 円から始まる角度 45 度の直線で表されます。一方，課税後，または補助を受給した後の金額はこれより傾きが緩やかな直線で表されます。2 つの直線が交わる点は，課税が 0 円の点で，これ以上の所得には累進的

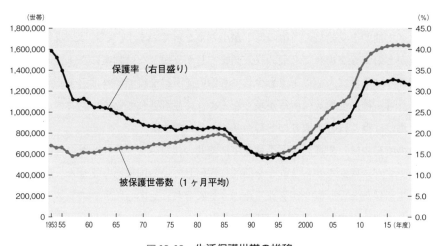

図 13.12　生活保護世帯の推移

（出所）　1953〜2018 年度は，国立社会保障・人口問題研究所『被保護実世帯数・保護率の年次推移』
　　　　　2019 年度は，厚生労働省「被保護者調査（令和 2 年 12 月分概数）結果の概要」「2021 年
　　　　　国民生活基礎調査の概況」
（注）　保護率の算出は，被保護世帯数（1 ヶ月平均）を「国民生活基礎調査」の総世帯数（世帯千対）
　　　　で除したものであり，1953 〜 2018 年度は国立社会保障・人口問題研究所にて算出。
　　　　2011 年の総世帯数には，岩手県，宮城県および福島県は含まれていない。
　　　　2012 年の総世帯数には，福島県は含まれていない。

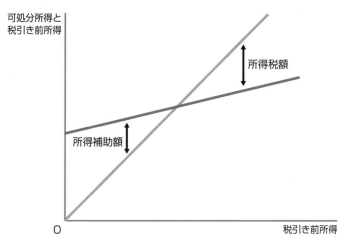

図 13.13　負の所得税の概念図

な所得税が課せられているため，所得の増加よりも可処分所得の増加は低くなっています。一方，課税最低所得よりも低い所得水準の場合は，課税前所得の低下に比べて補助を受給後の所得の低下が小さくなっています。これは，現行の生活保護がどのような場合でも最低収入額までしか支援しない制度になっているのとは異なり，最低収入額以下でも少しでも働いて所得を得ていれば，全く無収入の人よりも，補助受給後の所得が多くなるように設計されています。このことにより，働けば働くほど手取りの所得が多くなるのです。

負の所得税は，累進課税と柔軟な生活補助の仕組みを一体化した合理的なシステムですが，残念ながらこれを全面的に採用している国はありません。恐らく課税と生活保護という概念が異なるため，それぞれに対応した別々のシステムが設計されてきた歴史的経緯から一体化が難しくなっているのだと思われます。特に日本では，所得に応じて給付を行うという体制が整っていないため，新型コロナウイルス感染拡大時の特別給付のように一律給付になってしまいます。ただ日本でも生活保護者に対して就労支援を行い，それによって得られた所得が手元に残るような制度はあります。しかし，ここで紹介した負の所得税のように，生活保護の受給と就労へのインセンティブを一体化したシステムにはなっていません。

最低賃金制度

最低賃金制度は，働く人が最低限の生活水準を維持できるように，賃金水準の下限を定めた制度です。この最低賃金制度については，これを支持する見方とそうでない見方の双方が存在します。標準的な経済学では，最低賃金制度は市場で決定される賃金水準よりも高く設定された場合に雇用に影響を及ぼすので，あまり支持されませんでした。図13.14では，右下がりの労働需要曲線と右上がりの労働供給曲線による労働市場が描かれていますが，もし最低賃金水準（W_m）が，労働需要曲線と労働供給曲線の交点 E よりも高い水準に設定されたとすると，企業側は雇用を手控えるので労働市場で超過供給（$L' - L_m$）が生じます。つまり，市場で決定される場合の雇用よりも低い雇用水準になるという問題が生じるのです。日本の場合最低賃金水準で働いている人の中には，世帯主が主に家計を支える一方で，補助的な収入の稼得を目的として働く人もかなりいることから，このデメリットの部分が多いのではないかという議論もあります。

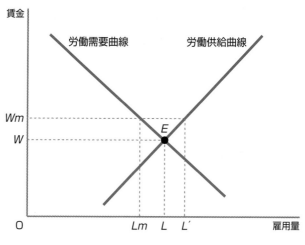

図 13.14　最低賃金と労働市場

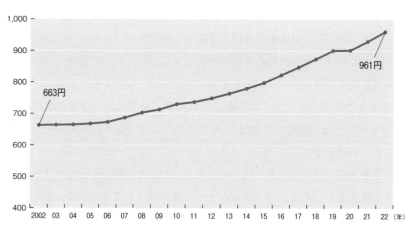

図 13.15　最低賃金額（全国加重平均値）の推移
（出所）　厚生労働省ホームページ

一方で最低賃金の引き上げはさほど雇用に影響を及ぼさないので，最低賃金を引き上げるべきだとする意見もあります。特に21世紀に入って全般的に賃金が上がらない日本では，この最低賃金の上昇によって政策的に賃金の上昇を促す方向が強まり，2010年代に入ってから，新型コロナウイルスの感染拡大が起きた2020年を除いて，毎年かなりの金額の引き上げが行われています。2022年の最低賃金額は全国平均で時給961円と20年前の2002年の時給663円に比べて1.4倍（年率1.9％増）になっています（図13.15参照）。

ただ注意しなくてはならないのは，最低賃金は全国一律に適用されるのではなく，都道府県によって違いがあることです。この違いは各都道府県において生活を維持する上でのコストが異なることから生じています。表13.2にあるように，2023年10月より発効となった最低賃金では，最も高い水準の東京都が時給1,113円であるのに対し，最も低い岩手県では時給893円となり東京都の8割の水準になっています。

ベーシック・インカム

最低賃金というのは，働く意欲を持っている人に対する最低限の所得補償の意味合いを持っています。この考え方を拡大し，子供であれ，職場を引退した人であれ，すべての国民に最低限の所得を支給する制度をベーシック・インカムと呼んでいます。先ほど述べた負の所得税を実施するには，所得把握のためのインフラ整備が必要で初期コストがかかります。しかしベーシック・インカムであれば，2020年4月の新型コロナウイルス感染拡大初期に実施した一律すべての国民に10万円を支給する特別定額給付金制度のように，特に個々の国民の所得を把握する必要はありません。

最低賃金制度と同様ベーシック・インカムについても賛否が分かれます。日本における賛成論としては，ベーシック・インカムはすべての国民に最低の所得補償を行うので，現在のように若年の労働者層から老年世代への所得移転という問題はなくなります。それどころか，現在かなりの額の年金を支給されている層にとっては，実質的に年金額が切り下げられることになります。また各個人に対して一定額が支給されるので，大家族であればあるほど1世帯当たりの支給額は多くなるため，少子化対策にもなる可能性があります。

表13.2　都道府県別最低賃金額（2023(令和5)年10月～）

(円)

都道府県名	最低賃金時間額	都道府県名	最低賃金時間額	都道府県名	最低賃金時間額
北海道	960	石川	933	岡山	932
青森	898	福井	931	広島	970
岩手	893	山梨	938	山口	928
宮城	923	長野	948	徳島	896
秋田	897	岐阜	950	香川	918
山形	900	静岡	984	愛媛	897
福島	900	愛知	1027	高知	897
茨城	953	三重	973	福岡	941
栃木	954	滋賀	967	佐賀	900
群馬	935	京都	1008	長崎	898
埼玉	1028	大阪	1064	熊本	898
千葉	1026	兵庫	1001	大分	899
東京	1113	奈良	936	宮崎	897
神奈川	1112	和歌山	929	鹿児島	897
新潟	931	鳥取	900	沖縄	896
富山	948	島根	904		

（出所）　厚生労働省『地域別最低賃金の全国一覧』

コラム 13.3　　ベーシック・インカムの実現可能性

　現在の日本の財政状況では，十分なベーシック・インカムを支給できる状況にはありません。日本の人口が1億2,000万人として，1月10万円のベーシック・インカムを支給するとしても年間144兆円の予算が必要です。現在の日本の税収は70兆円程度ですからその2倍以上の資金が必要となります。もっともスイスでは2016年にベーシック・インカムの導入をめぐって国民投票が実施されましたが，結果的には否決されました。村単位で試験的に導入することも考えられましたが，これも行き詰まっています。

一方，反対論には次のようなものがあります。まずベーシック・インカムによって労働意欲が薄れ経済が衰退するのではないかという懸念があげられます。これまでの考え方では，主に所得は働くことによる報酬として位置づけられていました。しかしながら，ベーシック・インカムによってこの所得と労働との関係性が希薄になってしまいます。人々はできれば働かないで収入を得られればそれに越したことはないと思いますから，ベーシック・インカム制度の導入によって勤労意欲が低下する可能性があります。

　二つ目は，ベーシック・インカムは一見所得格差を是正するようにみえますが，ベーシック・インカム以上の所得を得るために働くことは可能です。このため勤労意欲の差によって今まで以上に所得格差が生じます。ベーシック・インカム制度の導入には多額のコストがかかるので，基本的に現在日本でみられるような，医療や教育など生活に必要な基礎的なサービスへの政府の補助は廃止されると考えられます。そうすると，所得格差によって，これまで以上に医療や教育などの基礎的なサービスを受けられない可能性が出てきます。また人によっては支給された所得を生活に必要なサービスに支出せず，ギャンブルなどの奢侈財に支出するケースもあるでしょう。そうした場合には，原則としてベーシック・サービス（**コラム 13.4**）以上の支給は行われませんから，ギャンブル依存症の人は生存すら不可能ということになりかねません。

社会的共通資本

　人々が文化的な生活を送るために最低限必要な財・サービスを提供する考え方として宇沢弘文東京大学教授が提起した社会的共通資本の考え方があります。社会的共通資本の範囲は，**コラム 13.4** で紹介した井出教授の想定しているベーシック・サービスよりも広く環境などの自然資本も含んでいます。つまり人々が生活していくために必要なきれいな水や大気など通常では市場がなく価格がつかないながら，私たちが実は生存のために利用しているものも含んでいます。

　宇沢がこうした市場経済に任せないで提供すべき財・サービスを「社会的共通資本」と呼んでいる背景には，「持続性」の概念があると考えられます。たとえば清流やきれいな大気などは，一時的に利用できても常に良好な環境を維持する仕組みがなければ，やがて汚れてしまいます。宇沢は，こうした生存，生活に必

コラム 13.4　ベーシック・サービス

　ベーシック・インカムには様々な問題がありましたが，その中の一つに給付された所得についての用途について制限がないという点があります。このため，給付された所得を奢侈財に使い生活できなくなるという事態が想定されます。こうした課題に対して，慶應義塾大学の井出英策教授は，ベーシック・サービスという概念を提案しています。

　ベーシック・サービスとは医療や教育など私たちが生活していく上で不可欠な財・サービスに対して，公共部門が無償で提供するという制度を指しています。これは社会保障制度における現物給付の考え方に属するものです。井出教授は，このベーシック・サービスの方が公共で提供するサービスを限定するために財政負担が小さいと考えています。一方で現在の日本の医療制度のように，無料に近い価格で医療サービスを提供すると，軽い病気でも医療サービスを受ける人が増え，本当に医療サービスを必要とする人に対してサービスが提供されないという問題が起きます。

　人々は格差の問題を語る際に，すぐに所得格差を思い浮かべます。しかし，経済学の基本的な考え方からすると，問題にすべき格差は，所得の格差ではなく消費の格差なのです。このことは経済学で想定されている個人の満足は所得から得られるのではなく，財・サービスの消費から得られるからです。レッスン7の消費行動でもみたように，人々は貯蓄をしますが，どれだけ貯蓄をするかが問題なのではなく，その貯蓄によって将来どれだけの消費が可能かが重要なのです。このように考えると，基礎的な所得を均等に配分するベーシック・インカムよりも基礎的なサービスを提供してその消費に格差がないようにするベーシック・サービスの方が標準的な経済学の考え方に近いといえます。

要な財・サービスが長期にわたって維持される制度設計も含めて，こうしたサービスを提供する要素に「資本」と命名したと考えられます。したがって，宇沢の社会的共通資本では，そのサービスを提供する資本の管理も含めたガバナンスにも言及しています。宇沢自身は，社会的共通資本が生み出す財・サービスの提供に関して，その財・サービスの特性を最もよく知る供給者の集団が，その財・サービスの公共性を考慮して決定すべきであると論じていますが，この点に関しては今後検討が必要です。

▬▬▬ レッスン13 演習問題 ▬▬▬

1. 相対的貧困率の計測の仕方について述べなさい。

2. 最低賃金は，なぜ全国一律の水準でないのかを説明しなさい。

　最後になぜこうした私たちの生活に必要な財・サービスを市場に任せるべきでは
ないかについて宇沢の議論を紹介しておきましょう。この点に関して宇沢は，こう
した財・サービスに対する需要の価格弾力性と奢侈財に対する需要の価格弾力性の
違いを強調します。前者の財・サービスに対しては，生活の安定のために一定程度
の消費を必要とすることから，価格が上昇しても需要量はそれほど低下しません。
つまり価格弾力性が低いという特徴を持っています。一方，奢侈財の方は価格が上
昇すれば，需要量を自由に調整したとしても生活に支障はありません。つまり価格
弾力性は高いと考えられます。もしインフレが起きてどちらの財・サービスも同じ
率で価格が上昇した場合，奢侈品の消費は減らすことができますが，生活必需品へ
の消費は減らすことができません。このため，どちらの財・サービスも市場に任せ
たままにしておくと，下図のように所得が低く，食費や光熱費などの消費の割合が高
い階層は，ますます苦しくなり消費面で所得の高い層との格差が大きくなるのです。
　もちろんインフレの上昇に伴って賃金の上昇があればよいのですが，**レッスン6**
でみたように，供給サイドのショックが起きた場合は，企業にとって労働以外の原
材料も値上がりしているので，実質賃金の低下が生じ，所得の低い層ほど生活が困
難になる状況が長く続くことになるのです。宇沢はこうしたマクロ的な価格変動に
おける消費格差も考えて，市場メカニズムに依存しない財・サービスの提供の考え
方を提案しているのです。

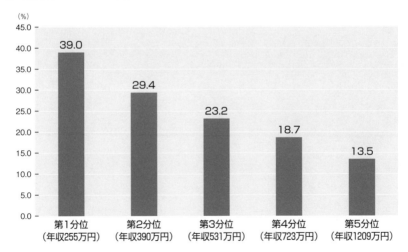

所得階層別必需品消費（食費＋光熱費＋被服費）の収入比率（2021年）
（出所）総務省『家計調査』

索　引

●た　行

著者紹介

宮川　努（みやがわ　つとむ）

1978年　東京大学経済学部卒業
1978 ～ 1999年　日本開発銀行（現日本政策投資銀行）勤務
1999年　学習院大学経済学部教授
2006年　博士（経済学）（一橋大学）
現　在　学習院大学経済学部教授
　　　主要著書
『コロナショックの経済学』（宮川努編著）中央経済社，2021年
『日本経済論　第2版』（細野薫氏，細谷圭氏，川上淳之氏と共著）中央経済社，2021
　年
『生産性の経済学　日本経済の活力を問いなおす』ちくま新書，2018年
『インタンジブルズ　エコノミー』（淺羽茂氏，細野薫氏と共編著）東京大学出版会，
　2016年

外木　暁幸（とのぎ　あきゆき）

1999年　早稲田大学社会科学部卒業
2002 ～ 2012年　三菱UFJモルガンスタンレー証券
2009年　一橋大学大学院経済学研究科博士課程修了　博士（経済学）（一橋大学）
2013年　一橋大学イノベーション研究センター　ポストドクトラルフェロー
2014 ～ 2016年　一橋大学経済研究所特任講師
現　在　東洋大学経済学部准教授
　　　主要論文
「Micro and macro price dynamics in daily data」（阿部修人氏との共著）『*Journal of Monetary Economics*』57（6），pp.716-728，2010年
「大規模POSデータの実証分析とフィリップス曲線への含意」『日本経済研究』（71），
　1-24頁，2014年
「Measurement of R&D Investment by Firm and Multiple q : Analysis of Investment Behaviors by Capital Good at Listed Japanese Firms」（外木好美氏との共著）
　『*Public Policy Review*』13（2），pp.121-151，2017年
「Economic Growth Analysis of Japan by Dynamic General Equilibrium Model with R&D Investment」『*Public Policy Review*』13（3），pp.207-239，2017年

滝澤　美帆（たきざわ　みほ）

2002年　学習院大学経済学部卒業
2008年　博士（経済学）（一橋大学）
2008 ～ 2019年　東洋大学経済学部講師，准教授，教授
2019年　学習院大学経済学部准教授
2020年～現在　学習院大学経済学部教授

主要論文

「Japan's productivity stagnation: Using dynamic Hsieh–Klenow decomposition」（細野薫氏との共著）『*Contemporary Economic Policy*』Vol.40(1)，pp.218-232，2021年

「Minimum Wage Effects Across Heterogeneous Markets」（奥平寛子氏，山ノ内健太氏との共著）『*Labour Economics*』Vol.59，pp.110-122，2019年

● グラフィック [経済学] ― 2

グラフィック　マクロ経済学 第3版

2002年 4 月25日 ©	初　版　発　行	
2011年 6 月10日 ©	第 2 版 発 行	
2023年12月10日 ©	第 3 版 発 行	

著　者	宮　川　　　努	発行者	森　平　敏　孝
	外　木　暁　幸	印刷者	篠　倉　奈緒美
	滝　澤　美　帆	製本者	小　西　惠　介

【発行】　　　株式会社　新世社

〒151-0051　　東京都渋谷区千駄ヶ谷 1 丁目 3 番25号
☎ (03)5474-8818㈹　　　　サイエンスビル

【発売】　　　株式会社　サイエンス社

〒151-0051　　東京都渋谷区千駄ヶ谷 1 丁目 3 番25号
営 業 ☎ (03)5474-8500㈹　　　振替 00170-7-2387
FAX ☎ (03)5474-8900

印刷　(株)ディグ　　　　製本　(株)ブックアート
《検印省略》

ISBN 978-4-88384-378-7
PRINTED IN JAPAN

サイエンス社・新世社のホームページのご案内
https://www.saiensu.co.jp
ご意見・ご要望は
shin@saiensu.co.jp　まで.